Horst Geschka

Einsam an der Spitze

Perspektiven für die Arbeits- und Lebensweise des Topmanagers

Mit Illustrationen von Steffen Buchert

Springer

Professor
Dr. rer. pol. Horst Geschka
Unternehmensberatung
Stifterstraße 12
64291 Darmstadt

ISBN 3-540-62077-X Springer-Verlag Berlin Heidelberg New York

Die deutsche Bibliothek - CIP-Einheitsaufnahme

Geschka, Horst: Einsam an der Spitze : Perspektiven für die Arbeits- und Lebensweise des Topmanagers / Horst Geschka. Ill. von S. Buchert. – Berlin ; Heidelberg ; New York ; Barcelona ; Budapest ; Hongkong ; London ; Mailand ; Paris ; Santa Clara ; Singapur ; Tokio : Springer, 1997
ISBN 3-540-62077-X

Einbandgestaltung: de'blik, Berlin
Satz: Kirsten Matthias und Erwin Schmalzried, Berlin

SPIN: 10559140 60/ 5 4 3 2 1 0 - Gedruckt auf säurefreiem Papier

Vorwort

Die Ursprünge dieses Buches liegen weit zurück: Auf der Suche nach einem geeigneten Fall für Trainingsseminare in Szenariotechnik kam das Thema „Spitzenmanager" auf. Dieses Fallthema erwies sich sofort als geeignet, weil es komplex war und alle Teilnehmer Kenntnisse dazu hatten; schließlich ging es um ihre Chefs oder „Oberchefs". Es entstand eine Ausarbeitung über die Ist-Situation des Spitzenmanagers, die von Seminar zu Seminar aufgrund der Erfahrungen und eingebrachten Ergänzungen und Präzisierungen facettenreicher, aber auch umfangreicher wurde. Dieser Prozeß begann Mitte der 80er Jahre.

Es entstand dann das Bedürfnis, die Aussagen der Seminarteilnehmer durch Literatur, insbesondere durch empirische Studien, zu belegen. So begannen wir in der Geschka & Partner Unternehmensberatung einschlägige Meldungen, Artikel und Literatur zu sammeln und zu sichten. Diese bis 1991 angewachsene Materialsammlung sollte dann vertieft und durch Interviews mit Spitzenmanagern überprüft und lebendiger gemacht werden. Diese Aufgabe erfüllte Sandra Geiling, heute Sandra Michel, im Rahmen einer Studienarbeit an der TH Darmstadt.

Darauf baute ein betriebswirtschaftliches Seminar an der TH Darmstadt im Jahre 1992 auf, das der Ausarbeitung von Szenarien gewidmet war. In einem arbeitsteiligen Prozeß entwickelten 27 Studierende die Szenarien: Georg Angenendt, Daniel Bäumler, Christoph Brandt, Ivonne Bremer, Lu Behrouz Chagheri, Bernd Evers, Dietmar Falter, Ralf Herget, Werner Hilber, Arne Hook, Wolfgang Humbeck, Matthias Klaes, Ulrich Kleinwächter, Markus Krumbein, Mathias Lassen, Matthias Lautenschläger, Thorsten Lenk, Günther Lieck, Hartmut Minkel, Ingo Puhl, Claudia Raak, Rosemarie Reichardt, Frank Rosenberger, Jens-Uwe Rothörl, Michael Schuck, Steffen Tiele, Axel Timm, Robert Wiedemann. Es kristallisierten sich zwei Zukunfts-Managertypen heraus. Diese Ergebnisse wurden 1992 mit einer Präsentation vor rd. 90 Vertretern der Wirtschaft des IHK-Bezirks Darmstadt abgeschlossen. Diese Arbeiten wurden in Diplomarbeiten von Thomas Peter (1993) und Christian Haas

(1994) sowie einer weiteren Studienarbeit von Hans-Peter Sandeck (1996) zusammengefaßt, vertieft und aktualisiert. Alle genannten Studierenden haben zu diesem Buch beigetragen; ohne ihre Vorleistungen hätte ich es nicht schreiben können. Ich bedanke mich bei ihnen.

Beim Springer-Verlag wurde meine Anfrage, das umfangreiche Material in einem Buch zusammenzuführen, sofort positiv und konstruktiv aufgenommen. In mehreren Arbeitsgesprächen sind Gestaltungsgedanken entstanden, die ich gerne aufgenommen habe. So wurde vorgeschlagen, das Buch durch Illustrationen aufzulockern. Dafür konnte ich Herrn Steffen Buchert gewinnen, der die Inhalte in seiner Weise hervorragend und witzig interpretiert hat.

Bei der Fertigstellung des Buches haben mir Frau Christina Herweg und Herr Niels Geduldig sehr geholfen. Frau Beate Dörfel hat den Text und die Abbildungen erstellt und redigiert; sie hat dies mit Routine, Umsicht und großer Schnelligkeit in einer Phase hoher Belastung durch laufende Arbeiten getan. Diesen engeren Mitarbeitern an dem Buch danke ich ganz besonders. Ich bitte sie und den Verlag um Nachsicht, daß ich durch Umarrangieren und abermals Ändern den Terminplan arg strapaziert habe. Nur fürchte ich, daß ich mich in diesem Punkt nicht bessern werde.

Nun bleibt zu hoffen, daß sich all dieser Aufwand gelohnt hat und der Leser interessante Einblicke und spannende Perspektiven aus dem Buch gewinnen kann.

Darmstadt, im März 1997

Inhaltsverzeichnis

1 **Eine Studie über den Spitzenmanager – Anlaß und Grundlagen** 1
1.1 Was wissen wir über den Spitzenmanager? 1
1.2 Wen wollen wir als Spitzenmanager ansehen? 4
1.3 Die Grundlagen der Studie 5

2 **Wie arbeitet und lebt der Spitzenmanager heute?** 9
2.1 Herkunft, Ausbildung und Karriere 9
2.2 Die Aufgaben und ihre Bearbeitung 24
2.3 Das Arbeitsumfeld 35
2.4 Die Arbeitsweise 41
2.5 Persönliche Eigenschaften und Einstellungen 55
2.6 Die materielle Situation 65
2.7 Die private Situation 68

3 **Zukunftsbilder des Spitzenmanagers** 81
3.1 Der Spitzenmanager – ein isolierter Krisenbewältiger 82
3.1.1 Das Umfeld des Spitzenmanagers 82
3.1.2 Die Arbeits- und Lebenssituation des Spitzenmanagers 88
3.2 Der Spitzenmanager – ein gespaltener Visionär 98
3.2.1. Das Umfeld des Spitzenmanagers 99
3.2.2 Die Arbeits- und Lebenssituation des Spitzenmanagers 106

4 **Nachbetrachtungen** 121

5 **Literaturverzeichnis** 127

6 **Anhang: Vorgehen und Grundlagen** 133
6.1 Die Szenariotechnik – eine komplexe Methodik 133
6.2 Erarbeitung und Struktur der Szenarien 138
6.3 Die Einflußfaktoren (Deskriptoren) 142

Philosophische Splitter zum Geleit

Ohne Dienen kein Herr-Sein. Will drum der Weise sich über die Vielen erheben, muß der durch Demut sich unter sie stellen; will er die Spitze der Vielen sein, muß er sein Ich zurückstellen.
LAO-TSE

Strebst du danach in deiner Stadt gerühmt und bewundert zu werden, so versuche dir für die Aufgaben, die du übernehmen willst, die besten Kenntnisse zu erarbeiten.
SOKRATES

Versuche zwar sie zu überreden, handle aber auch wider ihren Willen, wenn die Vernunftsordnung der Gerechtigkeit so zu handeln treibt.
MARC AUREL

Ein guter Manager sei ein Meister der Frage und rege so das Denken und Handeln seiner Mitarbeiter an.
MANAGER-BEFRAGUNG HEITSCH & PARTNER

Des Weisen Amt ist es, zu ordnen.
THOMAS VON AQUIN

Niemand von uns ist ohne Fehl.
Menschen sind wir,
keine Götter.
PETRON

1
Eine Studie über den Spitzenmanager – Anlaß und Grundlagen

1.1
Was wissen wir über den Spitzenmanager?

Das Interesse der Öffentlichkeit an den Transaktionen und Aktivitäten der Unternehmen ist gestiegen. Entscheidungen der Unternehmen werden in der Gesellschaft zunehmend kritisch verfolgt und diskutiert. Infolge der stärkeren Beschäftigung mit den Unternehmen rücken auch deren Leiter und ihre Entscheidungen zunehmend in den Blickpunkt allgemeinen Interesses.

Die Unternehmen stehen im Zentrum eines umfassenden, vielfältigen und schnell verlaufenden Wandels der Wirtschaftsstrukturen. Bei der Bewältigung der sich daraus ergebenden Anforderungen an die Unternehmen spielen die Spitzenmanager eine wichtige Rolle. Mit ihren Entscheidungen über die Ausrichtung der Unternehmen (Strategien) und über den Einsatz von materiellen und immateriellen Ressourcen beeinflussen sie stark die künftige Entwicklung einer Volkswirtschaft.

Abbildung 1 (s. S.2) zeigt die Wirkungsverflechtungen bei Entscheidungen im Unternehmen. Es wird deutlich, daß letztlich die mangelnde Qualität der Führungskräfte zu negativen Unternehmensergebnissen führt. Ist die Qualität der Spitzenmanager und damit die ihrer Entscheidungen, die sich unmittelbar auf die Sicherheit der Arbeitsplätze, auf Arbeitslosigkeit sowie Wachstum und Produktivität der Volkswirtschaft auswirken, ausreichend? Unter welchen situativen Bedingungen entstehen diese Entscheidungen? Es ist daher von allgemeinem Interesse zu untersuchen, was für Menschen es sind, die über die Entwicklung der Unternehmen entscheiden, wie sie arbeiten und leben.

In der Betriebswirtschaftslehre sind Manager die Träger dispositiver Aufgaben. Dieser dispositive Faktor hat die Elementarfunktionen (menschliche Arbeitsleistung, Betriebsmittel, Werkstoffe) zu koordinieren (Gutenberg 1979, S. 131). Die Grundfunktionen des dispositiven

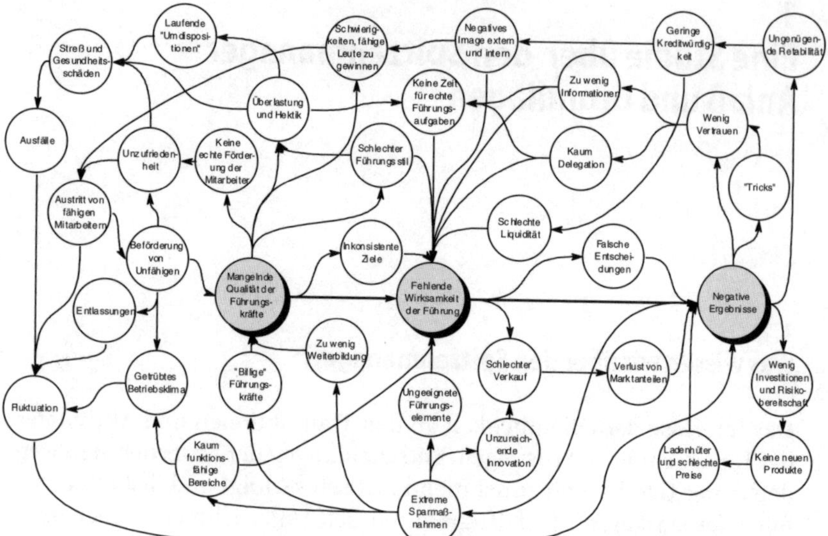

Quelle: Sokianos 1996, S. 73

Abb. 1. Einflußfaktoren und Wirkungsgeflecht von Entscheidungen im Unternehmen

Faktors sind Planung, Organisation, Führung und Kontrolle. Das Management geht analytisch und rational vor und trifft auf der Basis gründlicher Analysen und von Optimierungen Entscheidungen. Dieses abstrakte Konstrukt des Managers der betriebswirtschaftlichen Theorie hat mit dem real arbeitenden Manager wenig zu tun.

Die umfangreiche Managementliteratur geht von den Anforderungen aus, die an Führungskräfte zu stellen sind und gibt jeweils unter einem ganz speziellen Aspekt Hinweise, Empfehlungen, Rezepte, Checklisten usw., die den Manager in die Lage versetzen sollen, sich bestimmte Fähigkeiten anzueignen oder bestimmte Verhaltensweisen zu entwickeln. Die einzelnen Bücher oder Aufsätze behandeln jeweils einen bestimmten Anforderungskomplex und gehen dabei von einem Idealbild des Managers aus. Das Angebot dieser Managementliteratur ist inzwischen unüberschaubar; die Titel reichen von Kostensenkungs-Checklisten bis zu Handlungs- und Verhaltensanleitungen, um Geschäftsfreunde zu gewinnen. In der Summe zeichnet diese Literatur ebenfalls ein völlig unrealistisches Bild des Managers, eine idealistische Utopie.

Das Buch „Nieten in Nadelstreifen" von Ogger, erschienen im Jahre 1992, hat Aufsehen erregt. Es prangert vor allem das Fehlverhalten und die Fehlentscheidungen von Vorständen deutscher Großunternehmen an, wobei konkrete Namen und Fälle genannt werden. Das Buch stellt eine Anklage an eine elitäre Gruppe von Konzerntopmanagern dar. Es kann nicht auf das Gros der Spitzenmanager der deutschen Wirtschaft übertragen werden.

Eine Managerforschung dahingehend, daß Erkenntnisse über Arbeitsablauf, Arbeitsweise und Arbeitsumstände von Managern gewonnen werden, besteht in Deutschland - wie offenbar auch in anderen Ländern - nur in fragmentarischer Form. So gibt es einige Unternehmen, die sozialstrukturelle Aspekte wie soziale Herkunft, Ausbildung, Karrieremuster, Mobilität u.ä. beleuchten (Pippke/Wolfmeyer 1976, Eberwein/Tholen 1990). Andere Studien beschäftigen sich mit dem Führungsverhalten oder Werthaltungen von Managern (Wilpert 1977, Scherer 1993); wieder andere behandeln eine rechtlich bestimmte Führungsposition, z.B. den Geschäftsführer (Wuppermann 1989). Es liegen nur wenige umfassende Arbeitsanalysen der Managertätigkeit vor: Der klassischen Untersuchung amerikanischer Manager von Mintzberg im Jahre 1973 folgten in Deutschland nur wenige vergleichbare Analysen. In den letzten Jahren haben Schreyögg/Hübl (1992), Riecker (1996) und Reichwald/Goecke (1996) derartige Analysen vorgelegt.

Zwischen der Arbeitssituation des Spitzenmanagers in der Praxis und den Darstellungen in der Literatur besteht eine erhebliche Lücke. Dies gilt offenbar auch für die USA: "A rather large gap exists between the conventional wisdom on management functions, tools and systems on the one hand and actual managerial behavior on the other. The former is usually discussed in terms of planning, controlling, staffing, organizing and directing; the latter is characterized by long hours, fragmented episodes and oral communication." (Kotter 1982, S. 156). Das vorliegende Buch unternimmt den Versuch, ein umfassendes Bild des Spitzenmanagers zu zeichnen; alle Aspekte seines Arbeitslebens und auch Teile seiner Privatsphäre werden beschrieben. Zum anderen will dieses Buch eine objektive Darstellung geben. Schließlich wird ein Blick in die Zukunft gewagt: Mit Hilfe der Szenariotechnik werden Bilder des zukünftigen Managers entwickelt, so wie er sich in etwa zehn Jahren darstellen könnte.

Mit diesem Buch wird keine pädagogische Absicht oder Belehrung, keine Anklage, auch keine Rechtfertigung verfolgt. Die Motivation zu dieser Arbeit ging hauptsächlich von der Faszination des Jobs „Spitzenmanager" aus; bestärkt wurde sie durch die Tatsache, daß ein vergleichbares Werk nicht vorliegt.

1.2
Wen wollen wir als Spitzenmanager ansehen?

Als Spitzenmanager werden in diesem Buch Führungskräfte bezeichnet, die Unternehmen gestalten, steuern und leiten. Sie besitzen die letzte Entscheidungsmacht und können daher auch als „Letztentscheider" bezeichnet werden. Zum besseren Verständnis kann der in der amerikanischen Wirtschaft verwendete Begriff CEO (Chief Executive Officer) herangezogen werden. Der CEO ist unabhängig vom formalen Rang derjenige, der den größten Einfluß hat; er stellt die höchste Entscheidungsinstanz dar.

In Deutschland werden in der Regel nur kleinere Unternehmen von einer Person allein geleitet – dem Inhaber, dem Alleingeschäftsführer oder dem Alleinvorstand. Die Führung größerer Unternehmen liegt dagegen meistens in den Händen eines Gremiums (Geschäftsführung bzw. Vorstand). Zwar haben die Vorsitzenden dieser Gremien (der Sprecher der Geschäftsführung bzw. der Vorstandsvorsitzende) mehr Kompetenzen als die anderen Mitglieder des Gremiums; sie sind aber nicht so weitgehend wie die eines CEO. Letztentscheider ist in Deutschland das Geschäftsleitungsgremium. Aus diesem Grunde wollen wir als Spitzenmanager alle Geschäftsführer und Vorstände mittlerer und großer Unternehmen verstehen. In großen Konzernen können teilweise auch die Manager der zweiten Führungsebene, z.B. die Leiter eigenständiger Konzerngesellschaften, als Spitzenmanager angesehen werden, da sie Letztentscheider für ihren Bereich sind. Diese Bereiche umfassen häufig mehrere zehntausend Mitarbeiter und sind daher mit eigenständigen Unternehmen vergleichbar; meistens werden sie juristisch als eigenständige GmbHs geführt.

In dieser Studie werden die Geschäftsführer kleiner Unternehmen (<250 Mitarbeiter oder <50 Mio. DM Umsatz) und die Vorstandsvorsitzenden sehr großer Konzerne bei der Betrachtung des Spitzenmanagers ausgeklammert, da sich deren Arbeitssituation vom Gros der Spitzenmanager deutlich unterscheidet. Hier wird der „normale" Spitzenmanager behandelt.

Die Geschäftsführer kleiner Unternehmen kennen die Mehrzahl ihrer Mitarbeiter noch persönlich, so daß Umgangsweisen und Kommunikationsprozesse informell ablaufen und die Gesamtkoordination noch vergleichsweise einfach zu bewerkstelligen ist. Weiterhin sind sie in der Regel relativ stark in das operative Geschäft und die Lösung fachspezifischer Probleme eingeschaltet. Auch ihr Arbeitsumfeld, die Unterstützung durch Assistenzpersonal, die Nutzung von Management-

Informations-Systemen, ihre materielle Situation und die Tragweite ihrer Entscheidungen unterscheiden sich signifikant von der Arbeitssituation der Letztentscheider in größeren Unternehmen.

Auch die Arbeitssituation der Vorstandsvorsitzenden der großen Konzerne kann nicht als typisch für die eines „normalen" Vorstands oder Geschäftsführers angesehen werden. Die Vorstandsvorsitzenden von Daimler-Benz, Siemens, VW, Hoechst usw. sind weiten am Wirtschaftsgeschehen interessierten Bevölkerungskreisen namentlich bekannt. Über sie wird ähnlich wie über prominente Politiker in der Wirtschaftspresse und in Managementzeitschriften permanent berichtet. Sie äußern sich zu aktuellen Problemen und Entwicklungen und nehmen „halbpolitische" Funktionen wahr; z.B. pflegen sie Kontakte zu Politikern und Vertretern der Öffentlichkeit. Innerhalb des Unternehmens werden sie durch eigene Stabsabteilungen, Assistenten etc. in weitaus höherem Maße unterstützt als normale Vorstände. Dieser Kreis von Konzernleitern, eine kleine Gruppe von höchstens 100 Personen, ist in diesem Buch nicht gemeint, wenn von Spitzenmanagern gesprochen wird.

Zum höheren Mittelmanagement grenzt sich die Position des Spitzenmanagers dadurch ab, daß er keine Routine- und Sachbearbeitung mehr durchführt. Aufgabe des Mittelmanagements ist das operative Geschäft. Das Mittelmanagement kann Entscheidungen nur innerhalb eines festgelegten Kompetenzbereichs allein treffen. Entscheidungen größerer Tragweite müssen dagegen dem Topmanagement vorgelegt werden.

Als Spitzenmanager verstehen wir hier also die Geschäftsleitungsmitglieder mittlerer und großer Unternehmen, wobei wir die Konzernchefs der deutschen Wirtschaft aus der Betrachtung herauslassen. Die Zahl der so abgegrenzten Spitzenmanager schätzen wir für Deutschland unter Beachtung verschiedener statistischer Daten auf 40.000 – 50.000.

1.3 Die Grundlagen der Studie

Das Buch gliedert sich in drei Teile: Die Beschreibung der heutigen Arbeitssituation des Spitzenmanagers (Kapitel 2), die Manager-Zukunftsbilder (Kapitel 3) und der Anhang.

Die Darstellung der aktuellen Situation des Spitzenmanagers basiert auf mehreren Quellen:

- Sammlung von Literatur, insbesondere Ergebnisse kleinerer Befragungen und Studien in der deutschen Wirtschafts- und Managementpresse, über einen Zeitraum von etwa zehn Jahren (seit 1986).
- Interviews mit 12 Spitzenmanagern nach einem Befragungsleitfaden im Rahmen einer Studienarbeit an der TH Darmstadt (1991) von Sandra Geiling. Im Text werden Erkenntnisse und Zitate aus diesen Interviews als „persönliche Gespräche“ bezeichnet. Wörtliche Zitate ohne Quellenangabe sind den Mitschriften dieser Interviews entnommen.
- Erfahrungen und Beobachtungen des Autors in der Beratungszusammenarbeit mit Spitzenmanagern ebenfalls über einen Zeitraum von zehn Jahren.
- Anmerkungen und Ergänzungen durch Teilnehmer an acht Seminaren über Szenariotechnik, die zu einer ihnen vorgelegten Darstellung des Spitzenmanagers Stellung nehmen sollten. (Insgesamt äußerten sich ca. 70 Seminarteilnehmer, die alle dem Mittelmanagement von Industrieunternehmen zuzurechnen waren).

Das Gesamtbild wurde wie ein Puzzle aus den diversen Informationssplittern zusammengefügt.

Bei der Informationsauswertung mußte der Veraltung von Befragungsergebnissen Rechnung getragen werden. Im Buch werden nach Möglichkeit jüngere Studien herangezogen. Wenn für bestimmte Aspekte keine neueren empirischen Aussagen vorliegen, so mußte auf relevante ältere Quellen zurückgegriffen werden. Dies geschah aber nur, wenn nach Einschätzung des Autors keine gravierenden Veränderungen im betrachtenden Feld stattfanden. So hat sich bei Fragen der Einstellung zur Arbeit oder bei den Karrieremustern innerhalb der letzten zehn Jahre wohl kaum etwas verändert; dies gilt nicht für die Nutzung von EDV oder der Informationstechnologien. In gleicher Weise wurden ausländische Quellen verwertet, da angenommen werden kann, daß sich Arbeitssituationen und Verhalten von Managern im europäischen Ausland und in Nordamerika nur wenig voneinander unterscheiden.

Die verschiedenen herangezogenen Quellen beziehen sich auf Führungskräfte, Manager, Geschäftsführer, Vorstände u.ä.; die untersuchten Gruppen entsprechen nicht immer unserer Definition des Spitzenmanagers. Untersuchungsergebnisse wurden nur dann herangezogen, wenn eine vergleichbare Abgrenzung vorgenommen wurde oder es sich um eine Teilgruppe „unseres Spitzenmanagers“ handelte.

Im dritten Kapitel werden zwei konträre Zukunftsbilder des Spitzenmanagers vorgestellt. Diese Bilder bauen auf der Anwendung der Szenariotechnik auf, wobei eine methodisch exakte und umfassende Anwendung vorgenommen werden konnte. Auch hierfür mußte umfangreiche Informationssammlung betrieben werden, um die 39 Einflußfaktoren zu definieren und plausible Projektionen und Annahmen aufzustellen. Eine Darstellung der Szenariotechnik, ein Überblick über die Erarbeitung der Szenarien sowie Kurzbeschreibungen der Einflußfaktoren finden sich im Anhang.

2 Wie arbeitet und lebt der Spitzenmanager heute?

2.1 Herkunft, Ausbildung und Karriere

Schulabschluß und Berufsbildung

Der Spitzenmanager hat in aller Regel Abitur. Nur wenige blicken auf eine andere Schulbildung zurück; sie gehören hauptsächlich zu den älteren Jahrgängen. Heute ist die Hochschulreife für eine Person mit Führungsambitionen in der Wirtschaft selbstverständlich.

Über 80% der Spitzenmanager haben einen Hochschul- oder Fachhochschulabschluß. Auf Vorstandsebene besitzen 40% einen *akademischen Abschluß* in den Fächern BWL und VWL, 25% einen ingenieurwissenschaftlichen, 19% einen juristischen und 11% einen naturwissenschaftlichen akademischen Grad (Heidrick & Struggels 1990, S. 8). Der Anteil der Spitzenmanager mit juristischer Ausbildung ist in den letzten Jahrzehnten kontinuierlich zurückgegangen. Bei den Vorstandsvorsitzenden fällt auf, daß sie verhältnismäßig häufig ein Doppelstudium absolviert haben (7% bei den Vorsitzenden gegenüber 2,8% bei den Mitgliedern des Vorstands). In kleineren Unternehmen und in der zweiten Führungsebene der großen Aktiengesellschaften finden sich unter den Spitzenmanagern mehr Ingenieure und Naturwissenschaftler. Die nicht-akademische Berufsausbildung spielt bei den Vorständen deutscher Großunternehmen eine untergeordnete Rolle. Eine Berufsausbildung vor dem Studium verbessert die Aufstiegschancen in der Wirtschaft nicht (Wirtschaftswoche vom 27.5.1994, S.8).

Infolge steigender Abiturientenquoten und der Einschätzung, daß die Berufsperspektiven für Akademiker nach wie vor vergleichsweise gut sind, stieg der Anteil der Hoch- und Fachhochschulabsolventen in den letzten fünfzehn Jahren um zehn Prozent (Etten/Näser 1989, S. 334). Auch bei der Besetzung des Postens des Vorstandsvorsitzenden in vielen deutschen Großkonzernen, z.B. Thyssen, Daimler Benz, BMW, zeigt sich, daß die Nachfolger formal besser ausgebildet sind als ihre Vorgänger (Management Wissen Nr. 5/1991, S. 16-39). Eine *akademische Ausbildung* scheint also eine Voraussetzung für den Aufstieg in das Topmanagement zu sein.

Promotion oder andere Zusatzqualifikationen (MBA)

Der Anteil der Promovierten in Spitzenpositionen ist überproportional hoch. Während nur 12% der Ingenieure, 9% der Juristen und 6% der Wirtschaftswissenschaftler den Doktortitel erwerben (Baden 1993, S. 230), beträgt der Anteil der promovierten Vorstandsmitglieder deutscher Aktiengesellschaften 33% (Heidrick & Struggels 1990, S. 7); bei den 100 größten Unternehmen in Deutschland sind es 55,8% (Karriere vom 10.08.1990, S. K2). Der MBA-Abschluß (Master of Business Administration) hat dagegen mit einem Anteil unter 1% im deutschen Topmanagement eher Seltenheitswert (Bröcker 1991, S. 97 f.).

Insgesamt sind 72% aller Akademiker der Ansicht, daß eine *Promotion die Karriere fördert* (Spiegel-Verlag 1980, S. 212). Zwei widersprüchliche Thesen werden vertreten: Promovierte haben aufgrund ihres Titels und ihrer formal besseren Ausbildung bessere Aufstiegschancen. Zum anderen: Nur gute und überdurchschnittlich motivierte Leute promovieren: Diese „guten" Leute, die zudem noch analytisches Vorgehen und Denken gelernt haben, steigen dank ihrer Fähigkeiten in Spitzenpositionen auf.

In persönlichen Gesprächen wurde überwiegend der zweiten These zugestimmt. Über den beruflichen Aufstieg entscheidet die *Leistung des Einzelnen* und nicht seine formale Qualifikation. In einer Studie des „manager magazins", in der ca. 50 Personalchefs der größten deutschen Industrie-, Bank-, und Versicherungsunternehmen Zusatzqualifikationen wie Promotion oder MBA bewerteten, wurde diese These ebenfalls bestätigt: 91% der Befragten gaben an, daß eine Promotion die Karriere nicht unmittelbar fördert (Baden 1993, S. 230). Der Dr.-Titel wird als Nachweis für ein großes persönliches Engagement und eine gewisse Risikobereitschaft gesehen, mit der die Fähigkeit zu eigenständiger, qualifizierter Arbeit nachgewiesen wird (Thiesen/Hemel 1996, S. 71). Aber auch die erste These wurde nicht generell abgelehnt. Der Geschäftsführer eines kleineren Unternehmens führte aus: „Das Prestige bzw. das Image wird durch eine Promotion gefördert, dagegen nicht die Leistung. In großen Unternehmen spielen diese Aspekte eine größere Rolle, so daß in diesen Unternehmen die Promotion größere Bedeutung besitzt als in kleineren Unternehmen."

Die meisten Spitzenmanager (48%) können das im Studium erlernte *Fachwissen* in ihrer Position gut verwenden (Spiegel-Verlag 1980, S. 197); 32% können das eine oder andere umsetzen und 19% sind der Auffassung, Vorteile aus dem Studium zu ziehen, obwohl sie das erworbene Fachwissen nicht unmittelbar einsetzen können. Zum einen ist die Bedeutung akademischer Fachausbildung zur Bewältigung der komplexen Führungs- und Leitungsaufgaben unerläßlich; zum anderen ist der Diplomtitel infolge des großen Angebots an formal gut qualifiziertem Nachwuchsgrößen eine quasi „selbstverständliche" Voraussetzung für den hierarchischen Aufstieg geworden (Eberwein/Tholen 1990, S. 37). Vielfach wurde aber auch die Auffassung geäußert, daß nicht das erworbene Fachwissen, sondern vor allem die im Studium erworbene Fähigkeit, analytisch und systematisch vorzugehen und in Zusammenhängen zu denken, zur Bewältigung der Managementaufgaben entscheidend seien.

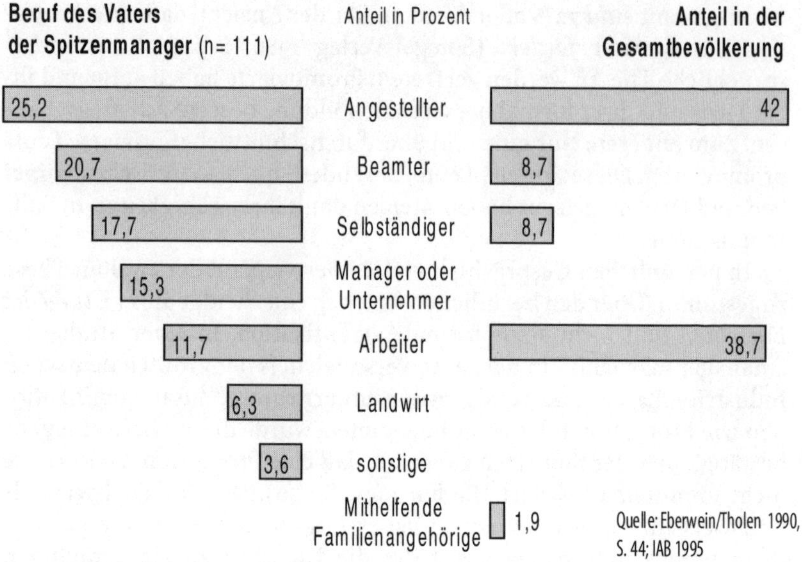

Abb. 2. Beruf der Väter der Spitzenmanager und Verteilung der Berufe in der Gesamtbevölkerung 1990

Soziale Herkunft

Die soziale Herkunft läßt sich gut an der Darstellung der *Berufe der Managerväter* beschreiben. Relativ viele Vorstandsmitglieder, nämlich 15,3%, sind die Söhne von Unternehmern oder Managern, die in die Fußstapfen ihrer Väter getreten sind (Eberwein/Tholen 1990, S. 42 ff.) (vgl. Abb. 2). In den Führungsetagen der 200 größten deutschen Unternehmen sind sogar drei von vier Vorstandsvorsitzenden Söhne ehemaliger Führungskräfte oder Selbständiger (Gatermann/Sturm 1990, S. 275).

Ein Blick auf die Verteilung der Berufe in der Gesamtbevölkerung zeigt, daß Spitzenmanager überproportional oft aus Beamtenfamilien und selten aus Arbeiterfamilien stammen. Nach einer Befragung von Scheuch unter den Vorständen der 500 umsatzstärksten Unternehmen Deutschlands waren 35% der Väter Selbständige und 49% der Väter Beamte oder höhere Angestellte (Fischer/Risch 1995, S. 190). Weitere Untersuchungen (Spiegel-Verlag 1980, S.72) bestätigen, daß der Anteil der Spitzenmanager, bei denen weder Vater noch Mutter Akademiker sind, deutlich niedriger ist als in allen anderen Hierarchieebenen. Von den Vorständen hatten 34% der Väter einen akademischen Abschluß;

im Bevölkerungsdurchschnitt lag der Anteil der Akademiker Anfang der 60er Jahre dagegen nur bei 2% (Fischer/Risch 1995, S. 190) (vgl. Abb. 2).

Gegenüber den frühen 70er Jahren erhöhte sich allerdings der Anteil der Manager, aus Arbeiterfamilien (11,7% zu ca. 5%), während der Anteil der Spitzenmanager, die in Beamtenfamilien groß geworden sind, deutlich abgenommen hat (20,7% zu 34,5%). „Möglicherweise drückt sich hierin eine Tendenzverschiebung aus. Demnach wäre es für Arbeiterkinder heute leichter als vor rund 25 Jahren, in eine Spitzenposition in der Wirtschaft vorzudringen." (Eberwein/Tholen 1990, S. 44)

Frauen in Spitzenpositionen der Wirtschaft

In den Führungsetagen deutscher Großunternehmen sind *Männer weitgehend unter sich.* Eine Reihe von Studien weist nach, daß der Anteil von Frauen in Topmanagement-Positionen nach wie vor verschwindend ist. Die Anteile der Frauen liegen bei den verschiedenen älteren Studien immer unter 5% (Fischer et al. 1993, S. 110). Es zeichnet sich aber die Tendenz zu einer höheren Präsenz von Frauen im Topmanagement ab. Aus einer Befragung von 400 Großunternehmen ermittelte Bischoff für 1996 einen Anteil der Frauen im oberen Management in Höhe von 6,2%; dieser Wert lag 1986 noch bei 2,5% (FAZ-Sonntagszeitung vom 17.11.1996).

Daß der Anteil von weiblichen Spitzenmanagern so gering ist, liegt nicht daran, daß Frauen keine Karriereambitionen besitzen. Im Gegenteil, Frauen gelten als hoch motiviert, gut ausgebildet, verantwortungsbewußt und entscheidungsfreudig; ihre Gehaltsansprüche sind meist bescheidener als die der Männer (Fischer et al. 1993, S. 103). Ende der 80er Jahre prognostizierte man für die Frauen einen „Einbruch in den Herrenclub" (Lentz et al. 1988) aufgrund des Geburtenrückgangs, des Wandels zur Dienstleistungsgesellschaft und der zunehmenden Relevanz neuer Managementqualitäten, wie Kommunikationsfähigkeiten oder Einfühlungsvermögen, die den Frauen zu verbesserten Chancen auch in Führungspositionen verhelfen sollten (Osterloh/Wübker 1995, S. 59 f). Diese Entwicklung ist so nicht eingetreten; sie vollzieht sich offenbar viel langsamer als vorhergesagt.

Die Tatsache, daß Frauen in den Spitzenpositionen kaum vertreten sind, hat verschiedene Gründe. So gibt es deutliche Unterschiede in der Eingangsqualifikation. Der Anteil der Studentinnen ist zwar sehr hoch, doch wählen sie häufig wirtschaftsferne Studiengänge; Frauen meiden insbesondere Ingenieurstudiengänge. Ferner haben zwei Drittel aller berufstätigen Frauen mindestens eine Erwerbsunterbrechung bedingt durch Kinder. Für eine Nachwuchsführungskraft, die zum Spitzenmanager aufsteigen möchte, ist ein Ausstieg für längere Zeit jedoch kaum möglich, da in den Topetagen der Wettbewerbsdruck hoch ist und aktuelles Wissen sowie wichtige Kontakte schnell verloren gehen (Tödtmann 1996, S. 60). Als Konsequenz bedeutet das für eine Frau mit Ambitionen für das höhere Management, auf Familie ganz zu verzichten. Eine Garantie für einen solchen Verzicht können oder wollen die meisten Frauen aber nicht geben – mit der Folge, daß die Unterstützung durch die meisten männlichen Vorgesetzten ausbleibt (Osterloh/Wübker 1995, S. 63). Oder: Frauen, die sich trotzdem für eine Schwangerschaft entscheiden, arbeiten nicht selten bis eine Woche vor der Entbindung und sitzen spätestens drei Monate nach der Geburt wieder an ihrem Schreibtisch. Sie müssen Opfer bringen.“ (Baumann/Reischauer 1996, S. 116).

Viele Männer stehen dem Eindringen von Frauen in Spitzenpositionen skeptisch gegenüber und ohne Mentoren kommen die Frauen kaum voran. Dazu kommen bei den Frauen *andere Präferenzen und Verhaltensmuster*. Das Streben der Frauen nach Macht ist weniger ausgeprägt, sie scheuen Konfrontationen und vermeiden in der Regel energische Auftritte, um ihre Interessen durchzusetzen (Bierach/Hildebrandt-Woeckel 1996, S. 58). Außerdem machen viele Frauen ihren Aufstieg vorzugsweise in Stabsbereichen wie Personalwesen, Marketing, Design; ihnen fehlt Praxis in harter Führungs- und Gewinnverantwortung, die man beim Spitzenmanager nicht missen möchte. Den Frauen im unteren Management wirft man auch vor, weniger zielstrebig und konsequent als Männer den Aufstieg in eine Spitzenposition zu betreiben. Hierzu ein Personalberater: „Sie studieren ambitioniert, machen den ersten oder auch zweiten Karriereschritt, dann stagniert es ein bißchen und gleichzeitig beginnt ihre biologische Uhr hörbar zu ticken. Steht ihr außerdem ein verdienender Ehemann zur Seite, entscheidet sich die Weiblichkeit allzuleicht für das Baby – plus höchstens eine Halbtagesstelle“ (Schumacher 1996, S. 287).

Aus diesen Gründen dringen die meisten Frauen nur bis ins mittlere Management vor. Allerdings zeichnet sich der Trend ab, daß der *Anteil der weiblichen Spitzenmanager zunimmt*. Nach der Untersuchung von Bischoff gehen 85% der Unternehmen davon aus, daß Frauen bald stärker im Topmanagement vertreten sein werden (FAZ-Sonntagszeitung vom 17.11.1996). Immerhin liegt der Anteil neueingestellter Hochschulabsolventinnen inzwischen bei 27% (1986: 22%); mit diesem Potential wird zu rechnen sein.

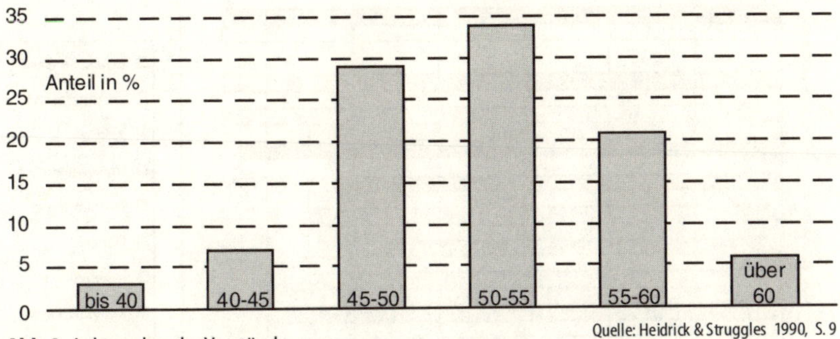

Abb. 3. Lebensalter der Vorstände

Alter

Die höchste intellektuelle und physische Leistungsfähigkeit erreicht der Mensch in jungen Jahren. Freilich fehlt in diesem Alter die Erfahrung, um ein Unternehmen in einem komplexen Umfeld zu führen. Immerhin werden in Japan die Konzerne von alten Männern geführt, doch überlassen sie den 30 bis 40jährigen das operative Geschäft (Ogger 1995, S. 259).

Die Altersstruktur *der Vorstände in Deutschland* entspricht einer flachen Glockenkurve (vgl. Abb. 3), wobei die meisten Nennungen im Bereich zwischen 50 und 55 Jahren liegen. (Heidrick & Struggles 1990, S. 9; ähnliche Werte auch bei Bröcker 1991, S. 86 sowie Scheuch 1995 b, S. 192).

Eine Studie von Poensgen (1982, S. 9), über den Zeitraum von 1961 bis 1975 belegt, daß sich die *Altersstruktur* bei den deutschen Spitzenmanagern *in den letzten dreißig Jahren kaum verändert* hat. Das Durchschnittsalter der Vorstandsmitglieder sank von 54,7 Jahre im Zeitraum von 1961 bis 1965 über ca. 52,2 Jahre im Zeitraum von 1971 bis 1975 auf den Wert von 51 Jahren in 1990 (Heidrick & Struggles 1990, S. 9). Das Alter der Vorstandsvorsitzenden liegt dagegen mit 54 Jahren leicht über dem Durchschnitt der Vorstandsmitglieder. Ein Vergleich der Vorstandsebene mit der darunterliegenden Managementebene bestätigt, daß mit steigender Hierarchieebene das Durchschnittsalter steigt (vgl. Abb. 4).

Es besteht ein positiver *Zusammenhang zwischen der Unternehmensgröße* (gemessen am Jahresumsatz) *und dem Alter der Geschäftsführung;* die Vorstände großer Konzerne sind im Durchschnitt älter als die mittelgroßer Unternehmen. Gleichzeitig ist ein signifikanter Zusammenhang zwischen der rechtlichen Abhängigkeit von Unterneh-

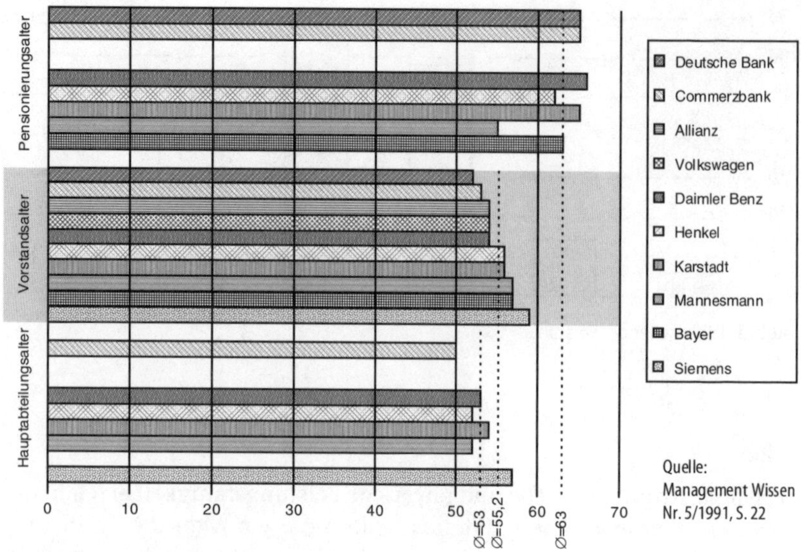

Abb. 4. Durchschnittsalter der Vorstandsmitglieder in den Vorständen und der darunterliegenden Ebene für 10 deutsche Großunternehmen

men und dem Alter der Geschäftsführer zu erkennen (Wuppermann 1989, S. 154): Geschäftsführer ausländischer Tochterunternehmen sind im Durchschnitt jünger als die inländischer Unternehmen. Dieser Altersunterschied ist nicht nur auf Größenunterschiede zwischen Mutter- und Tochterunternehmen zurückzuführen, sondern vor allem darauf, daß in vielen Konzernen der Weg an die Spitze über die Leitung einer Tochtergesellschaft im Ausland führt.

Das *Berufungsalter* ist wie das Durchschnittsalter in den letzten dreißig Jahren nur unwesentlich gesunken. Es beträgt durchschnittlich 43 Jahre (Hillebrand 1989, S. 254) gegenüber 44 Jahren im Jahr 1970 (Kruk 1972, S. 124; Poensgen 1982, S. 6). Das Berufungsalter der Vorstandsvorsitzenden liegt niedriger; sie werden durchschnittlich früher, nämlich schon mit 40 Jahren, zum ersten Mal als ordentliches Mitglied in den Vorstand berufen (Heidrick & Struggles 1990, S. 45; Kruk 1972, S. 121ff.).

Die These, daß das Management in jungen, einem ständigen technologischen Wandel unterworfenen Industrien jünger ist als in reifen Industrien, hält empirischen Untersuchungen nicht stand. Vielmehr gibt es nur *geringfügige branchenspezifische Abweichungen* bezüglich des Berufungsalters eines Vorstandsmitglieds bzw. Geschäftsführers. Lediglich in traditionsbewußten Industrien, wie der Chemieindustrie, erfolgt die Berufung im Durchschnitt etwas später (Gatermann/Sturm 1990, S. 277). Dagegen konnte nachgewiesen werden, daß das Berufungsalter mit der Größe des Unternehmens ansteigt (Heidrick & Struggles 1990, S. 10; Poensgen 1982, S. 6). Dies ist das Resultat der größeren Zahl von Hierarchiestufen in großen Unternehmen; es dauert länger, sie zu durchlaufen.

Berufs- und Karriereweg

Die Mehrzahl heutiger Führungskräfte haben „ihre *Managerkarrieren nicht von Anfang an geplant*" (Eberwein/Tholen 1990, S. 56). So geben 48% der Vorstandsmitglieder an, daß sie in ihrer Karriere Glück hatten (Scheuch 1995 b, S.193). Wichtige Karriereschritte können durch Zufälle, z.B. dem plötzlichen Ausscheiden des direkten Vorgesetzten oder einer nicht vorhersehbaren Unternehmensexpansion, beschleunigt werden (Eberwein/Tholen 1990, S. 85). Obwohl Personalentwicklung in Großunternehmen immer systematischer betrieben wird, räumen 60% der Vorstandsmitglieder ein, daß sie ihren raschen Aufstieg dem Einfluß eines Förderers verdanken (Scheuch 1995 b, S.193; Ogger 1995, S.195; Gatermann 1989, S. 245). Die persönlichen Gespräche bestätigen diese Befunde.

Neben diesen externen Einflußfaktoren ist vor allem der *Wille* „aufsteigen zu wollen" entscheidend. Von einigen Gesprächspartnern wurde betont, daß man die Bereitschaft „aufsteigen zu wollen", signalisieren muß. Das bedeutet, auch einmal selbst aktiv zu werden und den Vorgesetzten gezielt auf gewünschte Veränderungen anzusprechen. Ein Spitzenmanager führte dazu aus: „Man darf nicht darauf warten, daß jemand einem die Karriere vor die Füße legt, sondern man muß auch schon mal selbst Initiative ergreifen. Das ist nicht in dem Sinne gemeint, daß man andere ausboxen sollte. Man sollte sich aber schon mal bemerkbar machen und ausdrücken, daß man gerne etwas anderes tun würde".

Daß beim Aufstieg Opportunismus und Rücksichtslosigkeit praktiziert wird, weisen 99% der Vorstandsmitglieder zurück (Scheuch 1995 b, S. 193). Dieser Aussage steht die vielfach geäußerte Meinung entgegen, daß *Opportunismus* eher ein Garant für den Aufstieg ist, als rückhaltlose Offenheit; obwohl der „Querdenker" hoch gelobt wird (Ogger 1995, S. 126; Schütz 1995, S. 64). So bekennt auch Peter Littmann, der Vorstandsvorsitzende von Hugo Boss: „Man erwartet von ihnen neue Ideen und eine etwas andere Sicht - aber nicht zu sehr. Das Intervall, in dem sich die Toleranz bewegt, ist relativ eng." (Nayhauss 1996). Die Aufstiegsmechanismen in deutschen Unternehmen begünstigen „eher die angepaßten, ängstlichen Naturen, die sich alle erdenkliche Mühe geben, keinen Fehler zu machen." (Ogger 1995, S. 93). In Deutschland ist Scheitern fast gleichbedeutend mit dem Ende der beruflichen Laufbahn (Schnitzler 1995, S. 78). Anders in Amerika, wo es in der Gesellschaft akzeptiert wird, einem Gescheiterten eine neue Chance zu geben. So führte das Scheitern der Einführung von „New Coke" zunächst zum Rausschmiß von Sergio Zyman; inzwischen gilt er als nächster Chef von Coca-Cola (Schnitzler 1995, S. 76). Was die Rücksichtslosigkeit angeht, so ist zwischen der Außensicht und dem Eigenverständnis der Spitzenmanager zu unterscheiden. Eine Nachwuchsführungskraft mit hoher Sensibilität für menschliche und soziale Probleme und Konflikte, die lange abwägt, zweifelt und Vorbehalte einbringt, empfiehlt sich nicht für eine Spitzenposition. Wer zielstrebig ins Topmanagement will, muß schon eine gewisse *Robustheit und Rigoriosität* an den Tag legen.

Der Weg an die Unternehmensspitze verläuft meistens nicht nach einheitlichen Mustern, sondern individuell sehr verschieden. Dennoch können in der Praxis bestimmte typische Karriereverläufe beobachtet werden (Eberwein/Tholen 1990, S. 76 ff.)

- *Der Industriebürokrat:* Der Karriereweg dieser Führungskräfte ist dadurch gekennzeichnet, daß sie in höchstens zwei Unternehmen tätig waren, wobei sie ihren Aufstieg in die obere Führungsebene hauptsächlich in einem Unternehmen absolviert haben. Er erfolgte schrittweise von einer Hierarchieebene zur nächsthöheren und dauerte relativ lange (ca. 20 Jahre). Der „Industriebürokrat" ist loyal gegenüber „seinem" Unternehmen und überproportional oft ein Nichtakademiker.
- *Der Wechsler:* In der Gruppe der „Wechsler" finden sich vor allem Akademiker. Die Aufstiegszeiten der „Wechsler" sind kürzer als die der „Industriebürokraten" (ca. 15 Jahre).
- *Der Seiteneinsteiger:* „Seiteneinsteiger" sind Spitzenmanager, „die erst nach langjähriger beruflicher Tätigkeit in einem anderen Bereich von „außen" in eine Position in der Unternehmensleitung gelangen und zwar unmittelbar auf der ersten oder zweiten Hierarchieebene". Als Beispiel sei auf den ehemaligen Ministerpräsidenten Lothar Späth verwiesen, der nun Jenoptik leitet.

In der *Praxis* stellt der Seiteneinsteiger eine unbedeutende Minderheit dar. Die große Mehrheit steigt entweder in einem Unternehmen in die oberste Führungsebene auf oder wechselt das Unternehmen. In der Studie von Eberwein/Tholen sind in der ersten Führungsebene 57,5% dem

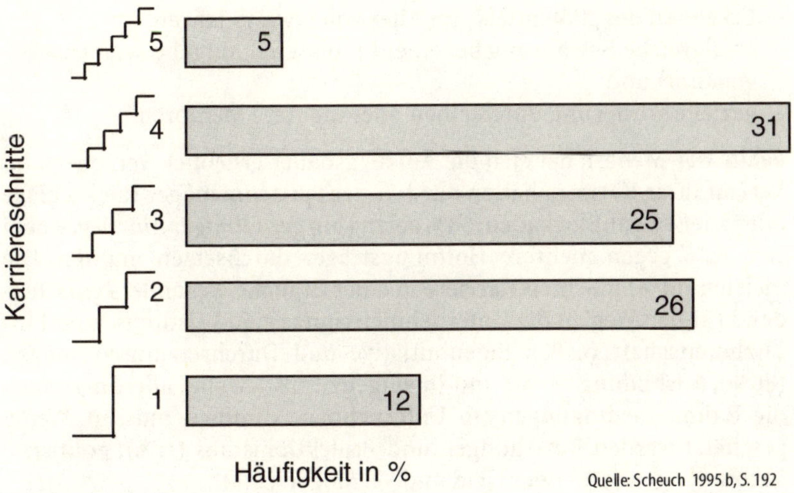

Abb. 5. Anzahl der Karriereschritte bis zum Vorstand

Karrieremuster des „Wechslers" zuzurechnen und nur 32,3% dem des „Industriebürokraten". 53% der Spitzenmanager wechselten einmal das Unternehmen, 36% dagegen mehrmals (Eberwein/Tholen 1990, S. 80). Das Karrieremuster des „Industriebürokraten" findet sich in allen Unternehmensgrößen, bevorzugt allerdings in größeren Unternehmen (56%). Bei den meisten Großunternehmen rangiert der interne Aufstieg vor dem Quereinstieg, wobei diese Devise hauptsächlich in den mittleren Ebenen eingehalten wird (Management Wissen Nr.5/1991, S. 36). In den oberen Hierarchieebenen wird diese Regel dagegen häufig nicht befolgt, was auch erklärt, daß sich die höchste Führungsebene aus überproportional vielen „Wechslern" zusammensetzt, während Industriebürokraten oft nur bis in die zweite Ebene aufsteigen (Kruk 1972, S. 137).

Bei der Untersuchung der Vorstandsmitglieder der 500 umsatzstärksten Unternehmen stellte Scheuch fest, daß der Karriereweg langsam aber stetig verläuft und die gesamte *Aufstiegszeit* 16 bis 19 Jahre dauert - deutlich länger als in den USA oder in Frankreich (Scheuch 1995 b, S. 192). Die Beförderungsdauer in mittelständischen Unternehmen beträgt nur acht Jahre, was auch durch die geringe Zahl der Hierarchieebenen bedingt ist. Aus Abb. 5 ist zu erkennen, daß der Weg in den Vorstand meist über zwei bis vier Karriereschritte verläuft.

Dabei läßt sich häufig ein dreistufiger *Prozeß* erkennen (Scheuch 1995 b, S. 192 ff.):

- Erkennen des „Potentials“ im Alter von etwa 30 Jahren,
- erfolgreiche Bewährung bei einer besonderen Aufgabe (von 93,6% genannt) und
- gezielte Förderung durch einen oder mehrere Mentoren.

Fehlte der Mentor, hat sich die Aufstiegsdauer erheblich verzögert. Im Verlauf ihrer Karriere hatten nur 11% der Spitzenmanager Rückschläge oder stießen auf Blockaden; 88% gelang ein *geradliniger Aufstieg*, wobei sich 82% gegen mehrere Hoffnungsträger durchsetzen mußten. Die meisten (61%) machten Karriere in einer Branche. Besonders entscheidend für den Weg an die Unternehmensspitze sind Leistungs- und Einsatzbereitschaft (92%), Eigeninitiative und Durchsetzungsvermögen (86%), Ausbildung (82%) und Intelligenz (71%), wobei allerdings auch die Rahmenbedingungen im Unternehmen stimmen müssen. Wenig geschätzt werden Beziehungen und Protektionismus (11%), politische Verbindungen (5%) oder Geld und Vermögen (4%).

Unternehmens- und Wohnortwechsel

Die wichtigsten *Anreize* zum freiwilligen Unternehmenswechsel ergeben sich aus einer neuen Aufgabe oder Position (Eberwein/Tholen 1990, S. 67). Die neue interessante Aufgabe, die damit verbundenen Kompetenz- und Verantwortungserweiterungen aber auch ein mit der neuen Stellung verbundenes höheres Image verleiten zum Wechsel. Mit großem Abstand folgen Gründe im Unternehmen, sowie gehaltliche Verbesserung oder persönliche Gründe (Wuppermann 1989, S. 231). In einigen Fällen ist es auch eine Mischung aus Prestigegründen und einem erweiterten Aufgaben- und Kompetenzbereich, die den Nachwuchsmanager veranlassen, das Unternehmen zu wechseln. Dabei wird die Entscheidung manchmal stärker nach dem Gefühl als auf der Basis einer Analyse der neuen Position getroffen, was auch häufig zu Fehlentscheidungen führt (Kowalevsky 1991, S. 78 ff.). Äußerungen, wie „das Angebot konnte ich nicht ausschlagen“ charakterisieren diese Art von Entscheidungen.

In den persönlichen Gesprächen wurde der *finanzielle Anreiz* nicht offen zugegeben. Die Gesprächspartner spielten finanzielle Gründe als Antriebskraft für einen Unternehmenswechsel herunter. Zu vermuten ist, daß von den Spitzenmanagern eine angemessene Vergütung erwartet wird. Das Salär muß bei einem Wechsel stimmen, d.h. es muß deutlich über dem Niveau des vorangehenden Gehalts liegen.

Unzufriedenheit mit der derzeitigen Arbeitssituation ist bei Spitzenmanagern, im Gegensatz zu Managern niedriger Hierarchiestufen, nur in Ausnahmefällen die Ursache für einen Unternehmenswechsel. In den persönlichen Gesprächen wurde von keinem Gesprächspartner die Unzufriedenheit mit der alten Stellung als Grund für einen Wechsel genannt.

Der Wohnortwechsel über die Gemeindegrenzen hinaus hat neben der beruflichen Dimension auch Auswirkungen auf die Privatsphäre der Führungskraft. „Die Familie ist gezwungen ihre gewohnte Umgebung zu verlassen, alte Kontakte müssen abgebrochen werden, und bei der Entscheidung zum Umzug ist unbekannt, ob es gelingen wird, Ersatz dafür zu finden" (Pippke/Wolfmeyer 1976, S. 51). Weiterhin gibt es persönliche Mobilitätsbarrieren, wie Hausbesitz, Bekanntenkreis, Gebräuche und Dialekte. Sie erschweren den Wohnortwechsel, durch den die Familie aus einer etablierten Situation und aus dem vertrauten Umfeld herausgerissen wird.

Für den Spitzenmanager steht die Karriere im Vordergrund. Auf seinem Aufstiegsweg nimmt er daher eine *hohe Zahl* von Arbeitsplatz- (36%) und Unternehmenswechseln (62%), die mit einem Wohnortwechsel verbunden sind, in Kauf. Sie liegt erheblich über dem Umfang von Wohnortswechseln in der gesamten Erwerbsbevölkerung (ca. 10-20%) (Harloff 1970, S. 27 f.). Im Vergleich zu Spitzenkräften anderer gesellschaftlicher Bereiche, wie Politik, Kunst, Journalismus, Unterhaltung, dürfte die Mobilitätsbereitschaft der Spitzenmanager jedoch etwa gleich sein.

Auslandserfahrung

Viele internationale Großkonzerne proklamieren inzwischen, daß der Weg an die Unternehmensspitze zwingend das *Arbeiten im Ausland* voraussetze - so z.B. Siemens, IBM oder BASF. Andere, z.B. BMW oder VW, betrachten den Auslandsaufenthalt nicht als Muß, aber als karrierefördernd. Der Anteil der Spitzenmanager mit Arbeitserfahrung im Ausland weist eine steigende Tendenz auf; so hatten 1991 36% der Spitzenmanager Auslandserfahrung, diese Zahl stieg 1995 schon auf ca. 50% an (Bierach 1995, S. 69). Da der Anteil der Ausländer in der höchsten Führungsebene trotz eines Anstiegs in den letzten Jahren immer noch gering ist (meist unter 5%) (Biallo/Kowalevsky 1995, S. 104), fehlt es den Managern allerdings an Erfahrung im Umgang mit ausländischen Führungskräften.

Auslandsaufenthalte sind *abhängig vom Ressort*, in dem der Manager tätig ist. Während Finanzspezialisten und Marketing- und Vertriebsfachleute überdurchschnittliche Auslandserfahrungen besitzen,

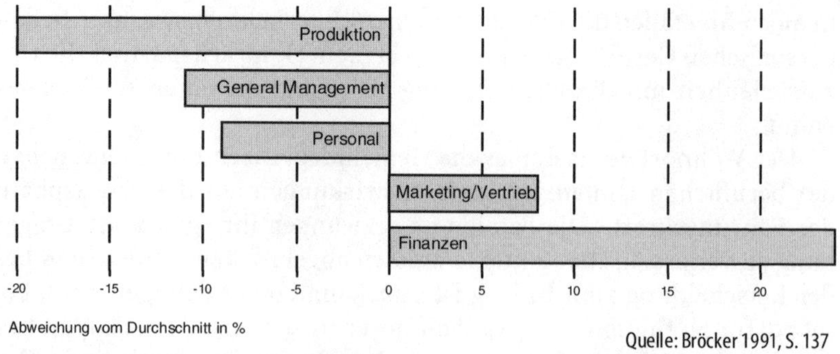

Quelle: Bröcker 1991, S. 137

Abb. 6. Auslandserfahrung nach Funktionen

kennen Produktions-, Personal- und General Manager das Ausland nur wenig (vgl. Abb. 6).

Die *Ursache* liegt darin, daß nur im Bereich Marketing und Vertrieb Auslandserfahrung die Karriere beschleunigt; dies gilt nicht für andere Unternehmensbereiche. So müssen Finanzspezialisten für ihre überdurchschnittlich langen Aufenthalte außerhalb Deutschlands mit einer längeren Aufstiegsdauer bezahlen (Risch 1991, S. 321). Manager mit langjährigem Auslandsaufenthalt schaffen in den wenigsten Fällen den Sprung in eine der ersten beiden Führungsebenen im Mutterunternehmen, da Konzepte zur Wiedereingliederung bisher kaum vorhanden sind (Wittenzeller 1987, S. 80). Zudem ist es durch die Verschlankung der Managementstrukturen zunehmend schwieriger, eine Spitzenposition für einen „Rückkehrer" zu finden (Karriere vom 15.11.1996).

In den persönlichen Gesprächen gaben die Spitzenmanager an, daß sie einen Auslandsaufenthalt *nur in Ausnahmen für karrierefördernd* halten. Zu ähnlichen Ergebnissen kommt auch Bauer, der 150 Manager aus Deutschland nach den Aufstiegskriterien ins Topmanagement befragte. Nur vier Prozent der deutschen Manager gaben an, daß Auslandserfahrung für einen Aufstieg in das Topmanagement eine Rolle spielt (Wirtschaftswoche vom 27.5.1994, S. 205). Einige waren sogar der Meinung, daß eine Versetzung ins Ausland eine *Karrierefalle* sei. Die in der Zentrale verbliebenen Führungskräfte kämen häufig schneller nach oben, da sich Rückkehrer entgegen aller Versprechungen häufig auf dem früheren Positionsniveau neu bewähren müßten (Capital Nr. 4/ 1994, S. 229). Allerdings, so schränkten die Manager ihre negative Einstellung gegenüber Auslandsaufenthalten ein, sei das Arbeiten im Ausland dann karrierefördernd, wenn im Ausland Verantwortung übernommen werde. Hat ein Manager gezeigt, daß er unter schwierigen und ungewohnten Umfeldbedingungen die übertragene Aufgabe selbstän-

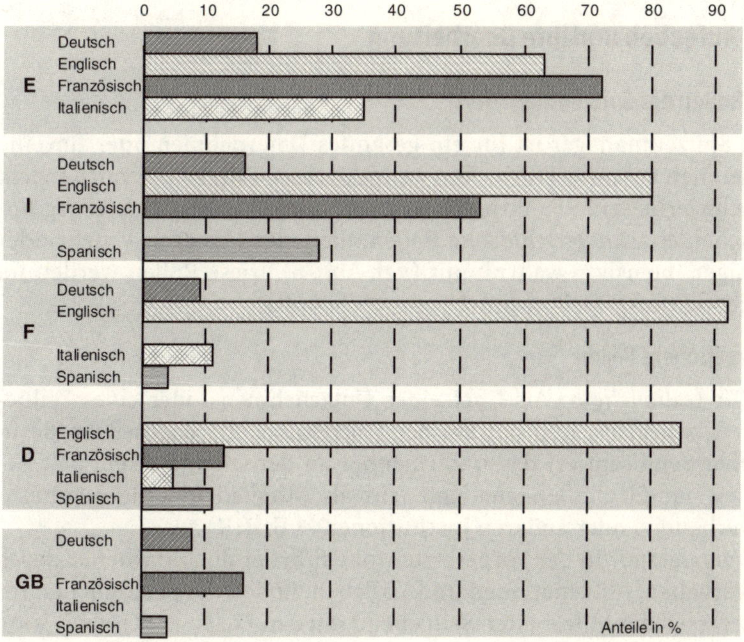

Quelle: Bröcker 1991, S. 87

Abb. 7. Sprachkenntnisse der Spitzenmanager im europäischen Vergleich

dig ausfüllen kann, gilt er auch als geeignet, im Stammhaus höchste Führungsaufgaben zu übernehmen.

Ca. 60% der Unternehmen klagen über erhebliche internationale Immobilität aufgrund der geringen Bereitschaft ihrer Mitarbeiter zu einem Auslandseinsatz – weitere 20% haben Schwierigkeiten bei Auslandseinsätzen außerhalb Europas oder Nordamerikas (Horsch 1996, S. 79).

Daß Auslandseinsätze nicht ohne Risiken sind und eine hohe Anpassungsbereitschaft erfordern, zeigt auch der Befund, daß viele Auslandsentsendungen abgebrochen werden. Es wird von Abbruchquoten zwischen 30 bis 70% berichtet, die für die Unternehmen hohe Kosten und einen Imageverlust bedeuten (Podsiadlowski 1996, S. 74).

Internationalität wird immer noch an *Fremdsprachenkenntnissen* gemessen. Bröcker ermittelte, daß sich 85,6% der Manager als verhandlungssicher in Englisch einstufen (Bröcker 1991, S. 88). Während die Selbsteinschätzung der Englischkenntnisse nur noch von den Franzosen übertroffen wird, fallen Kenntnisse anderer Fremdsprachen im Vergleich zu den europäischen Nachbarn sehr gering aus (vgl. Abb. 7).

2.2
Die Aufgaben und ihre Bearbeitung

Die Rollen des Spitzenmanagers

Der Spitzenmanager ist für ein gesamtes Unternehmen oder für eine Teileinheit verantwortlich. Sein weitgesteckter Tätigkeitsbereich macht es schwierig, seine Funktionen präzise zu beschreiben. Mintzberg unterscheidet *zehn verschiedene Rollen*, die jeder Manager - mehr oder weniger intensiv - wahrnimmt (vgl. Abb. 8). Diese Rollen werden im folgenden vorgestellt (Mintzberg 1990, S. 91 ff).

Interpersonelle Rollen:

- *Die Galionsfigur:* Als Chef eines Unternehmens oder eines Teilbereichs begrüßt und betreut der Spitzenmanager angesehene Besucher, repräsentiert das Unternehmen in der Öffentlichkeit, hält Reden auf Firmenjubiläen und tritt als Mitglied in Unternehmensverbänden oder anderen Institutionen (z.B. IHK) auf.
- *Vorgesetzter:* In der Vorgesetztenrolle führt er die Mitarbeiter durch Vorgaben, Informationen und Vorleben. Er soll die persönlichen Interessen der Mitarbeiter weitgehend mit den Zielen der Organisation in Einklang bringen. Als guter Vorgesetzter delegiert er Aufgaben, die nicht unbedingt seine Kenntnisse erfordern.
- *Verbinder/Vernetzer:* Manager verbringen einen erheblichen Anteil ihrer Zeit mit Personen außerhalb des Unternehmens. Die externen Kontakte sind dabei breit gefächert und reichen von Kunden und Lieferanten über Berater, Behördenvertreter und Verbandsfunktionäre bis zu anderen Persönlichkeiten, die in irgendeiner Beziehung zum Unternehmen stehen.

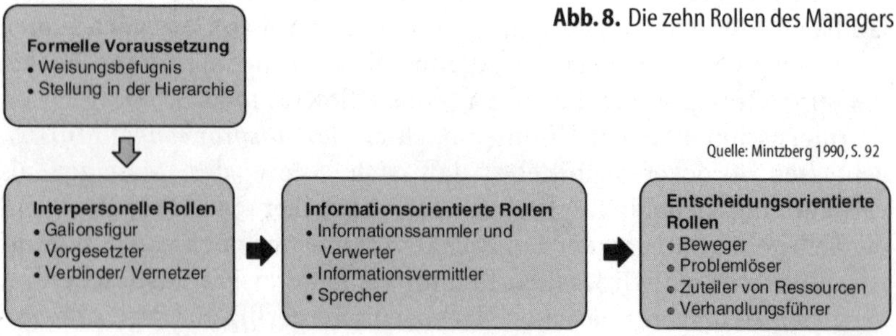

Abb. 8. Die zehn Rollen des Managers

Quelle: Mintzberg 1990, S. 92

Informationsorientierte Rollen:

- *Informationssammler und -verwerter:* Mit Hilfe seiner vielfältigen internen und externen Kontakte zu Personen in unterschiedlichsten Funktionen baut der Manager ein „weitgespanntes Beziehungsnetz" auf. Er fordert Informationen an, nimmt sie auf und wertet sie aus.
- *Informationsvermittler:* Der Manager verarbeitet die erhaltenen Informationen und gibt sie gezielt an seine Mitarbeiter weiter, die alleine keinen Zugang zu diesen Informationen hätten.
- *Sprecher:* Als Sprecher vertritt der Spitzenmanager sein Unternehmen nach außen. Dabei muß er das Informationsbedürfnis der Personen zufriedenstellen, die Einfluß auf die Geschicke des Unternehmens haben oder von ihm abhängig sind. Im einzelnen sind dies z.B. der Aufsichtsrat, die Aktionäre oder Gesellschafter, der Betriebsrat, Behörden, Kunden, Verbraucherverbände und Banken.

Entscheidungsorientierte Rollen:

- *Beweger (oder Unternehmer):* Der Spitzenmanager ist bestrebt, die Position seines Unternehmens zu sichern und zu verbessern. Es gilt geänderte Umweltbedingungen zu berücksichtigen und kreative Ideen für die Zukunft zu entwerfen, Konzepte zu entwickeln und die strategische Ausrichtung des Unternehmens festzulegen. Neue Projekte werden initiiert und laufende verfolgt.
- *Problemlöser:* Es gibt eine Vielzahl externer vom Manager nicht beeinflußbarer Faktoren, die den Geschäftsverlauf mehr oder weniger stark beeinträchtigen, wie z.B. der Konkurs eines wichtigen Zulieferers oder Abnehmers oder eine Rückrufaktion für ein Produkt. Darauf muß der Manager reagieren. In der Praxis sind solche Zwischenfälle relativ häufig. Vielfach reagieren die Manager mehr als sie agieren (Riecker 1996, S. 173).
- *Zuteiler von Ressourcen:* Die Aufgabe des Spitzenmanagers ist es, die Ressourcen derart zu verteilen, daß jede Einheit des Unternehmens das Volumen an Mitteln erhält, das sie zur Erfüllung ihrer Aufgaben benötigt. Durch diese Funktion ist es ihm möglich, grundlegende Weichenstellungen in den einzelnen Bereichen vorzunehmen.
- *Verhandlungsführer:* Da nur der Spitzenmanager über den notwendigen Informationsstand und die Kompetenzen verfügt, um über Änderungen der Unternehmensorganisation zu entscheiden, stellt er entsprechende Überlegungen an und führt die maßgeblichen Gespräche.

Die beschriebenen zehn Rollen sind nicht isoliert zu sehen, sie überschneiden sich teilweise; sie sind Teile einer Einheit. „Keine Rolle kann

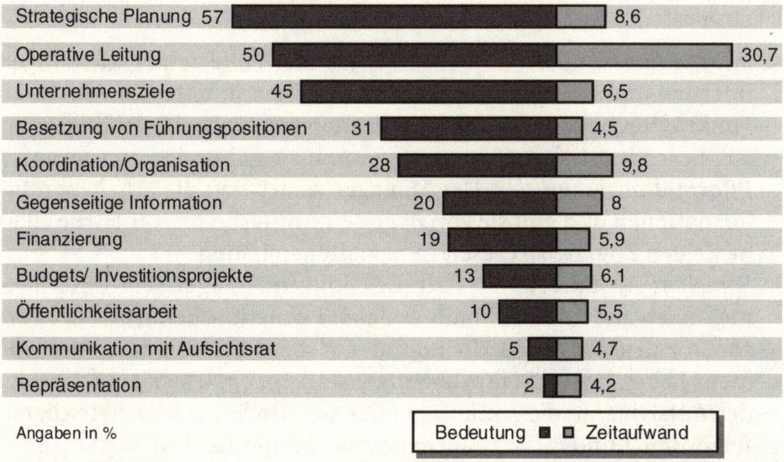

Quelle: Heidrick & Struggles 1990, S. 12 f.

Abb. 9. Die Bedeutung der einzelnen Aufgaben des Spitzenmanagers und die für diese Aufgaben aufgebrachte Arbeitszeit

entfallen, ohne dem Ganzen zu schaden" (Mintzberg 1990, S. 95). Die Bedeutung schwankt allerdings stark und ist abhängig von der ausgeübten Funktion, der Branche und der Unternehmensgröße.

Die wichtigsten Aufgabenfelder

Paganoni befragte die Vorstände großer deutscher Aktiengesellschaften nach der Bedeutung, die sie ihren verschiedenen Aufgaben beimessen, und dem Zeitaufwand, den zur Erfüllung dieser Aufgaben tatsächlich aufbringen (Heidrick & Struggles 1990, S. 12) (vgl. Abb. 9). Die Diskrepanz zwischen der Bedeutung, die *strategischen Aufgaben* beigemessen wird, und der dafür tatsächlich aufgewendeten Arbeitszeit ist auffallend hoch. Während 57% der Befragten die strategische Planung für die wichtigste Aufgabe des Topmanagements halten, verwenden die Spitzenmanager dafür im Durchschnitt lediglich 8,6% ihrer Zeit. Nach einer Kienbaum-Analyse (knapp 2000 Spitzenmanager) hat Strategie die höchste Priorität; der dafür geplante Zeiteinsatz liegt jedoch deutlich unter dem realen Zeiteinsatz (vgl. Abb. 10). Hätten die Manager mehr Zeit, so würden sie diese in erster Linie für Strategie und Marktentwicklung einsetzen (Kienbaum 1996, S. 30).

Die Diskrepanz zwischen der Bedeutung der strategischen Planung und der dafür tatsächlich aufgewendeten Zeit resultiert daraus, daß sich

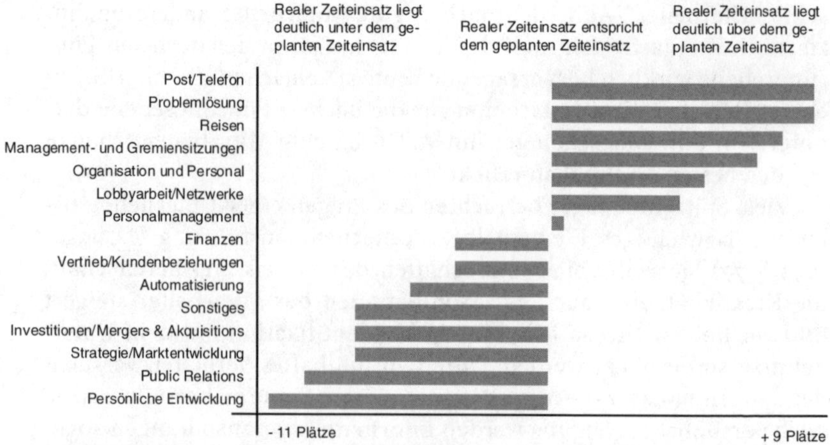

Quelle: Kienbaum 1996, S. 30

Abb. 10. Plan und Realität der Zeiteinteilung und Prioritätensetzung bei deutschen Spitzenmanagern

viele Spitzenmanager während der normalen Arbeitszeit nicht mit strategischen Analysen und Überlegungen beschäftigen können. Die Ideen für die strategischen Zielsetzungen und Planungen gewinnt der Spitzenmanager in der Regel nicht durch abstrakte Denkprozesse, sondern durch die immerwährende Beschäftigung mit dem Thema. „Sie verlassen gedanklich das Unternehmen auch während ihrer Freizeit nicht und entwickeln gerade zu Hause oder im Urlaub die besten Konzepte.“ (Mintzberg 1990, S. 88).

Die konkrete Planung für das Gesamtunternehmen wird in den meisten Unternehmen in mehr oder weniger institutionalisierten Besprechungen, an denen die Geschäftsleitung und die untergeordneten Ebenen beteiligt sind, vorgenommen. Auf diese Weise wird die strategische Planung mit dem Tagesgeschehen verknüpft und der Bezug zur Realität bleibt erhalten. Die Unternehmensziele setzt der Spitzenmanager dann in gemeinsamen Besprechungen mit den zuständigen Führungskräften in die Bereichsziele um.

Die *Auswahl der Mitarbeiter* gehört nach Einschätzung aller befragten Spitzenmanager zu den ganz wesentlichen Aufgaben. Die zuverlässige Rekrutierung von qualifizierten, entwicklungsfähigen Mitarbeitern wird von einigen Spitzenmanagern sogar für die Hauptaufgabe des Managements gehalten, „da ein Unternehmen immer nur so gut ist wie

seine Mitarbeiter". Außerdem ziehen gute Mitarbeiter andere qualifizierte Kräfte nach: „Ich muß dafür sorgen, daß in der nächsten Führungsebene wirklich hervorragende Leute sitzen. Ich muß weiterhin sicherstellen, daß diese Mitarbeiter für die nächste Führungsebene darunter sehr gute Menschen gewinnen. Durch gute Mitarbeiter erhalten wir den besten Multiplikatoreffekt".

Viele Spitzenmanager betrachten das Prägen einer Unternehmenskultur als wichtiges Element ihrer Unternehmensführung (Drucker 1993, S. 77). Sie wollen ein Klima schaffen, das die Leistungsbereitschaft, die Kreativität, aber auch das Wohlbefinden der Mitarbeiter steigert und auf hohem Niveau hält; eine hohe Identifikation mit dem Unternehmen soll erreicht werden. Durch vorbildhaftes Verhalten versucht der Spitzenmanager die Mitarbeiter in diesem Sinne zu beeinflussen. Je nach persönlicher Neigung werden Informationsveranstaltungen abgehalten oder Sitzungen mit Sparten- und Bereichsleitern moderiert; der Kommunikation mit Kollegen und Mitarbeitern wird große Bedeutung beigemessen. Rundgänge durch das Unternehmen sollen die informelle Kommunikation fördern und helfen, die Distanz zwischen Mitarbeitern und Vorgesetzten zu verringern. Allerdings werden solche Aktivitäten oft nur punktuell und rudimentär ausgeführt, weil die Arbeitsbelastung die Zeit dafür nicht hergibt und Mängel im eigenen Verhalten immer wieder durchbrechen.

Wir haben den Spitzenmanager so abgegrenzt, daß er kaum noch im *operativen Geschäft* tätig sein müßte. Die Praxis zeigt uns ein anderes Bild. Für die operative Leitung muß er den größten Zeitanteil aufwenden (vgl. Abb. 9). In den persönlichen Gesprächen wurden hierzu jedoch große Unterschiede erkannt. Während einige Gesprächspartner angaben, sich vollkommen aus dem Tagesgeschehen zurückgezogen zu haben, hielten andere die Beteiligung an Projekten und die Beschäftigung mit Problemen und Vorgängen des Tagesgeschäfts für wichtig, um nicht „abzuheben und nur noch großartige Konzepte zu machen".

Die nicht am Tagesgeschehen Beteiligten haben das operative Geschäft ihren Sparten- und Bereichsleitern übertragen. Delegiert wird in der Regel unter Vorgabe von Budgets und Zielen, die in iterativen Prozessen erarbeitet werden. Für den Spitzenmanager ist Delegation ein sehr wichtiger Faktor, und für seinen eigenen Erfolg ist es von großer Bedeutung, die richtigen Aufgaben an die richtigen Personen abgeben zu können. Dennoch wird das Delegationspotential in der Regel nicht voll ausgeschöpft, was zur Folge hat, daß z.T. Sach- und nicht Führungsaufgaben erledigt werden und doch Zeit im operativen Tagesgeschäft verbraucht wird.

Repräsentative Aufgaben versuchen die meisten Spitzenmanager zu beschränken: „Ich könnte diese Funktion unendlich wahrnehmen, wenn ich sehe, wieviele Einladungen zu Veranstaltungen ich z.B. von der IHK, der Universität, Verbänden etc. bekomme. Ich nehme davon sehr wenige wahr. Es gibt Leute, die auf allen möglichen Hochzeiten tanzen, aber dadurch verlieren sie unwahrscheinlich viel Zeit. Ich konzentriere mich lieber auf die Aufgaben, die für das Unternehmen wirklich notwendig sind".

Arbeitsablauf und Zeiteinteilung

Auf die Frage, wie ihr normaler Arbeitstag aussieht, pflegen Manager zu antworten, daß es selten den normalen Arbeitstag für sie gebe (Hess 1988, S. 124). Anhand der persönlichen Gespräche konnten dennoch einige Charakteristika des Arbeitsablaufs des Managers herausgefunden werden. Der „normale" Arbeitstag beginnt zwischen 7.30 Uhr und 8.30 Uhr, für manche Spitzenmanager aber auch erst um 9.00 Uhr, und endet zwischen 19 Uhr und 20 Uhr. Mit dem Verlassen des Büros ist die Arbeit nur selten beendet, öfters werden noch Einladungen wahrgenommen, stehen Arbeitsessen an, oder die Arbeit wird zu Hause fortgesetzt. Mittagspausen werden oft als Arbeitsessen mit Mitarbeitern und Kunden gestaltet. Einige Spitzenmanager unterbrechen ihre Arbeit überhaupt nicht. Der relativ *lange Arbeitstag* des Managers - zwischen 10 und 12 Stunden - ist aber auch unterbrochen von weniger arbeitsintensiven Phasen. Dazu ein Spitzenmanager: „Wenn ich zwölf Stunden hier im Büro bin, heißt das nicht, daß ich zwölf Stunden intensiv arbeite. Ich gönne mir z.B. abends auch mal eine halbe Stunde Pause, um irgendwelche Magazine zu lesen".

Der Spitzenmanager steht inmitten eines eng geknüpften formellen und informellen Beziehungsnetzes; daher verbringt er den größten Teil des Arbeitstages in Kommunikation mit anderen. Reichwald/Goecke (1996, S. 8) führten Tätigkeitsanalysen von 14 Topmanagern durch: Sie kommunizierten durchschnittlich 90% ihrer Arbeitszeit im Unternehmen; nur 7% wandten sie zur Erledigung von Schreibtischarbeit auf. Kotter stellte fest, daß Spitzenmanager nur 25% ihrer Zeit alleine arbeiten, und diese dann zum größten Teil am heimischen Schreibtisch oder auf Reisen. In den restlichen 75% findet Kommunikation und Interaktion mit anderen statt (Kotter 1982, S. 158).

Die wichtigsten Gesprächspartner sind Manager anderer Bereiche oder Sparten, Führungskräfte des eigenen Bereichs, Kunden, Lieferanten und Persönlichkeiten des öffentlichen Lebens; dazu kommt eine parallel laufende permanente Kommunikation mit dem direkt zu-

Abb. 11. Das Zeitprofil der Arbeit im oberen Management 1993–1994

arbeitenden Assistenzpersonal. In den Interviews wurde bestätigt, daß die Kommunikation den größten Teil der Arbeitszeit beansprucht. Während der „normalen" Arbeitszeit - von 9.00 bis 17.00 Uhr - verbringen die Spitzenmanager ca. 80-90% der Zeit mit Kommunikation, dagegen nutzen sie die Zeiten davor und danach, um Vorgänge und Post am Schreibtisch zu bearbeiten. Der Zeitaufwand der Spitzenmanager für persönliche Kommunikation (Einzelgespräche, Sitzungen) liegt bei etwa sechs Stunden täglich; dieser Wert hat sich gegenüber früheren Studien kaum verändert (Reichwald/Goecke 1996, S. 9). Bei diesem großen Zeitblock, der der persönlichen Kommunikation gewidmet ist, scheint es sich um ein konstantes Element im Kommunikationsverhalten von Spitzenmanagern zu handeln. Dieser Befund zeigt, welchen hohen Stellenwert Spitzenmanager den zwischenmenschlichen Beziehungen beimessen und wie sehr sie ihre Steuerungs- und Koordinationsfunktion durch persönliches Einwirken erfüllen.

Zur Bewältigung ihrer Aufgaben bedienen sich die Spítzenmanager aller gebräuchlichen Kommunikationsformen (vgl. Abb. 11): Einzelgespräch, Sitzung mit einer Gruppe, Telefon, Fax, Voice Mail, e-Mail, Telefon- und Videokonferenz, Briefpost und Weitergabe von Zetteln. Erstaunlich ist, wie schnell sich bei den Spitzenmanagern die neuen Telekommunikationsmedien Fax, e-Mail, Voice mail verbreitet haben; sie werden intensiv genutzt. Sie kommen der geringen direkten Ansprechbarkeit und der hektischen fragmentierten Arbeitsweise des Spitzenmanagers sehr entgegen (Riecker 1996, S. 173).

Die Arbeit des Managers ist zum größten Teil reaktiv. 60-80% seiner Zeit verbringt er damit, auf Anfragen, Ereignisse, Probleme etc. zu reagieren. Aus diesem Grund ist seine Tätigkeit durch viele Unterbrechungen gekennzeichnet, die Arbeitsvorgänge sind zerstückelt. An einem normalen 10-12 Stunden-Tag müssen Spitzenmanager mehr als 20 Aufgaben und Projekte gleichzeitig bearbeiten, abwechselnd auf mehr als fünf verschiedenen Kommunikationskanälen und mit 27 Gesprächspartnern kommunizieren (Riecker 1996, S. 173). Die Bearbeitung erfolgt daher überwiegend bruchstückhaft und relativ oberflächlich, da die Zeit fehlt, sich gründlich in die Vorgänge einzudenken. Von den meisten Managern werden diese Tätigkeiten als ungeliebte Unterbrechungen der eigentlichen Arbeit gesehen. Diese negative Haltung rührt daher, daß diese Unterbrechungen immer dringend, aber nur selten wichtig sind (Hess 1988, S. 139). Mintzberg stellte schon vor sieben Jahren fest: „Eine Untersuchung um die andere hat gezeigt, daß ihre Aktivitäten von Kurzatmigkeit, ständig wechselnden Umständen und Unterbrechungen geprägt sind, und daß Manager sich stark aktionsorientiert verhalten" (Mintzberg 1990, S. 87). Die von ihm beobachteten Firmenchefs benötigten für die Hälfte der Vorgänge, mit denen sie befaßt waren, weniger als 9 Minuten. Heute hat sich das Aktivitätsniveau annähernd verdoppelt. Spitzenmanager bewältigen fast 100 Aktivitäten am Tag, von denen viele nur bis zwei Minuten dauern; die mittlere Aktivitätszeit beträgt sechs Minuten (Reichwald/Goecke 1996, S. 8).

Nun finden sich Aktivitätszeiten von wenigen Minuten auch bei anderen Tätigkeiten; denken wir an den Eisverkäufer, das Informationsbüro, den Fahrkartenschalter. Den Spitzenmanager belasten die kurzen Aktivitätszeiten deshalb, weil es meist ungeplante Unterbrechungen sind, die ihn davon abhalten, wichtige Aufgaben gründlich zu bearbeiten. So baut sich den Tag über Unzufriedenheit über das Nicht-Erreichte auf, die sich erst in den Abendstunden (nach 17 Uhr) bei Erledigung der geplanten Tätigkeiten abbaut. Erst wenn der Zustand erreicht ist, alles erledigt zu haben, tritt Zufriedenheit ein. Dieses „Auslaufen" kostet allerdings einige Stunden Abendzeit. Die Mehrzahl der befragten Spitzenmanager bestätigten, daß sie während der normalen Arbeitszeiten nicht die Ruhe und die Zeit fänden, längere Vorgänge am Stück zu bearbeiten. Störungsfreie Arbeitszeiten zur Lektüre von Berichten und Fachliteratur sowie zu konzeptionellen Ausarbeitungen findet der Manager in der Regel nur zu Hause, auf Reisen oder abends, wenn die Mehrzahl der Mitarbeiter schon gegangen ist. Alle Spitzenmanager besitzen und nutzen auch die Möglichkeit, sich durch ihre Sekretärin abschotten zu lassen.

IN
OUT

Mitarbeiter, die ein *persönliches Gespräch* mit dem Spitzenmanager suchen, haben nicht in jedem Unternehmen die gleichen Möglichkeiten. Je nach Unternehmensgröße und persönlicher Einstellung des Spitzenmanagers finden sich unterschiedliche Gepflogenheiten. Während in einem Unternehmen ein kurzer Anruf seitens des Mitarbeiters genügt, um daraufhin in der nächsten Stunde empfangen zu werden, müssen in anderen Unternehmen Termine mit dem Sekretariat vereinbart werden. Dies hat in der Regel zur Folge, daß der Mitarbeiter länger auf sein Gespräch warten muß, mit der Gefahr, daß es immer wieder verschoben wird.

Angesichts der offensichtlichen Überlastung der Führungskräfte und der streßartigen Belastung im Arbeitsalltag stellt sich natürlich die Frage, warum nicht in höherem Maße Aufgaben delegiert werden. Die Aktivitätsanalysen der 14 Topmanager zeigen, daß über 40% der Aufgaben unstrukturiert sind; überwiegend sind es Einzelfälle (Reichwald/Goecke 1996, S. 10). Der Spitzenmanager muß also vor einer Delegation, eine gewisse Strukturierung vornehmen; er muß Vorgänge zuordnen und mit einer Priorität versehen. Die Spitzenmanager sehen den größten Teil der Aufgaben, die sie selbst bearbeiten, als nicht delegierbar an, weil Wissen über die Zusammenhänge (nicht Fachwissen) fehlt, der Vorgang besondere Sensibilität erfordert, mit hohen Risiken verbunden ist oder wirklich strategischen Charakter hat. Hinzu kommt, daß 60% der Aufgaben fremdinitiiert sind und unter kurzfristigem Erledigungsdruck stehen; oft besteht auch eine Verpflichtung, eine Anfrage oder Einladung persönlich zu erledigen bzw. wahrzunehmen. Die globale Vernetzung, die neuen schnellen Kommunikationsmöglichkeiten und die zunehmende Bedeutung des Zeitwettbewerbs haben die Dringlichkeit der Reaktion auf auflaufende Vorgänge drastisch erhöht. So sind der Delegation enge Grenzen gesetzt. Es kann allerdings nicht abgeschätzt werden, ob und in welchem Umfang die Spitzenmanager - bewußt oder unbewußt - Aufgabenfelder nicht weggeben wollen, weil sie dadurch Dispositionsfreiräume und Macht verlieren würden.

Arbeitszeit

Der Trend einer allgemeinen Arbeitszeitverkürzung geht weitgehend an den Führungskräften der Wirtschaft vorbei. Die für das Unternehmen geleistete Arbeit hat ein extrem hohes Volumen angenommen, so daß sich die zur Verfügung stehende *Freizeit* deutscher Führungskräfte in den letzten Jahren nicht vermehrt, sondern tendenziell *verringert* hat. Lean-Management-Maßnahmen haben in vielen Unternehmen dazu geführt, daß die eine oder andere Zuarbeit oder Unterstützung weggefallen ist.

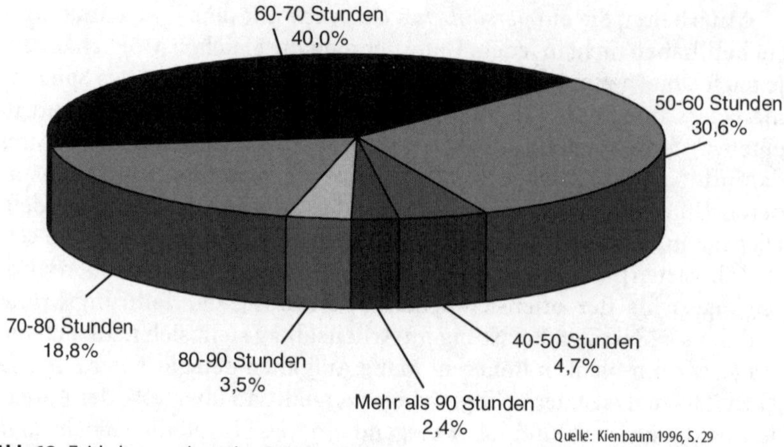

Abb. 12. Zeitbelastung deutscher Spitzenmanager

Wie bereits ausgeführt, gönnen sich Spitzenmanager wenig Pausen, sondern arbeiten auch an den Abenden, den Wochenenden und im Urlaub. Stellvertretend für diese Gruppe steht das folgende Zitat: „Es hat bei mir sehr viele Jahre gegeben, in denen ich das Wochenende durchgearbeitet habe. Das mache ich heute nicht mehr. Heute arbeite ich ca. je 3-4 Stunden am Samstag und am Sonntag. Im großen und ganzen habe ich aber sowohl im Urlaub als auch an den Wochenenden immer durchgearbeitet".

Generell nimmt die Arbeitsbelastung mit steigender beruflicher Stellung zu. Beträgt die Arbeitszeit eines Erwerbstätigen durchschnittlich etwa 38 Wochenstunden, so arbeitet ein Abteilungsleiter schon durchschnittlich über 48 und ein Spitzenmanager meistens mehr als 60 Stunden in der Woche (Capital 1/1994, S. 120).

Spitzenmanager arbeiten durchschnittlich 60-65 Stunden in der Woche (vgl. Abb. 12) (Kienbaum 1996, S. 29; Scheuch 1995 b, S. 196). Erstaunlich ist, daß etwa ein Viertel von ihnen mehr als 70 Stunden in der Woche für das Unternehmen tätig ist. In diesen Zeiten sind Fahrzeiten, Arbeitszeiten am Abend zuhause und am Wochenende sowie Geschäftsessen enthalten. Die Anwesenheitszeit im Unternehmen liegt durchschnittlich bei 9,4 Stunden täglich, was einer wöchentlichen Anwesenheitszeit von 47 Stunden entspricht (Reichwald/Goecke 1996, S. 8).

Spitzenmanager haben keine 5-Tage-Woche (vgl. Abb. 13). Eberwein/Tholen ermittelten, daß 63% der befragten Manager abends und am Wochenende arbeiten; 10% gehen auch am Wochenende ins Büro

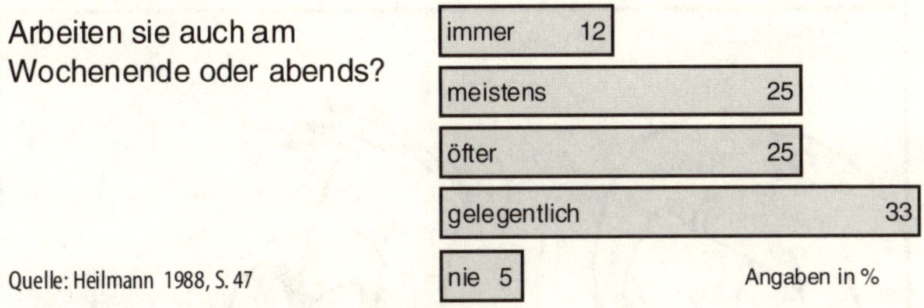

Abb. 13. Arbeit am Wochenende oder an den Abenden

(Eberwein/Tholen 1990, S. 148). Nur 3% arbeiten nie am Wochenende (Kienbaum 1996, S. 30). Charakteristisch ist folgende Aussage: „Ich nehme leider ab und zu Arbeit mit nach Hause. Es sind dann meistens längere Berichte, die nicht sehr eilig sind und für die man zu Hause doch mehr Zeit findet als im Büro, oder Vorgänge, über die man mal länger ungestört und konzentriert nachdenken muß".

60% der Manager wollen ihre zeitliche Belastung nicht ändern (Kienbaum 1996, S. 30). Allerdings würden auch nur 0,8% noch mehr arbeiten wollen.

Die Mehrzahl der Spitzenmanager besitzt einen Urlaubsanspruch von mehr als dreißig Tagen (Bertelsmann Stiftung 1985, S. 63), wobei nur eine Minderheit den ihnen zustehenden Jahresurlaub voll ausnutzt. GmbH-Geschäftsführer nehmen durchschnittlich 18,5 Tage *Urlaub* im Jahr in Anspruch (Wuppermann 1989, S. 63). Nur wenige Spitzenmanager gehen zwei bis höchstens drei Wochen zusammenhängend in Urlaub. In vielen Anstellungsverträgen ist festgelegt, daß der Urlaub in mindestens zwei Blöcken zu nehmen ist, um eine zu lange Abwesenheit des Spitzenmanagers zu vermeiden.

Im Urlaub sind die Spitzenmanager immer erreichbar. Entweder weiß die Sekretärin den Aufenthaltsort, oder ein Handy gewährleistet ständige Erreichbarkeit.

2.3 Das Arbeitsumfeld

Räumliche Ausstattung und technische Hilfsmittel

Ein *abgetrenntes Büro mit Sekretariat* ist selbstverständlich für den räumlichen Arbeitsbereich des Spitzenmanagers. Besucher können das Büro nur über das Sekretariat erreichen. Es liegt meistens in den oberen

Stockwerken des Unternehmensgebäudes. Das Sekretariat verfügt über Textverarbeitungsanlagen, Telefonanlagen und andere technische Hilfsmittel. Zusätzlich gibt es vielfach räumlich abgetrennte Kücheneinrichtungen, die zumindest mit Kühlschrank und Kaffeemaschine, oft auch mit Herd oder Mikrowelle ausgestattet sind. Das Büro selbst ist sehr geräumig (ca. 40-60 qm).

Die Einrichtung ist dem Status des Spitzenmanagers entsprechend repräsentativ und stilvoll. Oft wird sie vom Vorgänger übernommen und lediglich durch selbst eingebrachte Bilder, Fotos, Bücher u.ä. individuell gestaltet. Mit Teppichen und Pflanzen wird eine wohnliche Atmosphäre geschaffen. Zum Mobilar gehören ein Schreibtisch mit bequemen Sessel, einige abschließbare Schränke für wichtiges Aktenmaterial sowie ein Konferenztisch für Besprechungen. Neben einer Telefonanlage verfügt der Manager über eine Gegensprechanlage mit seiner Sekretärin. Weiterhin gehört ein Diktiergerät und ein Handy zur technischen Grundausstattung eines Chefbüros. Präsentationshilfsmittel wie Tafeln, Flip-Charts etc. sind dagegen eher die Ausnahme. Zunehmend häufiger steht im Arbeitsbereich des Spitzenmanagers ein vernetzter PC.

Assistenzpersonal

Dem Spitzenmanager ist mindestens eine persönliche *Sekretärin* zugeordnet. 25% der Vorstandsmitglieder verfügen zudem über eine Zweitsekretärin (Scheuch 1995 b, S. 196). Die meisten Spitzenmanager werden auch von einem persönlichen *Assistenten* unterstützt. Andere verzichten dagegen bewußt auf einen Assistenten, da sie befürchten, er könne den direkten Kontakt zu den Mitarbeitern behindern.

Eine wichtige *Aufgabe der Sekretärin* ist die Terminplanung, wobei sie diese in einigen Fällen ganz alleine, in anderen mit dem Spitzenmanager gemeinsam vornimmt. Werden Termine gemeinsam disponiert, d.h. beide legen Termine fest, stimmt die Sekretärin die Termine täglich ab. Weiterhin betreut sie Besucher, erstellt die Reisekosten- und Spesenabrechnungen, führt die Ablage und erledigt einfache Korrespondenz. Konkrete Sachaufgaben werden ihr in der Regel auf Dauer nicht übertragen; fallweise übernimmt sie jedoch Sonderaufgaben wie Organisation einer Veranstaltung, Erstellen eines Berichts oder Betreuung einer Gruppe ausländischer Gäste.

Das *Aufgabenspektrum des Assistenten* ist je nach Unternehmen und Spitzenmanager verschieden. Häufig betreut der Assistent Projekte und übernimmt Sonderarbeiten, für die in der Linie keine Kapazitäten vorhanden sind oder ein enger Kontakt zum Spitzenmanager erforderlich ist.

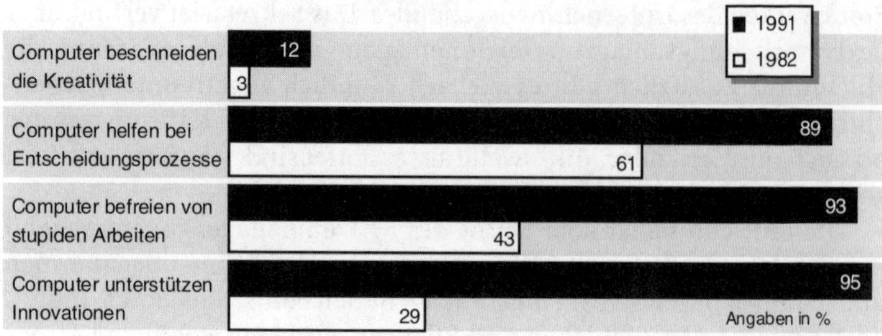

Quelle: Schnitzler 1992, S. 36

Abb. 14. Vergleich der Einstellung von Spitzenmanagern zum Nutzen von Computern 1982 und 1991

Bei umfangreichen Sonderaufgaben oder speziellen Aufgaben greifen die Spitzenmanager zusätzlich auf *Stabsabteilungen* oder Linien-Mitarbeiter ihres Bereichs zurück.

Nutzung von Informationstechnologien

Der Einsatz von EDV ist heute in fast allen Unternehmensbereichen selbstverständlich geworden. Ein Vergleich der Einstellung von Managern zur Computertechnologie in 1982 und 1991 zeigt, daß die Computerbefürworter stark zugenommen haben (Schnitzler 1992, S. 36) (vgl. Abb. 14). Die erkennbare positive Einstellung zur EDV hat sich inzwischen weiter verstärkt bzw. verfestigt.

Die Spitzenmanager sind überwiegend vom Nutzen der EDV überzeugt und treiben vielfach den *Ausbau der EDV* und die *Vernetzung des Unternehmens* vehement voran.

Der Spitzenmanager benötigt zur Erledigung seiner Aufgaben in der Regel direkt keine Datenverarbeitung. Datenauswertungen, Daten- oder Texteingaben und deren Verarbeitung, quantitative Analysen oder die Erstellung von Präsentationscharts werden von seinem Assistenzpersonal oder als Auftrag von der EDV-Abteilung ausgeführt. Hierzu ein Zitat: „Ich habe den Computer noch nie vermißt. Die Dinge, mit denen ich mich befasse, lasse ich von irgendwelchen Leuten machen. Ich brauche nur Leute, die mit einem Computer umgehen können und mir die Aufgaben mit Hilfe des Computers lösen."

Mehr und mehr nutzen Spitzenmanager vernetzte PCs als Kommunikationsinstrument. Durch die Verschmelzung von Computertechnologien mit den Technologien der Telekommunikation sind neue Systeme und Geräte entstanden, die den Spitzenmanager durchaus unterstützen und entlasten. Hierzu zählen insbesondere:

- Mail-box-Systeme für die interne Kommunikation,
- e-Mail im Internet oder Intranet,
- konzerninterne Managementmitteilungen,
- Telefonanwahl durch Anklicken am Bildschirm,
- Terminabstimmungen, Terminkalender führen,
- externe Informationsdienste, unternehmensspezifisch zugeschnitten,
- Abruf von Schlüsseldaten des laufenden Geschäfts (je nach Ressort unterschiedlich, z.B.: Auftragseingänge, Produktionsmengen, Liefermengen).

Den Abruf der Informationen oder Daten bzw. die Aktivierung der Funktionen nimmt teilweise der Spitzenmanager selbst vor, teilweise tut dies das Assistenzpersonal. Er ist heute zunehmend in der Lage und willens die verschiedenen Kommunikationssysteme selbst zu bedienen. Praktische Gründe bzw. die konkrete Situation sind dafür ausschlaggebend, ob er ein e-Mail selbst beantwortet oder ob dies seine Sekretärin erledigt. Das Aufrufen der Programme wird in der Regel von der Sekretärin oder dem Assistenten vorgenommen.

Die Bedienung der Geräte bzw. die Handhabung der Software sind derart einfach geworden, daß bei den Spitzenmanagern kaum noch Barrieren gegenüber einer PC-Nutzung bestehen. In den 80er Jahren herrschte diesbezüglich noch eine ganz andere Einstellung vor.

Zwar sind Management-Informations- und Kommunikationssysteme mit den aufgezeigten Funktionen noch nicht in allen Unternehmen im Einsatz, da sie die Arbeit des Spitzenmanagers direkt und wirkungsvoll unterstützen und die Bedienung problemlos ist, werden sich derartige Systeme in kürzester Zeit überall durchsetzen.

Natürlich nutzt der Spitzenmanager die Möglichkeiten des Mobilfunks. Es werden Modelle verwendet, die ins Auto integriert sind und mit einer Freisprecheinrichtung ausgestattet sind. Es setzen sich Handys mit einem Display durch, die auch Fax-Mitteilungen und e-Mail empfangen können. Außerdem werden Geräte angeboten, die sicherstellen, daß nicht versehentlich Daten verloren gehen oder die Nutzung abrupt abgebrochen wird.

Generell wurden die neuen Formen der Telekommunikation (Fax, e-Mail, Voice-Mail, Mail-box) erstaunlich schnell von Spitzenmanagern aufgegriffen und werden intensiv genutzt. Die Vorteile gegenüber den traditionellen Kommunikationsmitteln sehen sie darin, daß ohne zeitliche Einschränkung Nachrichten aufgenommen, gelesen, versandt und individuell abgegeben werden können (Rechkemmer 1994, S. 26 ff.) Die Kommunikation gestaltet sich auf diese Weise weniger „ereignisgetrieben“. Sie geben dem Spitzenmanager vor allem die Möglichkeit, die Kommunikation seinem Arbeitsablauf anzupassen und Störungen zu reduzieren (asynchrone Kommunikation). Der Vorteil, auch außerhalb der normalen Arbeitszeit Unternehmensinformationen abfragen zu können, liegt auf der Hand.

2.4 Die Arbeitsweise

Koordinations-, Führungs- und Entscheidungsstil

Die Komplexität der Aufgaben, mit denen sich Unternehmen beschäftigen müssen, steigt ständig. Investitionsentscheidungen, die früher von einzelnen Managern getroffen wurden, bedürfen heute aus fachlichen oder rechtlichen Gründen der Mitsprache des Betriebsrates, der Mitwirkung eines Umweltschutzexperten, eines Informatikers und der Beratung durch einen externen Sicherheitsexperten. Ein Einzelner kann über das erforderliche Wissen nicht mehr verfügen. Deshalb bedarf es einer zeitbegrenzten oder kontinuierlichen Zuarbeit durch verschiedene Spezialisten. Dazu ist eine Unternehmensorganisation erforderlich, die eine effektive Zusammenarbeit der beteiligten Bereiche gewährleistet und die Integration einzelner Fachleute ermöglicht. In vielen Unternehmen sind daher Projekt- und Teammanagement eingeführt worden, die ein kooperatives Führungs- und Entscheidungsverhalten, ein höheres Niveau der Kommunikation und die Nutzung weitreichender informeller Netzwerke von den Führungskräften verlangen. Der Spitzenmanager muß die daraus erwachsenden *Koordinationsfunktionen* erfüllen (Lentz 1994, S. 254).

In „Situationen hoher Umweltturbulenz und Geschäftsunsicherheit, bei hohem Grad quantitativer Arbeitsanforderungen und bei gleichzeitig als qualifiziert eingeschätzten Mitarbeitern werden Bedingungen gesetzt, die einen kooperativen Führungsstil nahelegen." (Rosenstiel 1994, S. 78).

Nach einer Befragung von insgesamt 4500 Spitzenführungskräften in mittelgroßen deutschen Unternehmen praktizieren 35% der Befragten eher einen autoritären Führungsstil, dagegen pflegen etwas über 40% eher kooperative Führungsformen (Scherer 1993, S. 40 ff.). Auch nach den persönlichen Gesprächen arbeiten Spitzenmanager mehrheitlich kooperativ; sie versuchen, Entscheidungen im Konsens mit den Beteiligten und Betroffenen zu treffen. Sie halten sich allerdings nicht durchgehend an einen Führungs- bzw. Entscheidungsstil, sondern machen situationsbedingt von verschiedenen Entscheidungsformen Gebrauch.

Die Spitzenführungskraft ist in vielen Fällen auf das fachspezifische Know-how der Untergebenen angewiesen und akzeptiert in solchen Fällen die Meinung der Mehrheit, auch wenn diese von der eigenen abweichen sollte. Die Gründe für ein solches „Nachgeben" erläuterte ein Spitzenmanager folgendermaßen: „Bei den meisten strategischen Ent-

Strategie	eigentlich geplant	tatsächlich realisiert
Rückzug, Flucht	–	4
gemeinsame Problemlösung	88	29
Kompromiß	8	29
Machteinsatz	4	29
Nachgeben	–	4
keine Angabe		

Nennungen in %

Quelle: Regnet 1996, S. 37

Tabelle 1. Strategien zur Konfliktbehandlung

scheidungen bin ich mir auch nicht absolut sicher. Wenn mehrere Mitarbeiter, die unter Umständen über das größere Fachwissen verfügen, die Dinge anders sehen, muß man das auch akzeptieren. Außerdem ist es wichtig, den Mitarbeitern zu zeigen, daß man auch nachgeben kann."

Studien, in denen die direkten Mitarbeiter oder Personalvorstände, Personalberater und Wissenschaftler den *Führungsstil* von Spitzenmanagern beurteilen, bestätigen, daß häufig situativ geführt wird (Bronner 1991, S. 1238 f.). In letzter Zeit ist ein wachsender subjektiver und objektiver Problemdruck bei Führungskräften zu erkennen, der eine Führung im kooperativen Sinne erschwert (Streich 1994, S. 55). Vielfach entsteht dadurch die Flucht in ein autoritäres Verhalten; als Problemlösung wird oft hierarchische Macht eingesetzt (Regnet 1996, S. 36).

Das *Führungsverhalten* ist stark *von der Persönlichkeit* sowie der persönlichen Einstellung *abhängig*. Die Mehrzahl der interviewten Spitzenmanager gibt an, daß persönliche, nicht erlernbare Eigenschaften für die Fähigkeit, Mitarbeiter zu führen, entscheidend seien.

Ist ein *Konflikt* zu *lösen*, so sind die meisten Führungskräfte (88%) bestrebt, ihn durch eine gemeinsame Problemlösung aus der Welt zu schaffen (Regnet 1996, S. 36 f.). Gelingt dies nicht, so wird ein Kompromiß ausgehandelt oder der Spitzenmanager setzt die eigene Vorstellung mit Hilfe seiner Positionsmacht durch (vgl. Tab. 1). Bei besonders wichtigen Themen wird dabei eher die Machtstrategie verfolgt.

Spitzenmanager werden in hohem Maße - zumindest durch Informationen und Rücksprachen - in Konflikte einbezogen. Viele Mitarbeiter wünschen eine Unterstützung durch einen Vorgesetzten. Die von einem höheren Manager gewährte Unterstützung im Konfliktfall stellt für den Betroffenen eine starke Entlastung dar. Insbesondere die Intensität des Konflikterlebens und die gedankliche Beschäftigung mit dem Konflikt werden als weniger belastend empfunden. Dem Spitzenmanager kommt als Vorbild und als Schlichtungsinstanz eine besondere Rolle im Hinblick auf die Konfliktkultur eines Unternehmens zu.

Vor allem für strategische Entscheidungen, die in vielen Fällen mit Unsicherheiten behaftet sind, muß der Spitzenmanager viele Informationen und unterschiedliche Gesichtspunkte berücksichtigen. *Gruppenarbeit* ist dafür die geeignete Basis. In den Unternehmen gibt es dafür Bezeichnungen wie Strategietagung oder Führungsklausur. Die Teamarbeit erfordert eine Zusammenarbeit, bei der die hierarchischen Positionen in den Hintergrund treten, vielmehr die Lösung der Aufgabe unter Sachgesichtspunkten im Vordergrund steht (Lentz 1994, S. 250). Der Spitzenmanager ist dabei gefordert, den Mitarbeitern seine Sicht der Dinge überzeugend und konsensfähig darzulegen. Andere Vorschläge müssen gleichberechtigt diskutiert werden. Nur wenn innerhalb der Gruppe kein allseits akzeptiertes Ergebnis erzielt werden kann, greift der Spitzenmanager in seiner Funktion als Letztentscheider ein und entscheidet unter Beachtung der erarbeiteten Ergebnisse. Wirklich demokratischem Vorgehen steht die Mehrzahl der Spitzenmanager ablehnend gegenüber: „Ein Unternehmen ist ja in letzter Konsequenz keine Demokratie, bei der es auf Mehrheitsentscheidungen ankommt." oder „Die Erfahrung zeigt, daß eine richtige Demokratie nicht funktioniert".

Die wesentlichen Gründe für kooperativ-partizipative Führungs- und Entscheidungsformen sind die Steigerung der Entscheidungsqualität, ein besseres Verständnis der Zusammenhänge, die höhere Akzeptanz der Entscheidungen bei den Mitarbeitern sowie die Motivation der Mitarbeiter. Außerdem arbeiten in vielen Groß- und Mittelunternehmen Projektgruppen mit Mitarbeitern unterschiedlichster Hierarchie, Erfahrung und Sachkompetenz, die nicht Einzelschritte sondern den Prozeß insgesamt verantworten (Lentz 1994, S. 250). *Projektarbeit* setzt aber einen kooperativen Führungsstil und eine auf Kooperation basierende Unternehmenskultur voraus, die von den Spitzenmanagern mitgeprägt und vorgelebt werden muß (Rosenstiel 1994, S. 78).

Motivierung der Mitarbeiter

Als die wesentlichste Führungsaufgabe betrachten Spitzenmanager die Motivierung der Mitarbeiter (65%) (Eberwein/Tholen 1990, S. 95).

Als das wichtigste *Mittel, die Mitarbeiter zu motivieren* gilt die Einbindung der Mitarbeiter in Entscheidungsprozesse.

In diesem Zusammenhang versuchen Spitzenmanager ihren Mitarbeitern Zielprojektionen zu vermitteln und ihnen das Gefühl zu geben, daß ihre Arbeit wichtig ist. 83% gaben an, dieses Mittel anzuwenden

(Wuppermann 1989, S. 178). Jeder zweite Spitzenmanager nannte außerdem

- „regelmäßige Beurteilungsgespräche begleitet von gemeinsamer Karriereplanung (57,4%);
- Motivation durch das Vorbild, das sie selbst geben wollen (55,3%);
- gezielte Entsendung der Mitarbeiter zu Fortbildungsveranstaltungen (53,2%);
- finanzielle Anreize (51,1%);
- Kenntnis der persönlichen Verhältnisse der Mitarbeiter (51,1%)“ und Aufbau von persönlichen Kontakten.

In den persönlichen Gesprächen betonte die Mehrzahl der Befragten, daß es auch wichtig sei, ein Klima zu schaffen, in dem sich die Mitarbeiter wohl fühlen. „Sie müssen wissen, daß ihnen, auch wenn sie mal Fehler machen, nicht gleich der Kopf abgerissen wird“. Weiterhin halten es viele Spitzenmanager für wesentlich, Mitarbeiter aus ihren Gewohnheiten und Bequemlichkeiten herauszureißen, indem sie ihnen konkrete Verantwortung und herausfordernde Aufgaben übertragen; dies bedeutet z.B., daß Mitarbeiter ihre Vorlagen selbst dem gesamten Vorstand präsentieren dürfen.

Die Motivation der Mitarbeiter ist ein großes Thema der aktuellen Managementliteratur (Sprenger 1996), da erkannt wurde, daß der Schlüssel zu einer höheren Leistung bei einer besseren Kommunikation zwischen Führung und Mitarbeitern liegt. Doch die *Motivation* der Mitarbeiter *von außen*, wie es heute überwiegend praktiziert wird, geht nicht tief genug. Ziel des Motivierens sollte es sein, eigenverantwortliches und kreatives Denken und Handeln des Mitarbeiters zu erreichen. Aber die üblichen Ansätze, wie Lob, Belohnung oder ein Anreizsystem, motivieren den Mitarbeiter zu einem erwünschten Verhalten, das nicht in der Kreativität des Mitarbeiters selbst begründet ist, sondern durch die Ziele seines Vorgesetzen geleitet wurde. Mitarbeiter werden meist verführt, anstatt durch klare Vereinbarungen sowie individuelle Spielräume in ihrer Arbeit gefordert zu werden (Wittenzeller 1994, S. 74). Nur wenige Spitzenmanager schaffen demgegenüber eine Kultur, in der Mitarbeiter permanent kreativ und eigenverantwortlich ihr eigenes Verhalten überprüfen und Verantwortung übernehmen, sich also selbst motivieren (Argyris 1995, S. 9).

Kommunikationsverhalten und Kommunikationspartner

Zentrales Mittel für die notwendige Überzeugungs- und Sinnvermittlungsarbeit eines Spitzenmanager ist die Kommunikation; immerhin verbringt der Spitzenmanager damit über 75% seiner Arbeitszeit. Das persönliche sowie das telefonische *Gespräch* sind dabei die wichtigsten Medien; die schriftliche Kommunikation hat nur untergeordnete Bedeutung (vgl. Abb. 14). Diese Erkenntnisse wurden schon 1916 von Fayol beobachtet und immer wieder bestätigt (Sune Carlson 1951; Mintzberg 1973; Riecker 1996, S. 173). Die neuen Medien haben eine ständige Erreichbarkeit erzeugt. Die schnelle Kommunikation führt auch dazu, daß Spitzenmanager immer kurzfristiger reagieren müssen (Riecker 1996, S. 176); der Erledigungsdruck ist gestiegen.

Die Erledigung der *Post* ist den meisten Spitzenmanagern eher lästig. Die eingehenden Schriftstücke, Reports und Zeitschriften werden schnell überflogen und Vieles ungelesen beiseite gelegt oder weitergereicht (Eberwein/Tholen 1990, S. 59). Die Spitzenmanager schreiben ungern Briefe. Die große Mehrheit der von ihnen produzierten Schriftstücke stellen Antworten und Reaktionen auf erhaltene Post dar. Nur eine ganz geringe Zahl der Schriftstücke wird von ihnen selbst initiiert.

Spitzenmanager geben bei der Kommunikation innerhalb des Unternehmens *institutionalisierten Kommunikationsformen* den Vorrang vor informellen (Eberwein/Tholen 1990, S. 190). So bevorzugt rund die Hälfte der befragten Manager die formale Kommunikation, während nur 32% informelle Kontakte vorziehen. Die Vorteile der formalen Kommunikationsformen gegenüber den informellen „liegen in deren Verbindlichkeit für alle Beteiligten und in der jeweils individuell zurechenbaren Verantwortlichkeit für gegebene/verarbeitete Informationen" (Eberwein/Tholen 1990, S. 190). In den persönlichen Gesprächen gab die Mehrzahl der Spitzenmanager an, sowohl über formale als auch über informelle Strukturen zu kommunizieren.

Bei ihrer Kommunikation greifen Spitzenmanager auf ein Netz von persönlichen Kontakten inner- und außerhalb des Unternehmens zurück. Dabei orientieren sie sich nicht an den gegebenen Hierarchiestrukturen, sondern nutzen *informelle Netze*, um sich Informationen zu beschaffen. Sie pflegen Kontakte zu ihren direkt Unterstellten aber auch zu Personen außerhalb des eigenen Verantwortungsbereichs. Sie interessieren sich nicht nur für Fakten, sondern auch für „weiche Informationen" wie Spekulationen oder Gerüchte. Die persönlichen Kontakte zwecks Informationsbeschaffung beschränken sich nicht auf die „normale" Arbeitszeit, sondern finden auch in der Freizeit, z.B. auf dem Golf- oder Tennisplatz oder bei Einladungen etc., statt. Vielfach dient auch die Mitgliedschaft in Vereinen, Clubs (insbesondere Rotary oder Lions) und Verbänden diesem Informationsaustausch.

In mittelgroßen Unternehmen kommt informellen Kontakten größere Bedeutung zu als in Großunternehmen. Die Ursache liegt in der überschaubareren Mitarbeiterzahl, welche persönliche Kontakte erleichtert und ein „Management by walking around" (Page 1990, S. 146) erst ermöglicht. In Großunternehmen ist dies schon infolge der Weitläufigkeit der Unternehmensfläche schwierig. Spitzenmanager, die Rundgänge im Unternehmen machen, schätzen dieses Instrument, weil sie auf diese Weise die Mitarbeiter an ihrem Arbeitsplatz erleben können. Aus diesem Grund gehen einige auch bewußt für Gespräche zum Arbeitsplatz des Mitarbeiters, während andere die Mitarbeiter zu sich ins Büro bitten.

Allerdings kommt auch in Großunternehmen den informellen Beziehungen eine zunehmend wichtigere Bedeutung zu. Das Verständnis von Führung hat sich gewandelt. Die Funktion der Führungskräfte wird nicht mehr darin gesehen, die Mitarbeiter zu beaufsichtigen, sondern über alle Funktionen und Fachgebiete hinweg Aufgaben (Projekte) zu formulieren, die Mitarbeiter zusammenbringen und unterstützen. Die Positionsautorität hilft hier wenig; die Führungskräfte greifen auf ihre persönlichen Beziehungsnetze zurück (Krackhardt/Hanson 1994, S. 24). Die Großunternehmen sorgen durch Seminare über Führung und Kommunikation, die von allen Nachwuchsführungskräften zu absolvieren sind, dafür, daß im Unternehmen ein einheitliches Verständnis von Mitarbeiterführung und der Bedeutung und den Formen der Kommunikation entsteht.

Der Großteil der für Kommunikation beanspruchten Zeit wird für Gespräche mit den unterstellten Mitarbeitern und für Gespräche mit externen Geschäftspartner aufgewendet (vgl. Abb. 15). Für die *internen Kontakte* verwendet der Spitzenmanager mit 61% der Gesamtkontaktzeit die meiste Zeit. Auffällig ist dabei die große Bedeutung der Kontakte zu direkt unterstellten Mitarbeitern; sie nehmen 51% der gesamten Gesprächszeit in Anspruch. Kontakte zu Mitarbeitern außerhalb seines engeren Arbeitsbereichs sind eher selten; sie betragen nur rund 10% der internen Kontakte.

Neben persönlichen Präferenzen beeinflußt auch die Unternehmensgröße, der Unternehmenstyp und die Marktsituation die *Auswahl der Kommunikationspartner* (Wuppermann 1989, S. 124). Mit steigender Unternehmensgröße verstärkt sich der Kontakt zu Mitgeschäftsführern, dem Betriebsrat und zu Verbänden, während Kontakte insbesondere zu Sachbearbeitern abnehmen. In kleineren Unternehmen besitzen die Geschäftsführer häufiger Kontakt zu Kunden, in größeren Unternehmen haben dagegen manche Spitzenmanager die Kundenpflege ganz an die nächste Ebene delegiert. Der Unternehmenstyp be-

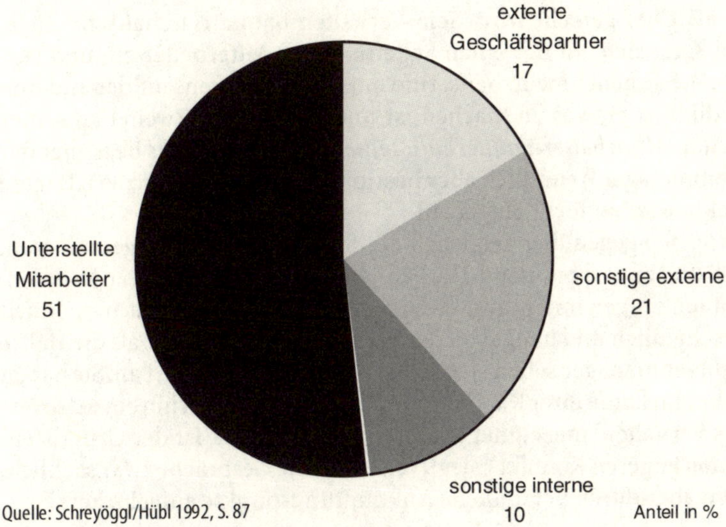

Quelle: Schreyöggl/Hübl 1992, S. 87

Abb. 15. Interne und externe Interaktionspartner

einflußt hauptsächlich das interne Kommunikationsverhalten. So haben z.B. die Geschäftsführer in Produktionsunternehmen besonders häufig Kontakt zu technischen Mitarbeitern. Die Marktsituation ist eine wichtige Determinante des externen Kommunikationsverhaltens. In Unternehmen, die in einem starken Wettbewerb stehen, steigt die Kommunikation mit aktuellen oder potentiellen Zulieferern, um Kosten zu senken. Auch Kundengespräche besitzen in einer solchen Situation große Bedeutung; sie sind ein Mittel, um aktuelle und zukünftige Bedürfnisse und Marktchancen zu erkunden, Trends und Entwicklungen vorherzusehen und die Beziehung zu Kunden zu festigen.

Umgangsweise

Das Verhalten gegenüber Kollegen, Externen und dem Assistenzpersonal hängt stark von der Persönlichkeit des einzelnen Spitzenmanagers ab und ist daher individuell sehr verschieden. Der Umgang mit *Kollegen und der direkt untergeordneten Führungsebene* ist tendenziell kollegial, wobei aus der geschäftlichen Beziehung in der Regel keine Freundschaften entstehen. Besonders die direkt untergebenen Mitarbeiter werden als fachlich kompetente Gesprächspartner von den Spitzenmanagern geschätzt. Gegenüber seinem *Assistenzpersonal* tritt der Spitzenmanager freundschaftlich auf, wobei er jedoch immer seiner

Rolle als Chef gerecht wird. Sein Verhalten hat patriarchalische Züge, d.h. er setzt sich auf der einen Seite für seine Mitarbeiter ein und versucht eine angenehme Arbeitsatmosphäre zu schaffen, auf der anderen Seite diktiert er, was zu machen ist und läßt keinen Zweifel an seiner Autorität. *Mitarbeitern außerhalb seines engeren Umfelds* begegnet der Spitzenmanager freundlich aber bestimmt und eher distanziert. Engere Kontakte werden nicht aufgebaut.

Externen gegenüber zeigt sich der Spitzenmanager aufgeschlossen, stilvoll und zuvorkommend. Die Fähigkeit, schnell Kontakte zu knüpfen, Vertrauen zu gewinnen und diese Kontakte zu pflegen, ist individuell unterschiedlich und hängt von der Persönlichkeit ab. Mehr als die Hälfte der Spitzenmanager sehen sich selbst als eher introvertiert an. Sie haben sich aber im Laufe ihrer Karriere zumindest nach außen hin ein extrovertiertes Verhalten angeeignet (Capital 2/1994, S. 146). Ist der Grundstein für einen engeren Kontakt gelegt, verlaufen die Gespräche zwar sachlich, werden aber durch persönliche Anknüpfungspunkte aufgelockert.

Informationsbeschaffung und -verarbeitung

Spitzenmanager haben strategisch wichtige Entscheidungen zu treffen. *Strategische Entscheidungen* haben langfristige Wirkungen, setzen Rahmenbedingungen für nachfolgende Entscheidungen und haben einen unternehmensweiten Geltungsbereich"; sie werden allerdings nicht sehr häufig getroffen. Als wichtigste strategische Entscheidung geben deutsche Vorstände die Besetzung von Führungspositionen (Heidrick & Struggles 1990, S. 14 f.) an, es folgen Investitionsentscheidungen und Entscheidungen über den Eintritt in neue Märkte bzw. Rückzug aus Märkten. Die Besetzung von Führungspositionen ist deshalb so wichtig, weil die strategische Ausrichtung des Unternehmens letztendlich von den Personen im Vorstand bestimmt und getragen wird (vgl. Abb. 16)

Für die strategische Ausrichtung des Unternehmens benötigt der Spitzenmanager eine Fülle von Informationen. Die Problematik liegt darin, Informationen über zukünftige Entwicklungen und Trends zu beschaffen und aus dieser Vielzahl die relevanten herauszufiltern. Informationen über die *Ist-Situation* werden dem Spitzenmanager direkt von den Bereichsleitern, von Stabsabteilungen und gegebenenfalls den Geschäftsführern von Tochterunternehmen zugeleitet. Ergänzend studiert er Daten und Kennzahlen des zentralen Controllings, um sich einen Gesamtüberblick zu verschaffen. Spitzenmanager größerer Unternehmen wenden viel Zeit für das Lesen von Berichten oder für Besprechungen auf, um sich so über den aktuellen Stand zu informieren.

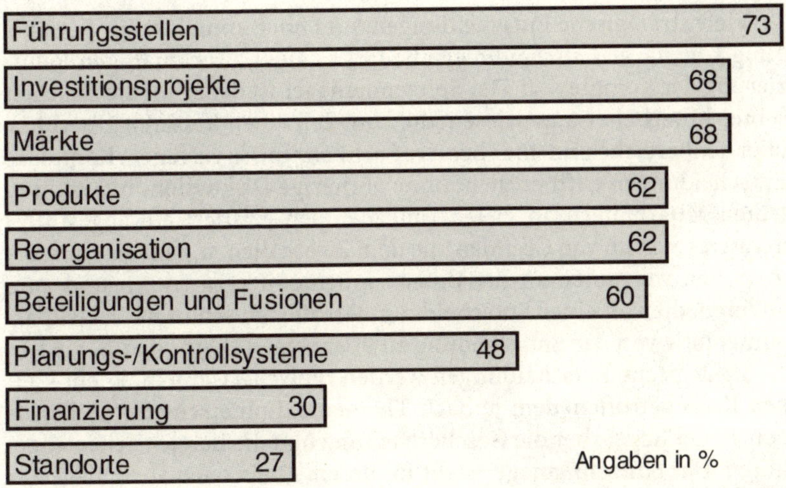

Quelle: Heidrick & Struggles 1990, S. 14

Abb. 16. Strategische Entscheidungsbereiche

Marktdaten, wie Marktanteil, Marktwachstum sowie Informationen über Kundenbedürfnisse etc., erhält der Spitzenmanager von der firmeninternen Marktforschung. Durch persönliche Kundenkontakte macht er sich ein Bild über die Zufriedenheit seiner Kunden, deren Anforderungen sowie ihre zukünftige Investitionsneigung bzw. ihrer Präferenzen. Gespräche mit Mitbewerbern und Unternehmen, die im Umfeld agieren, globale Konjunkturdaten und allgemeine Prognosen in der Tages- und Fachpresse ergänzen das Informationsspektrum.

Auf der Basis der Informationen formt sich der Spitzenmanager ein Bild über Trends sowie von der *zukünftigen Situation*. Ein Gesprächspartner vergleicht diesen Vorgang mit dem Zusammensetzen eines Puzzles. Der Vorgang des Zusammenfügens von Einzelinformationen ist ein kontinuierlicher Prozeß, der sich nicht durch systematisches Denken vollzieht, sondern durch die fortlaufende Beschäftigung mit der Sache. Der Spitzenmanager entwickelt so vor seinem geistigen Auge ein Bild, das er anhand von neuen Informationen immer wieder überprüft und korrigiert. Da bei Überlegungen über die zukünftige Entwicklung zwangsläufig immer gewisse Unsicherheiten bestehen, spielt bei der Bewertung der Information Intuition und Erfahrung eine große Rolle. „Man ist in vielen Fällen auf das Gefühl angewiesen, wobei das Gefühl durch das Sammeln von vielen Fakten entsteht".

Viele strategische Entscheidungen, sind hoch komplex. Zur Bewältigung *komplexer Entscheidungen* bedarf es einer zweckmäßigen Reduzierung der Komplexität. Der Spitzenmanager ist dabei auf die Zuarbeit seiner Mitarbeiter angewiesen, die zum Teil einen besseren Überblick über Teilbereiche und über bessere Sachkenntnisse verfügen. Komplexe Entscheidungen trifft er nicht ohne vorherige Diskussion mit kompetenten Mitarbeitern. In vielen Unternehmen existiert ein abgestuftes iteratives System von Gremien, die dem Zweck dienen, zum einen Informationen von unten an die Unternehmensspitze zu tragen und zum anderen, die von einer Entscheidung Betroffenen schon im Vorfeld argumentativ von der Entscheidung zu überzeugen (Page 1990, S. 136 f.).

Strategische Entscheidungen werden typischerweise in einem kleinen Kreis getroffen, dem je nach Themenfeld unterschiedliche Personen, in der Regel aber die Geschäftsleitung und die Bereichsleiter, angehören. Der Spitzenmanager stellt in diesem Kreis seine Vorschläge zur Diskussion. In der Diskussion mit den Mitarbeitern soll die Wahrscheinlichkeit, daß eine Prämisse tatsächlich so eintritt, abgewogen und die Durchführbarkeit der einzelnen Maßnahmen beurteilt werden. Für den Fall unvorhergesehener Entwicklungen werden Ausweichstrategien entworfen. Dadurch soll die Gefahr von Fehleinschätzungen verringert werden; außerdem wird unternehmensintern Rückendeckung für die Entscheidungen erreicht.

Zwei Drittel der Spitzenmanager verspüren bei den Entscheidungen, die sie zu treffen haben, keine *Unsicherheit* (Eberwein/Tholen 1990, S. 184) (vgl. Tab. 2). Die Mehrzahl der Führungskräfte verfügt nach ihrer eigenen Einschätzung über ein ausreichendes Maß an Informationen, um das Risiko auch bei komplexen Entscheidungen minimieren zu können. Diejenigen, die sich bei Entscheidungen auf eine Mischung von Gefühl und Information verlassen, nennen vor allem Erfahrung als Grundlage zur Beurteilung der Relevanz der zur Verfügung stehenden Informationen. Weiterhin ist die Fähigkeit wichtig, die Quelle einschätzen zu können, von der die Informationen stammen; so kann die Güte der Information beurteilt werden.

Infolge der Verfügbarkeit von Informationen im Intranet, im Internet und in Datenbanken, die globale Betrachtung und die enorme Beschleunigung aller Prozesse ist in den letzten Jahren eine neue Situation entstanden: Zu jedem anstehenden Thema kann eine Fülle von Informationen in kurzer Zeit beschafft werden. Diese Informationen sind jedoch atomisiert, unstrukturiert und von unterschiedlichster Relevanz. Die Recherche ist nie abgeschlossen, da täglich neue Informationen hinzukommen. Diese chaotische Informationsflut verunsichert

Glauben sie die Komplexität von Entscheidungsprozessen im Griff zu haben und somit Risiken minimieren zu können? Oder gibt es Situationen, in denen unter Zeitdruck entschieden werden muß und die bei Ihnen - auch subjektiv - ein ungutes Gefühl hervorrufen?

Es ist gerade die unternehmerische Aufgabe, diese Unsicherheit zu bewältigen	14
Informationsbeschaffung wird so weit betrieben, bis hinreichende Klarheit besteht	30
Jedes Unternehmen hat erprobte Entscheidungsmuster, welche die Unsicherheit weitgehend beherrschbar machen	12
Unsicherheit von Entscheidungen nur in Randgebieten	2
Unsicherheit wird nicht als Problem wahrgenommen	6
Zwischensumme: Es besteht keine/kaum Unsicherheit	64
Mischung von Information und Gefühl	7
Es kommt häufiger vor, daß man ein ungutes Gefühl hat	14
Entscheidungen werden nie von einem alleine gefällt, was die Bewältigung der Unsicherheit erleichtert	9
Hängt von der Entscheidung ab.	6
	100

Quelle: Eberwein/Tholen 1990, S. 184

Tabelle 2. Unsicherheit bei Entscheidungen

vielfach mehr, als daß sie Klarheit schafft. Der Spitzenmanager muß in diesem Prozeß eine Zäsur vornehmen und die Entscheidung herbeiführen.

Durchsetzung eigener Vorstellungen

Die verschiedenen *Interessensgruppen* im Unternehmen verfügen über unterschiedliche Einflußmöglichkeiten, z.B. aufgrund rechtlicher Legitimation (Aufsichtsrat und Betriebsrat) oder infolge des Zugangs zu wichtigen Informationen und Ressourcen. Der Spitzenmanager kann sich daher nicht allein von rationalen Überlegungen leiten lassen, sondern muß die Interessenskonstellationen in Zusammenhang mit den anstehenden Entscheidungen berücksichtigen.

Eine Untersuchung von 478 Entscheidungen in verschiedenen strategischen Entscheidungsbereichen ergab, daß *Aufsichts- und Betriebsräte am häufigsten* direkt an den Entscheidungsprozessen des Vorstandes *beteiligt* waren (Heidrick & Struggles 1990, S. 16). Divisions- und Abteilungsleiter wirkten ebenfalls sehr häufig direkt an den Entscheidungen mit, obwohl sie nicht wie Aufsichts- oder Betriebsräte über gesetzlich festgeschriebene Einflußmöglichkeiten verfügen (vgl. Abb. 17); sie haben auch den weitaus größten Einfluß auf Entscheidungen (vgl. Abb. 18). Sie bestimmen, welche Vorschläge dem Vorstand überhaupt

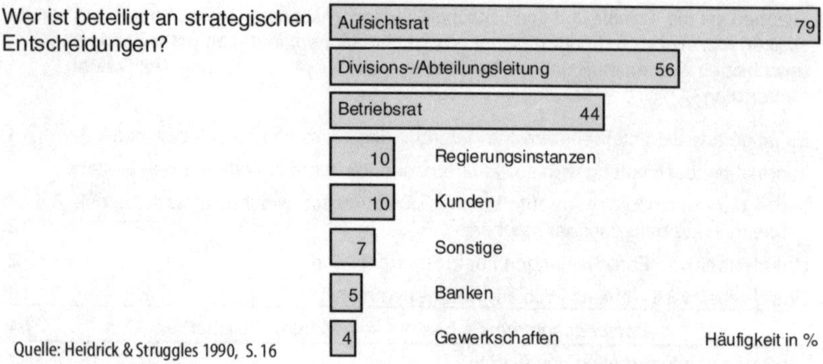

Abb. 17. Häufigkeit beteiligter Interessensgruppen an strategischen Entscheidungen

vorgelegt werden. In vielen Fällen präsentieren sie auch fertige Lösungen und Konzepte und bitten die Spitzenmanager um Bestätigung.

Der *Gestaltungsspielraum* der Spitzenmanager ist sehr stark abhängig von dem Entscheidungsbereich. An Investitions- und Standortentscheidungen sind fast immer mehrere Interessensgruppen, wie Aufsichtsrat, Gesellschafter, Banken und Investoren, beteiligt. Dagegen hat der Vorstand, z.B. in seiner Personalpolitik bezüglich Führungskräfte, weitgehend freie Hand. Hierbei wirkt nur der Aufsichtsrat häufiger mit, ohne allerdings in die Entscheidungen des Vorstands direkt einzugreifen.

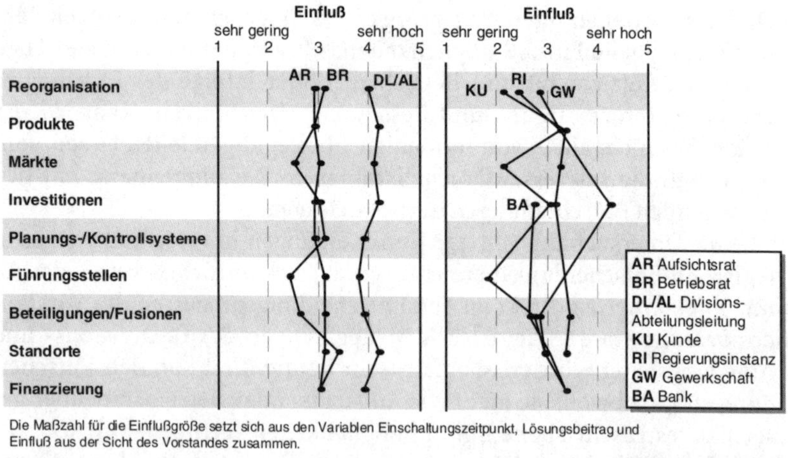

Abb. 18. Einfluß der Interessensgruppen bei wichtigen strategischen Entscheidungen

Grundsätzlich sind zwar die *Möglichkeiten des Aufsichtsrates*, auf die Entscheidungen der Vorstände Einfluß zu nehmen, sehr groß, aber in der Praxis zeigt sich, daß Aufsichtsräte den Gestaltungsspielraum der Vorstände nicht allzu stark einengen (Schilling 1994, S. 11). Dieses Verhalten kann verschiedene Ursachen haben; so kann eine starke Vertrauensbasis zwischen Aufsichtsrat und Vorstand vorliegen, der Aufsichtsrat kann unzureichend informiert sein oder die Arbeitgeber- und die Arbeitnehmervertreter behindern sich gegenseitig. Bei den starken gegenseitigen Verflechtungen und Beteiligungen in der deutschen Wirtschaft kommen Interessenskonflikte selten auf. Die Aufsichtsräte bleiben im Hintergrund; meist ergreifen sie auch in kritischen Unternehmenssituationen keine Initiative (Ogger 1995, S. 30).

Ungeachtet der Beteiligung verschiedener Interessensgruppen an den Entscheidungen verbleibt letztendlich die *Entscheidung und die Verantwortung bei der Geschäftsleitung*. Der Spitzenmanager kann daher prinzipiell seine Vorstellungen in Übereinstimmung mit den übrigen Mitgliedern der Geschäftsleitung durchsetzen. In der Praxis muß er allerdings die betroffenen Gruppen sowie die Kontrollgremien, wie den Aufsichtsrat oder den Betriebsrat, von seinen Entscheidungen überzeugen. Er orientiert sich daher in der Regel an den Vorschlägen der Divisions- und Bereichsleiter; so ist einerseits fachliche Fundiertheit, andererseits Akzeptanz und Umsetzung gewährleistet.

Inanspruchnahme externer Beratungsleistungen

Neben der firmeninternen Unterstützung greift der Spitzenmanager auch auf externe Beratungen zurück. Knapp 60% der Geschäftsführer arbeiten vereinzelt oder auch regelmäßig mit externen Beratern zusammen (Wuppermann 1989, S. 113); dies gilt vor allem für größere Unternehmen.

Dabei werden die Berater in der Regel für *Spezialaufgaben* herangezogen. Es werden aber auch immer mehr Beratungsaufträge vergeben, die sich auf die Kernaufgaben der Unternehmensführung, also die Strategieentwicklung und Organisationsgestaltung beziehen (Shapiro 1994, S. 110). Die Auswahl der Berater wird, zumindest bei größeren Beratungsaufträgen, vom Spitzenmanager in Zusammenarbeit mit den Fachabteilungen vorgenommen, bei kleineren Aufträgen können die Bereiche eigenständig entscheiden. Neben der Auswahl der Berater übernimmt der Spitzenmanager in vielen Fällen auch die Kontaktpflege.

Wozu werden Berater herangezogen? 199 Spitzenmanager gaben folgende Gründe an (Bierach 1996, S. 131):

Empfehlungen akzeptiert	durch Vorstand, Geschäftsführer	durch sonstige Führungskräfte	durch Linienmitarbeiter
voll	51 %	33 %	24 %
teilweise	49 %	66 %	70 %
nicht ganz	-	1 %	6 %

Gesamtbasis 86 Unternehmen

Quelle: Raithel 1991, S. 211

Tabelle 3. Akzeptanz der Beraterempfehlungen bei verschiedenen Managementebenen

- Mangel an internem Know-how in einer bestimmten Frage: 66%;
- Objektivität: 49%;
- Profitieren von den Erfahrungen anderer Unternehmen: 48%.

Die Auswahl der Berater wird nach den Kritierien „Erfahrung in der Branche", „angemessenes Honorar", „versteht die Kundenbedürfnisse" und „hochkalibriges Personal" vorgenommen.

Die Bereitschaft, Berater zu engagieren, und die Akzeptanz der Beraterempfehlungen sind bei Spitzenmanagern im Vergleich zu den übrigen Führungskräften und Mitarbeitern außerordentlich hoch (vgl. Tab. 3). Das hängt natürlich auch damit zusammen, daß der Spitzenmanager die Aufgaben der Beratung formuliert und den Berater persönlich ausgesucht hat. Berater werden oft auch aus *taktischen Überlegungen* verpflichtet, um eigene Vorstellungen gegenüber Kollegen, Mitarbeitern, Aufsichtsrat, Beiräten oder Banken besser durchzusetzen (Ogger 1995, S. 141 f.). Ein Spitzenmanager formulierte es wie folgt: „Ich bin der Meinung, daß in der Hälfte der Fälle Berater beauftragt werden, damit der Entscheidende seine Vorstellungen leichter durchsetzen und sich zum anderen bei Mißerfolgen auf die Beraterempfehlungen berufen kann".

Spitzenmanager pflegen gelegentlich auch persönlichen Kontakt zum Berater, wenn die Zusammenarbeit positiv verlaufen ist und „die Chemie stimmt". Der Berater dient als kompetenter und gleichzeitig unabhängiger Gesprächspartner für vertrauliche Fragestellungen, was bis zur Diskussion privater Probleme gehen kann. Diese Form der persönlichen Unterstützung kommt dem Coaching nahe (Volk 1996, S. 81 f.).

2.5 Persönliche Eigenschaften und Einstellungen

Verständnis der Aufgaben und Rollen

Die meisten Spitzenmanager kennen die Grundzüge der neueren Managementlehren; teilweise haben sie für sich eine eigene Philosophie entwickelt. „Ich brauche keine Kurse in Managementkonzepten, vorgetragen von einem Guru; ich verhalte mich so, wie es sich aus gesundem Menschenverstand, praktischer Psychologie aufgrund von Lebenserfahrung und dem Nachdenken darüber, wie man etwas bewirken kann, ergibt. Natürlich müssen die Zwecke des Unternehmens immer im Auge behalten werden." Der Spitzenmanager kennt auch die Rollen, die er ausfüllen soll und ahnt auch, welche weiteren Fähigkeiten er haben sollte (z.B. Sozialfähigkeiten), um seiner Funktion voll gerecht zu werden.

Die Fülle dieser unterschiedlichen Fähigkeiten (vgl. Abb. 19) verschreckt aber eher, als daß ein Anreiz zur Beschäftigung damit entsteht.

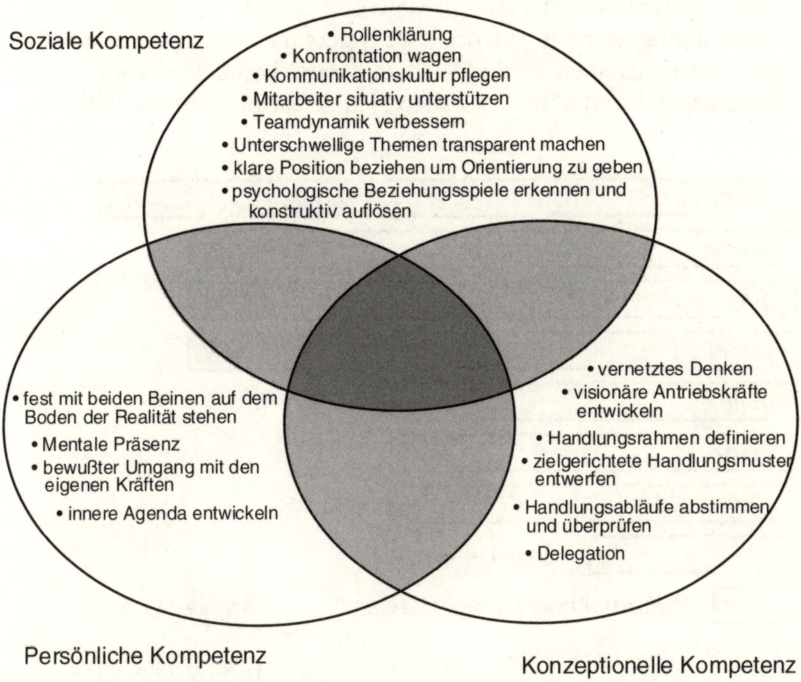

Abb. 19. Schlüsselkompetenzen für Führungskräfte Quelle: Hausmann 1994, S. 40 ff

Eine Bemerkung in den persönlichen Gesprächen drückt dies aus: „Das kann man ja gar nicht alles wissen und beherrschen! Man weiß gar nicht, wo man anfangen sollte. Vieles macht man wohl auch intuitiv richtig; das stelle ich beim Lesen von Aufsätzen immer wieder fest!" So arbeiten die Spitzenmanager selten systematisch daran, dem „Idealbild" näher zu kommen und Defizite zu überwinden.

Ein Grundsatz war in den Gesprächen immer wieder herauszuhören. Alle möglichen partizipativen Ansätze, Methoden und Stile werden nur solange akzeptiert, solange das Geschäft gut geht; in kritischen Situationen „hört dieser Spaß" auf; dann muß „knallhart" agiert werden.

Persönlichkeitsprofil

Das allgemeine Bild eines Topmanagers ist das einer gut gekleideten, zuverlässigen, pünktlichen, aktiven und aufgeschlossenen Person. Das Wertesystem dieser Person ist tendenziell konservativ. So achtet der Manager im Hinblick auf seine vielen Kontakte innerhalb und außerhalb des Unternehmens, bei denen er Vertrauen wecken muß, auf ein gepflegtes Äußeres. Er trägt dezente konservative Anzüge und ist bemüht, physische Vitalität auszustrahlen.

Abbildung 20 zeigt, wie der Spitzenmanager von anderen gesehen wird: „Sie erscheinen als durchsetzungsstark, kompetent, kontaktfreudig, engagiert und aktiv. Sie halten sich selbst für sehr wertvolle und

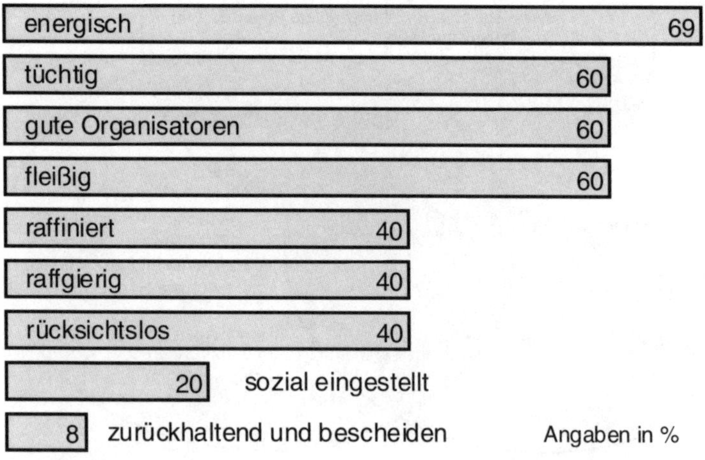

Quelle: WirtschaftsWoche Nr. 42/1995, S. 135

Abb. 20. Erscheinungsbild des Spitzenmanagers

nützliche Menschen, denen alles gelingt und denen dafür Anerkennung zusteht. Sie glauben an die eigenen Fähigkeiten und an ihre Attraktivität; sie lenken gerne, setzen sich gerne durch und fühlen sich selten bedrückt oder ängstlich" (Hofstetter 1988, S. 22 f.). Der Spitzenmanager ist es gewohnt, Erfolg zu haben und besitzt daher ein *hohes Selbstwertgefühl*, welches nicht selten bis hin zur Überheblichkeit reicht, die aber nach außen nicht gezeigt wird. Deshalb ist es z.B. für viele wichtig, daß ihre Position am Firmenwagen, der Lage des Firmenparkplatzes sowie der Größe und Ausstattung des Büros ablesbar ist (Ogger 1995, S. 125).

Image und Selbsteinschätzung stimmen bei den Spitzenmanagern weitgehend überein (Capital 2/1994, S. 144). Die Mehrzahl von ihnen ist der Auffassung, daß sie sich durch hohe Leistungsbereitschaft und Belastbarkeit, durch den Willen, eigene Ideen durchzusetzen sowie die Fähigkeit, sich in ihren Urteilen nicht beeinflussen zu lassen, von anderen Mitarbeitern abheben. Die unterstellten Mitarbeiter sehen sie als besonders dynamisch an; sie selbst stellen diese Eigenschaft weniger heraus.

In den persönlichen Gesprächen gaben die Spitzenmanager an, daß es weniger die Macht ist, die sie an ihrer Position reizt, als vielmehr die Möglichkeit, Dinge zu bewegen und zu verändern. Diese Gestaltungsspielräume sind es auch, die ihnen Freude an ihrer Arbeit bereiten. Sie verdanken ihren Aufstieg unter anderem der Fähigkeit, mit Menschen umgehen zu können und Menschen zu überzeugen. Einige Gesprächspartner bemängelten allerdings, daß in Deutschland bei den Beförderungskriterien immer noch fachliche Fähigkeiten vor der Sozialkompetenz rangieren.

Soweit bietet sich ein recht positives Bild, doch gibt es auch Schattenseiten in der Persönlichkeit der Spitzenmanager: „Wenn man bedenkt, daß rund 50% der Manager unter psychosomatischen Beschwerden leiden, wundert man sich nicht mehr über deren mangelnde Wandlungsbereitschaft. Die meisten Manager sind weder körperlich noch geistig fit genug, diese Belastung auf sich zu nehmen." (Wirtschaft & Weiterbildung, 1997, S. 57). Eine Untersuchung von Kienbaum geht in die gleiche Richtung. In 116 Chefetagen deutscher Unternehmen wurden bei 60% der Führungskräfte *neurotische Störungen* festgestellt, die Hälfte davon mittel bis schwer (Bierach/Schnitzler 1995, S. 52 f.). Dabei lassen sich vor allem drei Problemtypen finden:

- der Narziß in der ständigen Jagd nach Anerkennung;
- der Schizoide, der aus Angst menschenscheu ist und sich hinter Zahlen und abstrakten Sachzwängen verschanzt, und

- der Zwanghafte, der aus Angst rechthaberisch und penibel alles Spontane, Impulsive und Ungeregelte bekämpft.

Die Kienbaum-Studie zeigt, daß Unternehmen mit neurotischen Managern nur eine Umsatzrendite von 2,7% erzielen, jene mit psychisch Gesunden an der Spitze dagegen fast 9%. Die Kapitalrendite lag bei den neurotisch geführten Unternehmen fast fünf Prozentpunkte niedriger als bei den gesunden .

Auch die *Moral* der Spitzenmanager läßt teilweise zu wünschen übrig. In den Medien finden sich immer wieder Meldungen über Verfehlungen, wie z.B. Bestechung, Steuerhinterziehung, Täuschung, Betrug, Umweltvergehen, illegale Waffengeschäfte oder Unterschlagung. Zwar wird meistens zum Nutzen des Unternehmens gehandelt, doch oft steht der Eigennutz im Vordergrund. Mit steigendem Einkommen nimmt bei manchen die Begehrlichkeit wohl zu (Ogger 1995, S. 67.).

Einstellung zur Arbeit

Der Stellenwert der Arbeit ist beim Spitzenmanager generell sehr hoch; sie empfinden Verantwortung gegenüber ihrer Aufgabe. In der Regel arbeiten Spitzenmanager gerne, sie sind gewissenhaft, pflichtbewußt und engagiert. Sie besitzen die Freiheit, ihre Arbeitszeit und Arbeitsweise weitgehend selbst festzulegen; sie können gestalten und verändern. *Arbeit ist* daher für sie eine *Form der Selbstverwirklichung*.

Bei 40% der Manager ist die Einstellung zum Beruf leistungsorientiert, bei 20% sicherheitsorientiert und bei dem Rest materiell orientiert (Streich 1994, S. 31). Die Übernahme der Verantwortung für den Erfolg eines Unternehmens verlangt von Spitzenmanagern einen *hohen zeitlichen Einsatz*. Der Beruf ist für die große Mehrheit der wesentliche Bestandteil des Lebens, dem alle anderen Interessen untergeordnet werden. Rund 81% der Spitzenmanager opfern für ihren Beruf sehr viel Freizeit, wobei über die Hälfte der Befragten berichtete, daß dafür das Interesse am Inhalt der gestellten Aufgaben ausschlaggebend sei. Nur jeder vierte Befragte hält Freizeit für mindestens so wichtig, wie den Beruf (Streich 1994, S. 31)

Für rd. 39% der Spitzenmanager besitzt der Beruf absoluten Vorrang vor der Familie, 58% halten beides für gleich wichtig und nur bei 3% steht die Familie im Vordergrund (Bertelsmann Stiftung 1985, S. 16). *Spitzenmanager sind stärker berufsorientiert* als Mitarbeiter mit niedrigerem Einkommen (vgl. Abb. 21), wofür weniger das Einkommen ausschlaggebend ist, als das mit dem hohen Einkommen verbundene hohe Maß an Verantwortung und an Gestaltungsmöglichkeiten.

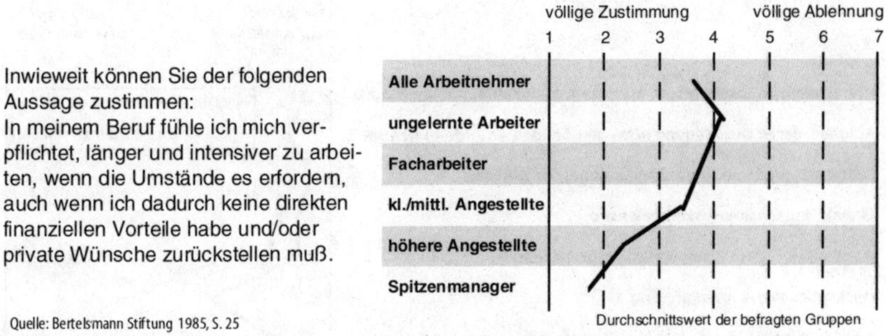

Abb. 21. Berufliche Einsatzbereitschaft

Der Spitzenmanager arbeitet nicht primär, um Geld zu verdienen (Streich 1994, S. 58). Er empfindet *Freude an seiner Arbeit*, die ihm die Möglichkeit bietet, eigene Ideen umzusetzen und etwas zu gestalten. Der hohe Einsatz, den der Beruf fordert, wird daher – im Gegensatz zu anderen Einkommensgruppen – nicht als Belastung empfunden. 83% der Spitzenmanager sind mit ihrer Situation zufrieden oder sogar sehr zufrieden (Kienbaum 1996, S. 29).

Befriedigende Momente der Arbeit

Welche Arbeitsergebnisse empfindet der Spitzenmanager als besonders befriedigend? Nach Studien von Eberwein/Tholen (1990, S. 129) sind folgende *Aspekte für seine Arbeitszufriedenheit* ausschlaggebend:

- *Erfolg* bei der Umsetzung langfristiger strategischer Ziele und Pläne als auch bei der Lösung kurz- oder mittelfristig auftretender Probleme. In vielen Fällen empfinden Spitzenmanager Stolz über einzelne erfolgreiche Leistungen, z.B. die erfolgreiche Entwicklung und Markteinführung eines bestimmten Produkts.
- *Autonomie der Entscheidungsspielräume und die Möglichkeit der Umsetzung eigener Konzepte.* Diese Freiräume bieten den Führungskräften viele Möglichkeiten für ihre Selbstverwirklichung und werden daher von rund einem Drittel als besonders befriedigend empfunden.
- *Das Führen von und Arbeiten mit den Mitarbeitern* wird von etwa 20% als erfreulich angesehen, wenn es gelingt, die Untergebenen in ihrer Arbeit zufriedenzustellen. Eine Situation, in der sich Vertrauen entwickelt und in der die Mitarbeiter frei und offen miteinander reden und umgehen, betrachten sie als erstrebenswert. Einige Spitzen-

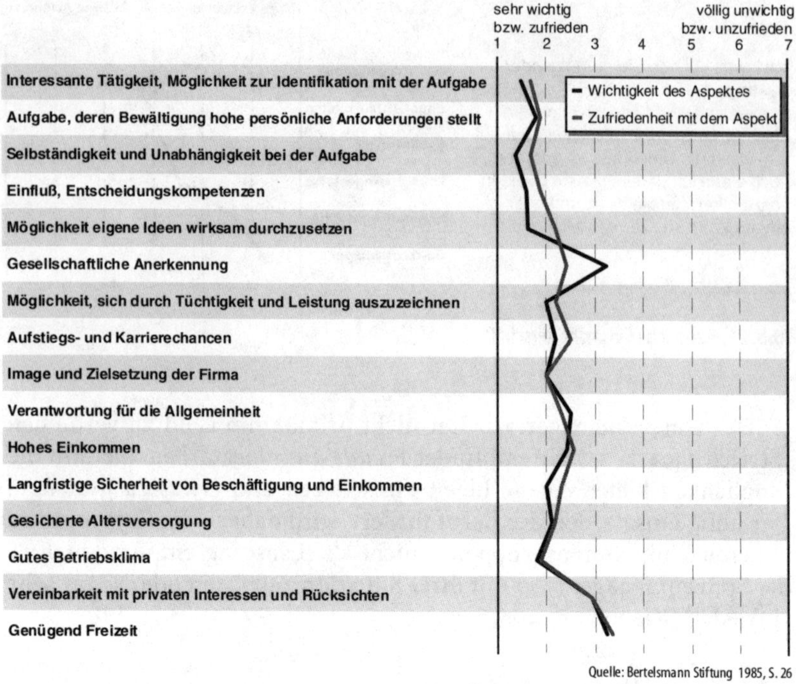

Abb. 22. Arbeitsmotivation und Arbeitszufriedenheit

manager empfinden auch Freude, wenn ihre Mitarbeiter Erfolg haben: „Wenn ich sehe, daß einer meiner Mitarbeiter einen Erfolg hat, fühle ich mich ein bißchen wie ein Lehrer mit seinem Schützling. Ich empfinde dann auch einen gewissen Stolz".

Eine Studie über die *Wert- und Motivationsstruktur der Unternehmensleiter* (vgl. Abb. 22) kommt zu dem Ergebnis, daß die Arbeitsinhalte besonders wichtig sind; aber auch der hohe Grad an Selbständigkeit bei der Arbeit, das hohe Maß an Einfluß und die Möglichkeit, eigene Ideen durchzusetzen, werden als wichtig bezeichnet. Weiterhin hat für Führungskräfte auch ein gutes Betriebsklima große Bedeutung. Für sich persönlich ist dem Spitzenmanager eine gesicherte Altersversorgung und ein gesichertes Einkommen wichtig.

Insgesamt kommt die Tätigkeit von Spitzenmanagern ihrem Motivationssystem erstaunlich nahe. Zwar beurteilen sie nicht alle Aspekte ihrer Arbeit uneingeschränkt positiv, z.B. sind sie mit dem geringem Ausmaß an Freizeit und der Vereinbarkeit des Berufs mit privaten Interessen relativ unzufrieden, aber gerade diese Punkte sind für ihre Arbeitsmotivation auch von untergeordneter Bedeutung. Der hohe Grad an *Übereinstimmung von Wunsch und Wirklichkeit* ist die Ursache für ihre hohe Bereitschaft, sich für ihre Tätigkeit einzusetzen und private Interessen zurückzustellen. Die Arbeitsmotivation von Führungskräften ist weitgehend intrinsisch, d.h. „sie speist sich aus der Art und den Umständen der ausgeübten Tätigkeit selbst, ohne der permanenten Verstärkung - zum Beispiel durch materielle Anreize - zu bedürfen" (Bertelsmann Stiftung 1985, S. 49). Die allgemeine Arbeitszufriedenheit ist daher bei Spitzenmanagern außerordentlich hoch. 86% bezeichnen sich als voll und ganz zufrieden, 11% sind zumindest teilweise zufrieden und nur 3% sind gar nicht zufrieden (Bertelsmann Stiftung 1985, S. 32).

Belastungen

Welche Situationen belasten die Spitzenmanager? Nach Eberwein/Tholen (1990, S. 124) halten 13% ihre Tätigkeit nicht für belastend (vgl. Tab. 4). Sie sind derart mit ihrer Aufgabe zufrieden, daß sie die extremen zeitlichen Beanspruchungen nicht als Streß oder Bürde empfinden.

Als *Belastungen während ihrer Arbeit* nannten die befragten Manager vor allem folgende Situationen:

- Personelle Maßnahmen werden als Entscheidungen über persönliche Schicksale empfunden und verursachen daher *moralischen Skrupel.*

Personelle Maßnahmen	22
Zeitliche Beanspruchung	17
Inkompetenz inner- und außerhalb von Unternehmen	12
Konkurrenzverhalten im Unternehmen	7
Gefühl, nichts bewegen zu können	6
Mangelnde Offenheit und Kommunikation im Unternehmen	6
Erfolgsdruck	5
Mangelnde Flexibilität im Unternehmen	5
Mangelnde Organisation der eigenen Arbeit	3
Mangel an Autonomie	3
Risiken eingehen	1
Tätigkeit wird nicht als belastend empfunden	13
	100

Anteile in %

Quelle: Eberwein/Tholen 1990, S. 124

Tabelle 4. Belastende Arbeitssituationen

- *Die zeitliche Beanspruchung* und die Eingebundenheit in einen straffen Terminkalender, der keine Freiräume mehr zuläßt, führen oft zu Konflikten mit privaten bzw. familiären Interessen.
- *Bestimmtes Verhalten von Personen* inner- und außerhalb des Unternehmens, z.B. Inkompetenz, Unzuverlässigkeit, mangelnde Offenheit, mangelnde Flexibilität, erschweren die Bewältigung der Aufgaben.

In den persönlichen Gesprächen wurde zudem mehrmals betont, daß das *Gefühl, nichts bewegen zu können*, sowie das *Sinken der allgemeinen Arbeitsmoral* als besonders belastend empfunden werden. Daneben trägt der Spitzenmanager auch eine *schlechte Unternehmenssituation*, in der unternehmensweit oder in Teilbereichen Verluste eingefahren werden, als Sorge mit sich herum; er fühlt sich dafür persönlich verantwortlich.

Neben den belastenden firmeninternen Einflußfaktoren beeinträchtigen auch *externe Entwicklungen* die Einsatzbereitschaft und Leistungsfähigkeit der Spitzenmanager. An erster Stelle wird das hohe Ausmaß an Bürokratie, Vorschriften und Gesetzen beklagt. Auch eine zu hohe Steuerlast sowie die wirtschaftliche Entwicklung und negativ wirkenden politischen Maßnahmen mindern die Einsatzfreude und Leistungsfähigkeit (Bertelsmann Stiftung 1985, S. 47).

Daneben kann auch die Position des Spitzenmanagers selbst belastende Momente enthalten, die von den Managern aber nicht gerne offen zugegeben werden. Mit dem Aufstieg in der Unternehmenshierarchie steigt die *Gefahr der Vereinsamung* (Streich 1994, S. 42). In vielen Fällen fehlen Gesprächspartner, mit denen persönliche Probleme erörtert werden können. Gefühle und Ängste bei geschäftlichen Entscheidungen werden gegenüber den Mitarbeitern nicht eingestanden und persönliche Probleme sind im Geschäftsalltag ohnehin tabu (Fischer 1989, S. 363). Infolge der geringen Freizeit gehen in vielen Fällen auch private Kontakte verloren.

Die Mehrzahl der Spitzenmanager besitzt Fünf-Jahres-Verträge mit Kündigungsfristen zwischen einem Monat und einem halben Jahr. Diese *Unsicherheit in der Position* belastet Spitzenmanager in der Regel nicht. Sie sind zum einen finanziell abgesichert und zum anderen von ihren Fähigkeiten überzeugt.

Fortbildung

In einer Zeit rasanten Wandels in allen Gesellschaftsbereichen, der sowohl die Unternehmensstrukturen als auch die Märkte und das Umfeld des Unternehmens stark verändert, muß auch der Spitzenmanager permanent lernen und sich fortbilden. Zu einem erheblichen Teil geschieht dies situativ und zwangsweise; er muß sich mit neuen Entwicklungen beschäftigen, weil entsprechende Entscheidungen zu fällen sind. Die neuen Erkenntnisse und Entwicklungen werden ihm dann von kompetenten internen oder externen Fachleuten im Zusammenhang mit den anstehenden Entscheidungen vorgetragen. Fortbildung in dem Sinn, daß Seminare oder Tagungen besucht oder Fachbücher konsequent gelesen werden, kommt dagegen eher selten vor. Eine Kienbaum-Studie verdeutlicht dies: Zwischen der Bedeutung, die die Manager selbst ihrer persönlichen Entwicklung beimessen (in der gewünschten Priorität an vierter Stelle), und dem Zeiteinsatz dafür klafft eine Riesenlücke (vgl. Abb. 10). Von allen Aufgabenfeldern liegt hier das größte Defizit vor.

Einige Spitzenmanager geben zu, sich im Grunde überhaupt nicht gezielt fortzubilden, sondern mit der Übernahme neuer Aufgaben, müssen sie auch die neuen Anforderungen erfüllen: „Ich habe das, was ich heute tue, nicht gelernt, habe auch das, was ich gestern tat, nie gelernt. Ich lerne, indem ich Neues tue, durch neue Aufgaben. Ich habe seit meiner Studienzeit nie mehr eine formale Schulung mitgemacht". Obwohl die meisten Spitzenmanager während ihres Berufsweges an Schulungen, Seminaren oder Kongressen teilnehmen, ist das „*learning on the job*", d.h. das Lernen mit der Bewältigung einer neuen Aufgabe und neuer Verantwortung, sicherlich die wichtigste Quelle für den Erwerb neuen Wissens und neuer Fähigkeiten. Auch durch die Zusammenarbeit mit Beratern nehmen Spitzenmanager Wissen und neue Konzepte auf.

Für die meisten Spitzenmanager beschränkt sich Fortbildung auf das *Lesen von Management- und anderen Fachzeitschriften* und die gelegentliche Lektüre von berufsbezogenen Büchern, die aber keine reinen Fachbücher sind. Ein Gesprächspartner beschrieb sein Fortbildungsverhalten wie folgt: „Ich lese recht viel. Meine Weiterbildung sieht nicht so aus, daß ich ein strenges Fachbuch lese, sondern berufsbezogene breiter angelegte Dinge, die einem Ideen ins Haus bringen. Ich muß ja nicht nachlesen, wie ich eine bestimmte Sache zu machen habe, sondern ich muß mir Ideen beschaffen, die mir helfen, Entscheidungen zu treffen". Zur intensiven Beschäftigung mit der Lektüre bleibt infolge der langen Arbeitszeiten ohnehin wenig Zeit. Darum überfliegen die meisten Manager die Themen und Zusammenfassungen und lesen nur gezielt die für sie interessanten Passagen. Bevorzugt liest der Spitzenmanager auch auf Reisen und im Urlaub, weil er dann die nötige Ruhe findet, die ihm während seines Arbeitsalltages fehlt.

Wenn Spitzenmanager Seminare oder Trainings absolvieren, so geschieht dies meistens exklusiv als interne Veranstaltung mit Kollegen oder einem engen Kreis von Führungskräften und Mitarbeitern. Themen sind dann beispielsweise: Umgang mit Medien, Erlernen neuer Fertigkeiten, insbesondere der neuen Kommunikationsformen, Konsequenzen der Europäischen Währungsunion (EURO), Sicherheitstraining, u.ä.. Sie besuchen auch branchenbezogene Tagungen oder Kongresse, wo sie vor allem das Unternehmen repräsentieren, Kontakte pflegen und Erfahrungsaustausch betreiben (Kahr 1994, S. 74). Schließlich treffen Topmanager auf exklusiven Kolloquien (Top Executive Programme) und Vortragsveranstaltungen (z.B. beim Weltwirtschaftsforum in Davos) zusammen. Sie interessieren sich dann vornehmlich für Grundsatzfragen und Darstellungen über zukünftige Entwicklungen und Trends, wobei sie sich gerne mit übergeordneten Gesichtspunkten beschäftigen.

Soziale Funktionen

Neben ihrer eigentlichen Aufgabe im Unternehmen besitzen fast alle Spitzenmanager zahlreiche andere Ämter. In der Regel sind sie Mitglied verschiedener konzerninterner und externer Aufsichtsräte oder Beiräte, gehören verschiedenen Wirtschaftsverbänden und wissenschaftlichen Gesellschaften an, sind Gutachter bei Forschungsvereinigungen und üben beratende Funktionen aus. Das Engagement reicht dabei von der reinen Mitgliedschaft bis hin zur Präsidentschaft. Die Gründe für die verschiedenen Engagements sind vielfältig. Auf der einen Seite wird der Erfahrungsaustausch mit Personen in der gleichen Position geschätzt. Auf der anderen Seite werden durch *„Funktionärstätigkeiten“* auch Interessen des Unternehmens wahrgenommen. Viele dieser Ämter und Mitgliedschaften werden vom Spitzenmanager auch nur deshalb übernommen, weil er persönlich darauf angesprochen wird und dann nicht ablehnen kann. Die Anfragen schmeicheln natürlich auch dem eigenen Selbstwertgefühl „In diesen Fällen packt einem sozusagen das Gemeinwesen. Man wird direkt angesprochen und kann bei diesen Dingen schlecht ‚Nein‘ sagen. Das ist übrigens eine Sache, die meiner Einschätzung nach alle Spitzenmanager trifft. Sagt man bei solchen Dingen allzu oft ‚Nein‘, wird man schnell nicht mehr gefragt. Man muß sich entscheiden zwischen „in or out“, etwas anderes gibt es kaum“. Weiterhin werden durch solche Tätigkeiten schon während des Berufslebens alternative Aktivitätsfelder aufgebaut, die nach der Pensionierung ein Absinken der empfundenen Lebensqualität mindern (Streich 1994, S. 66).

In den Gesprächen gaben einige Spitzenmanager an, zusätzlich auch als *Lehrbeauftragte an einer Universität oder Hochschule* tätig zu sein. Im Vordergrund steht dabei das Interesse an der Beschäftigung mit wissenschaftlichen Themenstellungen sowie das Bedürfnis, die im Laufe des Lebens gewonnenen Erfahrungen an die junge Generation weiterzugeben.

2.6 Die materielle Situation

Das Einkommen

Spitzenmanager beziehen im allgemeinen ein *erfolgsunabhängiges festes Gehalt. Darüberhinaus erhalten 85% variable Vergütungen*, die ca. 30% des Gesamteinkommens ausmachen (Näser 1995, S. 11); die variable Vergütung kann in einigen Unternehmen aber auch bis zu 100% des Jahresgrundgehalts betragen (FAZ vom 11.10.1996, S. 34). Die variablen Bezüge orientieren sich meist am Jahresüberschuß oder an der Dividende, zuweilen werden auch andere flexible Bonussysteme zur Entlohnung der Spitzenmanager praktiziert (Baden/Gatermann 1993, S. 83).

In den Vorständen großer Aktiengesellschaften haben 80% der Entlohnungssysteme die gleiche Struktur: Die Hälfte des Gehaltes ist Festgehalt, die andere Hälfte richtet sich nach der Dividende. Der wirklich variable Teil liegt allerdings meist unter 20% (FAZ vom 26.10.1996, S. 25), denn die vertragliche Regelung der variablen Bezüge enthält meistens eine untere Grenze. Dadurch sind die Einkommen der Spitzenmanager auch in wirtschaftlich schlechten Zeiten relativ gut abgesichert (Baden/Gatermann 1993, S. 86).

Die Gehaltsspanne im Topmanagement ist sehr groß. Die Bezüge der Geschäftsführer von GmbHs, die wir hier betrachten (>250 Mitglieder bzw. >50 Mio. DM Umsatz), lagen 1995 zwischen 400.000 DM und einer Mio. DM. Vorstandsmitglieder erhielten ein Salär in einer Spanne zwischen 700.000 DM und 1,6 Mio. DM (FAZ vom 17.7.1996). Die Gehälter von Spitzenmanagern nahmen in den letzten Jahren prozentual stärker zu als die Tariflöhne. So stiegen die Geschäftsführer-Bezüge von 1994 auf 1995 um 4,3%.

Im europäischen Vergleich liegen die deutschen Spitzenmanager mit ihrem Bezügen nach den Franzosen gleichauf mit den Schweizern an zweiter Stelle. Das Schlußlicht bilden die Belgier, Briten und Portugiesen (Näser 1995, S. 111).

Die *Höhe des Gehaltes* ist nicht nur vom Unternehmenserfolg sondern vor allem von der Unternehmensgröße, auch der Branche sowie individuellen Elementen, wie Verhandlungsgeschick, Berufs- und Betriebszugehörigkeit und Leistung, abhängig (Scherer 1991, S. 22). Die individuelle Qualifikation bestimmt den beruflichen Aufstieg, sichert bei gleicher Position aber kein höheres Einkommen. Für alle Branchen besteht ein fester Zusammenhang zwischen der Einkommenshöhe (und der Höhe der Zusatzleistungen) und der Unternehmensgröße: „Je größer das Unternehmen – gemessen an Umsatz, Beschäftigtenzahl, Bilanzsumme –, desto höher fallen die Bezüge der Führungskräfte aus." (Management Wissen Nr. 4/1985, S. 39). Die Vergütungsdifferenzen zwischen den Hierarchieebenen werden um so größer, je höher man in der Unternehmenshierarchie aufsteigt. So liegen die Bezüge der Geschäftsführer in der Regel 50 bis 70% über denen ihrer unmittelbar unterstellten Führungskräfte (Kienbaum 1996, S. 25).

Die Spitzenmanager sind in der Regel im Angestelltenverhältnis beschäftigt. Somit gelten die normalen gesetzlichen Bestimmungen für Angestellte. Das bedeutet sechs Wochen *Lohnfortzahlung im Krankheitsfall.* Vielfach werden jedoch für Vorstände und Geschäftsführer diesbezüglich Sonderregelungen vereinbart; häufig wird Lohnfortzahlung bei Krankheit für sechs Monate – und in rd. 35% der Fälle auch länger – vertraglich zugesichert (Wirtschaftswoche vom 25.3.1994, S. 86). Geleistet wird ein Nettoausgleich zu den Zahlungen der Krankenkassen.

Insgesamt ist der Spitzenmanager zufrieden mit seinem Salär und seiner finanziellen Absicherung. So hielten bei einer 1996 durchgeführten Befragung 72% ihr Einkommen für angemessen; dies waren acht Prozent mehr als im Jahr davor (Karriere vom 2.8.1996, S. K).

Altersversorgung

Für Spitzenmanager sind bei der materiellen Vergütung Sicherheitserwägungen, wie eine gesicherte Altersversorgung und die langfristige Sicherheit von Beschäftigung und Einkommen, vielfach wichtiger als ein hohes Einkommen (Bertelsmann Stiftung 1985, S. 25). Die betriebliche Altersversorgung stellt für den Spitzenmanager die wichtigste Zusatzleistung dar; da für ihn wegen geringer Ansprüche die gesetzliche Rente nur geringe Bedeutung hat. Die Unternehmen wenden für die Altersversorgung ehemaliger Geschäftsführer oder Vorstände erhebliche Beträge auf (vgl. Abb. 23).

Nach Branche und Unternehmensgröße unterschiedlich erhalten 60 bis 95% der Spitzenmanager eine Anwartschaft auf eine betriebliche

	Vorstands-bezüge*	Vorstands-pensionen*	Pensions-quote
Deutsche Aerospace	5,1	7,4	145
Esso	2,7	3,8	141
Hoechst	12	9,2	77
Thyssen	11,9	9,1	76
Siemens	21	16	76
Bayer	13,2	10	76
BASF	10,8	6,8	63
Mannesmann	6,6	4,1	62
Daimler-Benz	17	10,2	60
Bosch	11,3	6,6	58
Veba	11,7	6,3	54
Ford	5,8	3,1	53
Audi	3,7	1,9	51
Degussa	6,7	3,3	49
Henkel	13,3	6,2	47
Edeka	2,5	1	40
Opel	5	1,9	38
Stinnes	8,1	2,9	36
Viag	4,1	1,1	27
Ruhrgas	8,1	2,1	26
Continental	9,6	2,2	23
Karstadt	9	1,7	19
Asko	5,2	0,5	10
Bertelsmann	27,4	2,4	9

Quelle: Fischer/Risch 1994, S. 232

* in Mio. Mark

Abb. 23. Was Firmen für ihre aktiven und ehemaligen Vorstände bezahlen

Altersversorgung (Hammes/Doetsch 1996, S. 26). Kleinere Unternehmen bieten diese Leistung seltener an als Großunternehmen. Sie erhalten zwischen 40 und 70% ihrer letzten Bezüge, wobei 50 und 60% als Versorgungsziel am häufigsten vorkommen (Scherer 1991, S. 115).

Die Regelungen zur Betriebsrente sind für Vorstände und Geschäftsführer im Vergleich zum Mittelmanagement deutlich günstiger (Scherer 1991, S. 115). So spielt die Länge der Dienstzeit bei Spitzenmanagern, im Gegensatz zum Mittelmanagement, für die Berechnung der Rentenhöhe entweder gar keine oder nur eine untergeordnete Rolle. Weiterhin verfällt auch die zeitanteilig errechnete Versorgungsanwartschaft für Spitzenmanager nicht, wenn sie auf eigenen Wunsch aus dem Unternehmen ausscheiden. Viele Spitzenmanager nutzen auch die Möglichkeit einer Direktversicherung, d.h. der Arbeitgeber schließt auf das Leben des Arbeitnehmers eine Versicherung ab. Die Prämien werden dabei vom Arbeitgeber, eventuell unter Beteiligung der Versicherten, erbracht und müssen vom Arbeitnehmer (bis zu einem Jahresbetrag von 4.200 DM pauschal mit 20%) versteuert werden (Hammes/Doetsch 1996, S. 28).

Nebenleistungen

Der Firmenwagen ist die wichtigste Nebenleistung. Spitzenmanager nutzen in aller Regel ein Fahrzeug auf Kosten der Firma (Wirtschaftswoche, 25.03.1994, S. 86). Allerdings muß 1% des Anschaffungswertes monatlich vom Nutzer als geldwerter Vorteil versteuert werden. Die Auswahl des Fahrzeugs bleibt in vielen Unternehmen den Managern selbst überlassen, wobei in der Regel ein vorgegebenes Budget eingehalten werden muß. In größeren Unternehmen fährt die Geschäftsleitung vorzugsweise die S-Klasse von Mercedes oder die 7er Reihe von BMW. Der durchschnittliche Anschaffungspreis liegt bei 83.000 DM (Näser 1995, S. 11).

In größeren Unternehmen (>ca. 1 Mrd. DM Umsatz) ist den Spitzenmanagern häufig persönlich ein Chauffeur zugeordnet. Dieses Privileg wird jedoch mehr und mehr durch die Fahrbereitschaft eines Fahrzeugpools ersetzt.

Als weitere Nebenleistungen werden dem Spitzenmanager Gehaltsfortzahlungen im Todesfall, zinsvergünstigte Wohnungsbaudarlehen, vermögenswirksame Leistungen etc. (vgl. Abb. 24, S. 62) vor allem von Großkonzernen gewährt. Im Falle einer vorzeitigen Trennung laufen in der Regel die Nebenleistungen (insbesondere der Dienstwagen) bis Vertragsende weiter und es werden anschauliche Abfindungen gezahlt. Dienstwohnungen sind die Ausnahme (Fischer/Wilhelm 1995, S. 223). Allgemein verlieren die Nebenleistungen mit Ausnahme des Dienstwagens an Bedeutung (FAZ vom 26.10.1996, S. 25).

2.7 Die private Situation

Disponible Freizeit

Die Dominanz der Arbeit gegenüber dem Privatleben sowie die langen wöchentlichen Arbeitszeiten und die häufige geschäftliche Abwesenheit vom Wohnort führen dazu, daß Spitzenmanager in der Regel über

1
BOSS

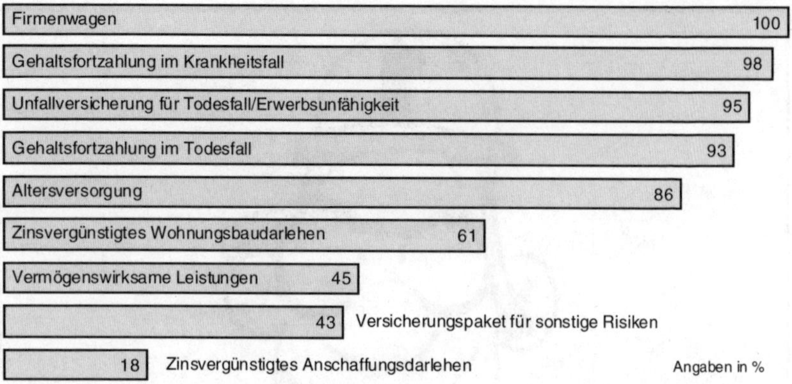

Quelle: Wirtschaftswoche vom 25.03.1994, S. 86

Abb. 24. Von Managern in Anspruch genommene Nebenleistungen

sehr wenig Freizeit verfügen. Privatsphäre und Arbeit lassen sich oft nicht trennen. Auch in der Freizeit werden vielfach repräsentative Pflichten wahrgenommen; so werden z.B. auch am Wochenende Kundenkontakte gepflegt und Gäste betreut.

Durchschnittlich können Spitzenmanager *28 Stunden in der Woche* (inklusive Wochenende) „tun und lassen was sie wollen“ (Streich 1994, S. 64; Motivation Nr.4/1996, S. 30 f.). In dieser Zeit gehen sie aber durchaus ganz oder teilweise berufsbezogenen Tätigkeiten nach – vor allem lesen sie und pflegen Bekanntschaften. Den Managern der zweiten und dritten Führungsebene geht es bezüglich frei disponierbarer Zeit auch nicht besser. (Erst im unteren Management, bei Sachbearbeitern und gewerblichen Mitarbeitern nimmt die Freizeit erheblich zu; sie übersteigt dann 50 Stunden wöchentlich.) Der Spitzenmanager hat allerdings mehr Freiheitsgrade als das Mittelmanagement: Er kann in größerem Umfang delegieren und sich gegen Störungen abschotten; Termine und Verpflichtungen folgen primär seinen eigenen Präferenzen. Die Freizeit kann er also weitgehend nach eigenen Interessen und Vorstellungen gestalten.

Viele Spitzenmanager geben dennoch an, die knapp bemessene Freizeit nicht richtig genießen zu können (Sachse 1988, S. 88 ff.). Etwa die Hälfte von ihnen möchte mehr Zeit für Hobbies, Sport und gesellschaftliche Aktivitäten aufwenden; meistens bleibt es bei diesem Wunsch (Kienbaum 1996, S. 29). Entweder können sie das Tagesgeschäft nicht verdrängen oder „sie lassen sich einfach fallen, um zu regenerieren“. Sie wollen kein Hobby richtig betreiben, weil dies wiederum Pla-

nung, Organisation, Termine und damit Energie erfordern würde. Allgemein kann davon ausgegangen werden, daß nur wenig Zeit zur eigentlichen Regeneration bleibt, da ja auch noch familiäre und gesellschaftliche Verpflichtungen wahrgenommen werden müssen.

Wohnstil

Der Lebensstil des Spitzenmanagers und seiner Familie ist *aufwendig bis luxuriös.* Spitzenmanager wohnen mit ihren Familien in der Regel in Villenvierteln, wo hauptsächlich Familien mit gleichem Status und gleichen finanziellen Verhältnissen leben. Dort besitzen sie relativ große Grundstücke, so daß ihre Häuser meist nicht direkt an der Straße, sondern zurückgesetzt stehen. Grundstück und Haus werden zudem meistens durch Zäune, Hecken etc. vor fremden Blicken geschützt. Das Haus des Spitzenmanagers ist in der Regel geräumig und repräsentativ eingerichtet, da gelegentlich Geschäftspartner und Kollegen zu Hause empfangen werden.

Familiäre Situation

Über die Hälfte (ca. 60%) der befragten Spitzenmanager geben an, daß sich die Familie den Anforderungen der Arbeit unterordnen muß (Eberwein/Tholen 1990, S. 133 f.), wobei rund ein Drittel der Ehefrauen die berufliche Position ihres Mannes wegen der Einbußen im Privatleben ablehnt (Streich 1994, S. 46). Insbesondere die Kinder leiden unter der fehlenden Aufmerksamkeit ihres Vaters (Lentz 1993, S. 224 f.). Sie wachsen unter der Woche quasi ohne den Vater auf. Die Spitzenmanager selbst sehen die Wahrnehmung ihrer familiären Pflichten anders. So sind nur 14% der Auffassung, daß das Familienleben durch ihren Beruf leidet. Wenn man bedenkt, daß sich der typische Spitzenmanager pro Tag höchstens 20 Minuten mit seiner Frau unterhält (Thiede 1996, S. 176), so muß man sich doch über diese Aussage wundern.

Der Spitzenmanager ist zu 90% in erster Ehe verheiratet und hat statistisch 2,4 Kinder (Gatermann/Sturm 1990, S. 278). 23% haben drei, 9% haben vier und 5% haben fünf und mehr Kinder (Scheuch 1995 b, S. 191). Er ist mit einer Frau verheiratet, die in 22% der Fälle berufstätig ist. Der Spitzenmanager schätzt das *intakte Familienleben* als „Rückzugsgebiet, als Trostkissen und Hoffnungsgeber" (Weisfeld 1990, S. 89). Erhebungen belegen, daß Manager mit einem intakten Familienleben um vieles leistungsfähiger sind, als solche mit einer problembehafteten Beziehung (Motivation Nr. 4/1996, S. 30). Vielfach wird die Ehefrau auch in berufliche Aktivitäten eingebunden – als Gastgeberin bei geschäftlichen Einladungen im eigenen Haus oder bei repräsentativen Anlässen (Streich 1994, S. 45).

Infolge der hohen beruflichen Belastung überlassen viele Spitzenmanager die familiären Aufgaben und vor allem die Erziehung der Kinder ihren Ehefrauen. Die *Ehefrau* managt das Privatleben und hält ihrem Mann den Rücken frei. Hierzu ein Gesprächspartner: „Ich betrachte die Ehefrau, die auch noch drei Kinder großzieht, als die Leiterin von kleinen Betrieben. Es ist schon eine Aufgabe für sich, wenn die Ehefrau für die gesamte Kindererziehung verantwortlich ist und sich auch um alle schulischen Dinge kümmert. Ich habe mich bei meinen drei Kindern nie um schulische Fragen oder um das Thema religiöse Kindererziehung kümmern müssen. Ich habe mich auch nie darum kümmern müssen, daß im häuslichen Bereich zu jeder Zeit alle Dienstleistungen, wie Einkaufen etc., erbracht sind". Viele Spitzenmanager erwarten, daß im Privatleben alles reibungslos, ähnlich wie im Betrieb, funktioniert (Fischer 1991, S. 167 f.). Die Ehefrau ist ebenfalls für Erhaltung und Ausbau der sozialen Kontakte im Freizeitbereich zuständig.

Spitzenmanager empfinden die Vaterrolle als die sympathischste Rolle, obwohl sie sich an normalen Arbeitstagen meist nur wenige Minuten für die *Kinder* Zeit nehmen (Streich 1994, S. 112). Die Verpflichtungen gegenüber den eigenen Kindern treten eindeutig hinter den Verpflichtungen im Beruf zurück. Die knapp bemessene Zeit, die der Spitzenmanager als Vater seinen Kindern widmet, verbringt er mit ihnen auf Ausflügen oder bei Veranstaltungen. Dabei bleibt kaum Zeit, in der sich Vertrautheit entwickeln könnte. Doch ist es nicht nur die häufige Abwesenheit, die sich nachteilig für die Kinder auswirkt; oft fällt es den Spitzenmanagern schwer, Beruf und Privatleben zu trennen. So spielen sie oft auch privat ihre Chefrolle weiter und stellen an ihre Kinder ähnlich hohe Anforderungen wie an ihre Mitarbeiter (Lentz 1993, S. 224). Die hohen Erwartungen führen vielfach zu extremen Konflikten der Spitzenmanager mit ihren Kindern (Fischer 1991, S. 167 f.).

Die Unterordnung der Familie unter den Beruf – mehr als die Hälfte der nicht berufstätigen Ehefrauen besitzen einen akademischen Grad – kann drei *Konsequenzen* haben (Eberwein/Tholen 1990, S. 278):

1. Die *Ehefrau identifiziert sich positiv mit ihrer Rolle*, wird in berufliche Abläufe einbezogen und auch in bestimmten Situationen um Rat gefragt.
2. Die Familie - insbesondere die Ehefrau - fühlt sich vernachlässigt, was zu ständigen *Spannungen innerhalb der Familie* führt.
3. Die Probleme und Konflikte innerhalb der Familie können nicht mehr bewältigt werden, was die *Trennung der Ehepartner* zur Folge hat.

In der Praxis kommen alle drei Fälle vor. Die Scheidungsrate der Managerehen ist allerdings gering. Nur 7% der Führungskräfte sind geschieden oder in zweiter Ehe verheiratet. Die Scheidungsrate der Gesamtbevölkerung liegt dagegen bei ca. 30% und ist damit um ein Vielfaches höher. Das Bild einer *intakten, harmonischen Familie* wird vielfach aber auch künstlich aufrechterhalten. Man bemüht sich, familiäre Konflikte verdeckt zu halten und nicht nach außen dringen zu lassen, um das Image und die Vorbildfunktion nicht zu gefährden (Fischer 1991, S. 165). In diesem Zusammenhang spricht Streich auch von einer „resignativen Ehezufriedenheit" in Managerehen (Streich 1994, S. 66). „Im Vergleich zu den Mitarbeitern, Vorgesetzten, Kollegen, Freunden und Kindern wird der Ehefrau oftmals die geringste Offenheit entgegengebracht. Berufliche Probleme werden oft eher mit Freunden als mit dem Ehepartner diskutiert." Bei solchen Verhaltensweisen wundert es nicht, wenn konträre Sichtweisen sich verhärten. Das Familienleben leidet natürlich auch, wenn der Spitzenmanager eine Wochenendehe führt, weil z.B. die Familie nicht bereit ist, den Wohnort zu wechseln.

Einem Teil der Spitzenmanager gelingt es aber trotzdem, ein gutes Verhältnis zu ihren Kindern aufzubauen, indem sie sich in den Zeiten, die sie mit ihrer Familie verbringen, intensiv mit den Kindern beschäftigen und auch private Probleme besprechen. In anderen Fällen spitzen sich die *Konflikte* zwischen dem aufreibenden Berufsleben und den Forderungen der Familie derart zu, daß ein Bruch unvermeidbar ist: „Es gibt eine ganze Reihe von Topmanagern, deren Ehen wegen ihrer psychischen Überlastungen in die Brüche gegangen sind." (Eberwein/Tholen 1990, S. 142).

Das private Umfeld

Etwa 70% aller Spitzenmanager sind Mitglieder in *Clubs* wie Rotary oder Lions, in denen sie Bekanntschaften pflegen, Kontakte knüpfen und repräsentative Funktionen wahrnehmen (Scheuch 1995 a, S. 98). Der Einfluß dieser Clubs auf die Wirtschaft wird aber überschätzt, da die Spitzenmanager auch andere informelle Netze pflegen (vgl. Abb. 25). Infolge der Mitgliedschaften in diesen Vereinen ist der Bekanntenkreis des Spitzenmanagers weitgehend homogen und zwar sowohl bezüglich des gesellschaftlichen Status und beruflichen Erfahrungshintergrundes als auch bezüglich der Einkommenssituation (Streich 1994, S. 65).

Freundschaften entwickeln sich häufig auch aus der Mitgliedschaft in Vereinen, aber auch aus sportlichen Aktivitäten, z.B. beim Golf oder

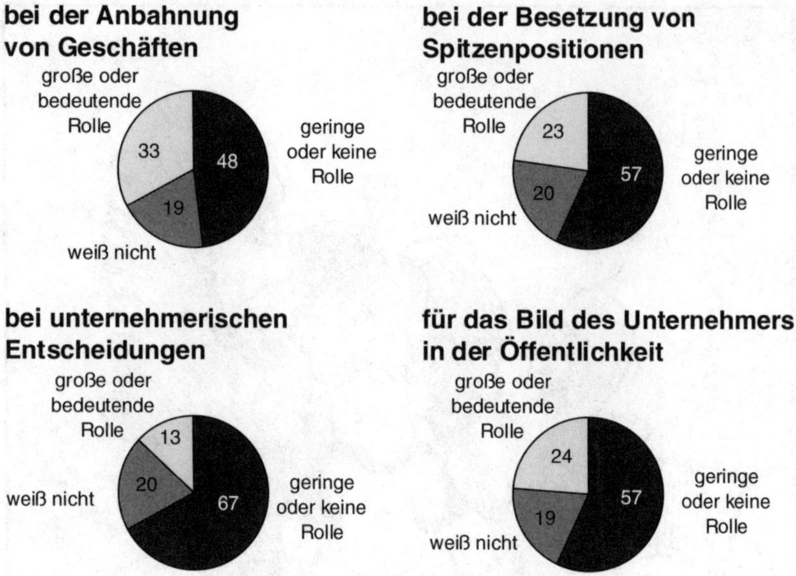

Quelle: Böhmer/Behrens 1995, S. 96

Abb. 25. Welche Rolle spielt die Mitgliedschaft bei den Rotariern?

beim Tennis; sie entstehen in der Nachbarschaft. Nachbarschaftliche Kontakte werden hauptsächlich von der nicht-berufstätigen Ehefrau gepflegt. Der Bekanntenkreis des Spitzenmanagers ist durch die vielfältigen geschäftlichen Verbindungen sehr groß, der echte Freundeskreis dagegen eher klein. Meist fehlt dem Spitzenmanager die Zeit, Freundschaften zu pflegen.

Freizeitverhalten

Da die beruflichen Tätigkeiten des Spitzenmanagers durch Kommunikation und Verhandlungen geprägt sind, ziehen sich die meisten Spitzenmanager in der Freizeit am liebsten ins *häusliche Umfeld* zurück. Gesellschaftliche Aktivitäten werden – soweit möglich gemieden. Allgemein sieht er seine Freizeit als Regenerationszeit zu seiner Arbeit an (Streich 1994, S. 65). In dieser Regenerationszeit kann der Spitzenmanager auch mal gammeln: Er schmökert in Zeitungen und Zeitschriften, liest in Büchern und sieht fern (vgl. Abb. 26).

Für einen großen Teil der Manager gibt es nur zwei Lebensschwerpunkte: Beruf und Familie. Dies wurde nicht so geplant sondern

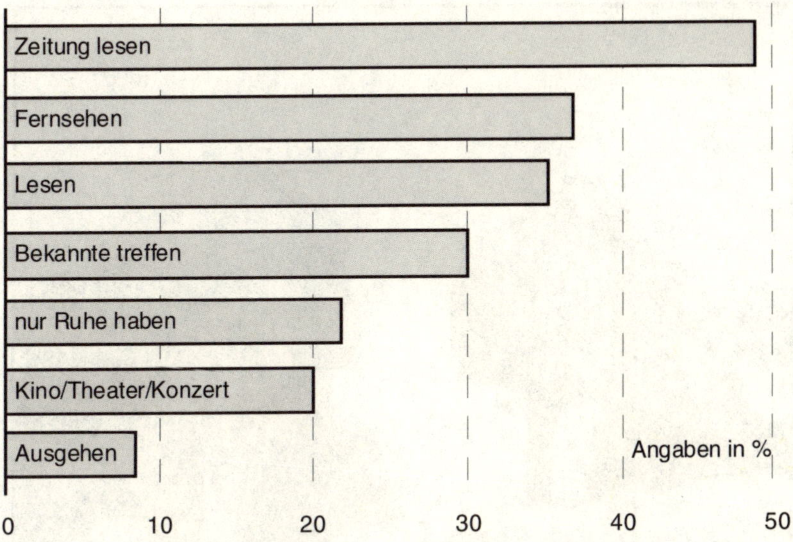

Quelle: Wuppermann 1989, S. 320

Abb. 26. Freizeitbeschäftigung von GmbH-Geschäftsführern

hat sich ergeben. Um für die Ehepartner und die Kinder da zu sein, wird auf andere Aktivitäten weitgehend verzichtet (Gloger 1996). Einige Spitzenmanager gaben in den persönlichen Gesprächen an, daß sie im Laufe ihres Berufslebens alle Hobbys aufgegeben haben. Dieser Zustand wird durchaus bedauert: „Eine Vereinsamung sehe ich eher im privaten Bereich. Das Leben ist doch sehr einseitig auf den Beruf ausgerichtet, für private Freundschaften verbleibt da kaum Zeit. Natürlich ist da noch die eigene Familie. Früher bin ich Ski gelaufen und habe Tennis gespielt. Im Laufe der Zeit habe ich diese Dinge alle aufgegeben".

Andere Spitzenmanager beziehen Hobbys konsequent in den wöchentlichen Ablauf ein und versuchen, Beruf, Familie und Hobbys zu koordinieren. Diese Manager gehen häufig sportlich exklusiven Aktivitäten nach – beliebt sind Tennis, Golf, Ski etc.. Ein anderer Teil hält sich durch Ausdauersportarten fit.

Insgesamt geben 72% der Spitzenmanager an, aktiv Sport zu betreiben (Gatermann/Sturm 1990, S. 278 f.; Reischauer/Schnitzler 1995, S. 77). Im Vergleich zur Gesamtbevölkerung (weniger als die Hälfte treibt regelmäßig Sport) und auch unter Berücksichtigung der persön-

lich geführten Gespräche erscheint dieser Wert außerordentlich hoch. Der Spitzenmanager bevorzugt Sportarten, die alleine durchzuführen sind, wie Golf oder Joggen (Streich 1994, S. 41) Ein Grund dafür liegt in der unsicheren Termindisposition der Spitzenführungskräfte. Einzelaktivitäten brauchen nicht abgestimmt zu werden. Vielfach bestimmt ähnlich wie im Beruf ein leistungsorientiertes Verhalten den Sport. Beim Joggen wird eine bestimmte Sollzeit oder eine Kilometerstrecke konsequent eingehalten. Im Zuge der Anpassung des Selbstbildnisses an die Idealvorstellung geraten die Spitzenmanager dabei leicht in Gefahr, ihre sportliche Leistungsfähigkeit zu überschätzen.

Besonders groß scheint insgesamt das Bedürfnis nach *Ruhe und Aktivitäten in der Natur.* So geben etwa die Hälfte der persönlich Befragten an, in der Freizeit und im Urlaub gerne zu wandern: Sie wandern mit Clubs oder in kleinen informellen Gruppen, die sich in Eigenintiative im Netzwerk gebildet haben. Manche ziehen sich auch mal für eine Woche alleine in ein Kloster oder auf eine Berghütte zurück; in dieser Zeit lesen sie viel, denken nach und unternehmen ausgedehnte Wanderungen. Einige wenige Spitzenmanager bevorzugen auch in der Natur leistungsorientierte Aktivitäten, wie z.B. Bergsteigen, Höhenwanderungen oder Überlebenstrainings. Auch exklusive Sportarten wie Höhenskilaufen, Paragliding oder Drachenfliegen werden versucht und gepflegt. Der Spitzenmanager sucht auch hier die körperliche Herausforderung und will sich beweisen.

Rund ein Drittel der Spitzenmanager sagt aus, sich für Literatur und Geschichte zu interessieren, gut 20% für Musik und weitere 20% für Kunst (Gatermann/Sturm 1990, S. 278). Weiterhin gehören in den meisten Familien auch gelegentliche Theater- und Konzertbesuche zum Freizeitprogramm.

Im *Urlaub* versucht ein Teil der Spitzenmanager vom Unternehmen und den aktuellen Problemen abzuschalten, indem bewußt keine Akten und Vorgänge mitgenommen werden. Die geistige und körperliche Regeneration steht im Vordergrund. Die freie Zeit wird vor allem für die Entspannung und das Abschalten vom Tagesgeschäft genutzt. Dies gelingt aber meistens nicht in vollem Maße. Die Betätigungen im Urlaub sind daher auch relativ unspektakulär. Es wird versucht, z.B. beim Wandern oder Angeln zu entspannen. Ein anderer Teil beschäftigt sich auch im Urlaub gedanklich mit dem Unternehmen. In neuer Umgebung und schöner, entspannender Atmosphäre entstehen Ideen für die strategische Ausrichtung des Unternehmens oder Lösungen für aktuelle Probleme. Häufig werden auch umfangreichere Vorgänge mitgenommen, die einmal in Ruhe überdacht werden müssen. Ein Gesprächspartner äußerte sich dazu wie folgt: „Ich fahre zwar irgendwo hin ... und lebe dort in einer anderen Umgebung, gedanklich verlasse ich das Unternehmen aber nicht. Das heißt im Sinne eines typischen Arbeitnehmers mache ich nie Urlaub".

Auch die *Reiseziele* sind eher unspektakulär, da viele Spitzenmanager im Urlaub auf weite Reisen verzichten. „Ich bin

beruflich so viel unterwegs, daß ich im Urlaub nicht auch noch große Reisen unternehmen muß, obwohl das auch ab und zu vorkommt". Bevorzugte Reiseziele sind daher Erholungsgebiete in der Bundesrepublik, z.B. der Schwarzwald, Sylt, die Alpen, oder die europäischen Nachbarländer.

3
Zukunftsbilder des Spitzenmanagers

Im folgenden werden die Ergebnisse der Anwendung der Szenariotechnik vorgestellt. Eine kurze Darstellung der Szenariotechnik findet sich im Anhang (Abschn.6.1). Zum besseren Verständnis sei das Konzept hier kurz erläutert: Mit Hilfe der Szenariotechnik werden die Einflußfaktoren, die in Zukunft auf ein Themenfeld wirken, erfaßt und in die Zukunft projiziert. Zum Teil sind eindeutige Entwicklungspfade zu erkennen, zum Teil sind alternative Entwicklungen denkbar. Zu unserem Thema Spitzenmanager haben wir 39 Einflußfaktoren identifiziert; bei 20 dieser Einflußfaktoren, Deskriptoren genannt, haben wir zwei Entwicklungsmöglichkeiten gesehen. Eine komplette Zusammenstellung aller 39 Deskriptoren und der aufgestellten Projektionen bis zum Jahre 2007 findet sich im Anhang in Abschn.6.3. Mit einem speziellen Rechenalgorithmus (INKA) wurden die 20 alternativen Deskriptoren so gebündelt, daß in sich stimmige, also widerspruchsfreie Kombinationen entstanden. Sie stellen die Umfeldszenarien dar, aus denen die Zukunftsbilder abgeleitet wurden. Die zwei konträren Szenariobündel zum Thema „Spitzenmanager“ werden im Abschn.6.2. vorgestellt. In diesem Kapitel werden die zwei unterschiedlichen Szenariopfade präsentiert. Aufgezeigt werden zunächst das Umfeld des Spitzenmanagers und anschließend seine Arbeits- und Lebenssituation. Natürlich sind die Umfeldentwicklungen und die Zukunftsbilder nicht in allen Punkten unterschiedlich; es gibt eben eine ganze Reihe stabiler Zukunftstrends.

Die beiden Zukunftsbilder des Spitzenmanagers beziehen sich auf das *Jahr 2007*. Mit dem Zeithorizont 2007 ist kein exakter Zeitpunkt gemeint; vielmehr werden Bilder des Spitzenmanagers gezeichnet, die sich etwa in zehn Jahren einstellen könnten. Die tatsächliche Entwicklung kann natürlich nicht genau vorhergesehen werden; sie wird irgendwo zwischen den beiden idealtypischen Darstellungen liegen.

3.1 Der Spitzenmanager – ein isolierter Krisenbewältiger[1]

3.1.1 Das Umfeld des Spitzenmanagers

Strömungen in der Gesellschaft

In der Gesellschaft überwiegt eine skeptische Einstellung gegenüber den technischen Errungenschaften. Die Technik ist zwar für das berufliche und das private Leben notwendig und zu einer Selbstverständlichkeit geworden, aber es herrscht das Gefühl vor, daß man ihr ausgeliefert ist. Richtig verstanden und beherrscht wird sie nur von Spezialisten. Die neuen Technologien, vor allem die Informationstechnologien, werden für die Arbeitsplatzverluste verantwortlich gemacht.

Generell sind die Menschen nicht sehr zufrieden; viele haben bessere Jahre erlebt. Die permanente Diskussion über die Renten verunsichert immer wieder. Zwar sind die Steuern etwas gesenkt worden, aber neue Belastungen sind entstanden; so muß man inzwischen deutlich mehr Geld für die Erhaltung der Gesundheit und die Behandlung von Krankheiten ausgeben.

Die Menschen haben einen hohen Anspruch an die Freizeitaktivitäten. Der Markt bietet dafür ein großes Angebot an Freizeitprodukten und organisierten Aktivitäten. Zum einen werden spektakuläre Erlebnisse gesucht, zum anderen genießt man Aktivitäten in der Natur.

Man kann sich nicht nur über einen interessanten Beruf, sondern auch durch außergewöhnliche Freizeitgestaltung positiv darstellen. Wenn die Arbeitsinhalte abwechslungsreich sind und Gestaltungsmöglichkeiten bestehen, arbeiten die meisten Menschen gerne und intensiv. Ist dies nicht der Fall, so wird der Beruf als Job verstanden, der ausgeübt werden muß, um das Leben und die Freizeitaktivitäten zu finanzieren. Unternehmen, die den Mitarbeitern keine Gestaltungsfreiräume bieten, haben ein schlechtes Image bei ihren eigenen Mitarbeitern und in der Öffentlichkeit. Viele Berufstätige haben sich als Dienstleister selbständig gemacht; dies gibt ihnen Freiräume und belohnt eigene Initiativen.

Sowohl in der Gesellschaft wie auch im Beruf emanzipieren sich die Frauen. In ihrer herkömmlichen Erziehungs- und Haushaltsrolle sehen Frauen einen zunehmenden Bedeutungsverlust und suchen Bestätigung in einem Beruf. 48% aller Frauen sind berufstätig. Die Unternehmen verlangen hohen Einsatz; es gibt zwar flexible Arbeitszeitmodelle,

---

[1] Die Einflußfaktoren (Deskriptoren) auf dieses Zukunftsbild sind im Anhang im Abschn. 6.2. tabellarisch zusammengestellt.

sie werden jedoch von Nachwuchsführungskräften, die weiter aufsteigen wollen, nicht in Anspruch genommen. Dadurch sind Beruf und Familie schlecht vereinbar. Dies führt dazu, daß viele Frauen als Singles leben, da sie dann zum einen flexibel sind und zum anderen die gewünschte Anerkennung in Beruf und Freizeit erhalten.

Das *Ansehen des Managers* hat sehr gelitten, da immer wieder Skandale, wie Korruption und Gesetzesverstöße, aufgedeckt werden. Die Kluft zwischen den Spitzenmanagern und der Gesellschaft ist groß. Da Spitzenmanager viel Geld verdienen und ihre Berufsinhalte gestalten können, entstehen Neid und Mißachtung. Bei spektakulären Ereignissen, wie z.B. Massenentlassungen oder Umweltvergehen, prangern die Medien die Unternehmen und die Spitzenmanager an. Die Unternehmen versuchen der *Kritik und Beeinflussung durch die Öffentlichkeit* durch gezielte Informationspolitik und Schulung im Umgang mit den Medien zu begegnen.

Die schon viele Jahre anhaltende rezessive wirtschaftliche Lage mit hoher Arbeitslosigkeit führt zu einem Anstieg des Radikalismus. Vor allem rechtsextreme Gruppen und auch internationale kriminelle Vereinigungen sind aktiv. Dazu kommt die Kriminalität verarmter Randgruppen; hier sind insbesondere Immigranten aus Afrika und Asien zu nennen. Die Kriminalitätsrate hat zugenommen, da einige rechtsstaatlichen Ordnungsprinzipien versagt haben. So sind *Kriminalität und Gewalt* gegenüber Personen und Sachen alltäglich. Die Bevölkerung hat sich darauf eingestellt.

Das politische Umfeld

Die *weltpolitische Lage* ist relativ stabil. Die internationalen Organisationen haben starken Einfluß, so daß größere Konflikte vermieden werden. Gefahren bergen der Nord-Süd-Konflikt, die unkontrollierte Verbreitung von Atomwaffen und der islamische Fundamentalismus. Die an vielen Stellen der Welt immer wieder aufflackernden ethnischen Auseinandersetzungen werden durch Eingreiftruppen, die im Auftrag internationaler Organisationen (UNO, OSZE) tätig werden, eingegrenzt und beendet.

In der *EU* gewinnen nationale Interessen an Gewicht. Die Wirtschafts- und Finanzpolitik innerhalb der Währungsunion ist permanent Gegenstand von Unstimmigkeiten und Streit. Die meisten Länder sind jedoch zufrieden mit den Entwicklungen, die durch den Binnenmarkt erreicht wurden. Trotz Unstimmigkeiten zwischen einzelnen Länder wird die politische und wirtschaftliche Union weiterhin angestrebt. Die osteuropäischen Staaten wurden noch nicht integriert.

Der *Einfluß des Staates auf die Unternehmen hat stark zugenommen.* Viele staatliche Reglementierungen resultieren aus der Umsetzung zahlreicher EU-Richtlinien in deutsches Recht. Auch die Schutzbestimmungen und Auflagen im Bereich des Umweltschutzes sind ausgeweitet worden. Dazu haben vor allem die *ökologischen Organisationen,* mit großem Einfluß, wie z.B. Greenpeace oder BUND, beigetragen. Zunehmend richten die Menschen ihr Verhalten an ökologischen Gesichtspunkten aus.

Die notwendigen Strukturveränderungen kommen nur langsam voran. So gelingt es nur schleppend, Subventionen abzubauen, da sie auch mit dem Abbau von Arbeitsplätzen verbunden sind. Bei der hohen Zahl der Arbeitslosen setzen sich die Gewerkschaften, die ihre Position wieder stärken konnten, vehement gegen solche strukturelle Veränderungen ein; so bleibt vieles beim Alten. Die Gewerkschaften erweiterten ihr Aufgabenspektrum um die Themen Arbeitsplatzsicherung, Arbeitsplatzgestaltung, Freizeitinteressen der arbeitenden Bevölkerung und Sozialverträglichkeit.

Die wirtschaftliche Situation

Der EU-Binnenmarkt hat ein internationales Engagement der Unternehmen erleichtert. Eine echte Internationalisierung wird innerhalb der EU praktiziert. Die *Globalisierung der Wirtschaft* ist so weit fortgeschritten, daß es für viele Unternehmen notwendig wurde, global zu agieren; d.h. es wird in Deutschland entwickelt, in Asien produziert und weltweit verkauft. Dabei nimmt man die Dienstleistungen von Marketinginstituten und Werbeagenturen in Anspruch, die ihren Sitz auf exotischen Inseln oder anderen landschaftlich schönen Orten haben. Es entstehen neue Märkte mit großem Potential in Asien (China, Indien) und auch in Südamerika (Brasilien). In Osteuropa sowie den Ländern der ehemaligen Sowjetunion hat sich die Wirtschaft stabilisiert, aber das Potential ist noch niedrig.

Man befindet sich in einer weltweiten Rezession. Das *Welthandelsvolumen steigt* dennoch, da sich die starke globale Verflechtung auch in größeren internationalen Warenströmen niederschlägt. Infolge der Standortnachteile deutscher Unternehmen sinkt der deutsche Export; die Preise sind nicht wettbewerbsfähig.

Durch Importe aus Übersee herrscht starker Konkurrenzdruck, so daß die Unternehmen nicht nur im heimischen Markt, sondern auch auf den Weltmärkten ihre Marktposition nur durch weitere Konzentration erhalten können. Die Unternehmen besinnen sich auf ihre Kernkompetenzen und bauen ihre Marktposition in wenigen, aber für sie relevanten Marktsegmenten aus. Die Konzerne wollen aber auch in den Nischenmärkten erfolgreich tätig sein. Für diese Segmente bilden sie kleine, flexibel agierende Unternehmen oder operieren als Profit Center in diesen Märkten.

Die globale Rezession wirkt sich auch auf Deutschland aus, vor allem die sinkenden Exportquoten drücken die Konjunktur. Die Zahl der Arbeitslosen liegt deutlich über 5 Mio. Wegen der ungünstigen wirtschaftlichen Perspektiven ist in den Unternehmen kaum Investitionsbereitschaft vorhanden.

Infolge der kritischen Einstellung der Bevölkerung zu technischen Neuerungen haben die Unternehmen ihre Innovationspolitik geändert. So werden hauptsächlich bestehende Technologien angewendet; es gibt wenig Neuentwicklungen; die Innovationsrate stagniert. Zudem behindern staatliche Reglementierungen die Genehmigung von Anlagen mit neuen Technologien. In den Unternehmen fehlt die systematische Förderung innovativer Projekte und kreativer Mitarbeiter. Die öffentliche Hand befindet sich nun schon seit langem in einer finanziellen Misere; von ihr gehen keine Impulse aus; viele öffentlichen Einrichtungen verkommen.

Infrastruktur und Standortbedingungen

Infolge von Bürgerprotesten erfolgte kein weiterer Ausbau des Schienen- und Luftverkehrsnetzes. Das *Kraftfahrzeug bleibt das wichtigste Verkehrsmittel.* Die Autos sind komfortabel, haben elektronische Hilfen, wie z.B. Weganzeigesysteme, Abstandswarneinrichtungen, Notebookanschluß sowie umweltfreundliche Motoren. Der öffentliche Nahverkehr konnte für die Fahrgäste aufgrund der angespannten Finanzlage nicht hinreichend bequem ausgebaut werden. Außerdem hält die hohe Kriminalitätsrate viele Menschen davon ab, diese zu Tageszeiten mit geringem Fahrgastaufkommen zu nutzen.

Das *Telekommunikationsnetz* ist stark ausgebaut worden; die unterschiedlichen neuen Dienste wurden schnell angenommen. Die Konsumenten und die Unternehmen nutzen die neuen Geräte und die vielen begleitenden Dienstleistungen, wie Homebanking oder Teleshopping. Trotz des weiteren Ausbaus des Internets bleibt dessen Funktionsfähigkeit erhalten. Die Unternehmen sind global über eigene Intranets lükkenlos vernetzt.

Das *Beratungswesen* hat sich weiter etablieren können. Die externe Beratung ist allgemein zu einem Bestandteil der Unternehmenspolitik geworden. Der hohe Kostendruck führt zu einer sorgfältigen Auswahl der Beratungsleistungen, wobei überwiegend auf eine individuell zugeschnittene Beratung Wert gelegt wird. Gegenstand der Beratung sind meist EDV, Logistik, Reengineering oder Auslandsmarketing.

Die *Standortqualität* hat stetig abgenommen. Defizite gibt es vor allem im F&E-Bereich. Eine hohe Besteuerung der Unternehmen, hohe Lohnstückkosten und aufwendige Genehmigungsverfahren schrecken ausländische Investoren ab und führen dazu, daß die im internationalen Wettbewerb erfolgreichen deutschen Unternehmen vornehmlich im Ausland investieren.

Mitarbeiterqualifikation

Trotz einer hohen Abiturientenquote sinkt das Interesse am Hochschulstudium, da sich auch ohne Studium gute berufliche Chancen auftun; dies gilt vor allem für technische Studiengänge. So sind Handwerksberufe wieder attraktiver geworden. Das praxisbezogene duale System ist bei der *berufsqualifizierenden Ausbildung* vorherrschend. Großes Interesse gilt ferner den mittleren Ausbildungsgängen; die Berufsakademien haben an Beliebtheit zugenommen.

In der Ausbildung wird großer Wert auf DV-Kenntnisse gelegt, da diese zu einer Schlüsselqualifikation geworden sind. Niveau und Umfang der *DV-Ausbildung* haben aufgeholt; der Abstand zu führenden Ländern ist weitgehend verschwunden. In den Unternehmen wird sehr selbständig mit dem Computer gearbeitet; nur noch komplexe Aufgaben werden DV-Spezialisten übertragen.

In fast allen Unternehmensbereichen wird im Team gearbeitet. Deshalb sind *Sozialfähigkeiten* ein wichtiges Qualifikationsmerkmal; sie werden in allen Unternehmen gezielt geschult.

Auch im Personalbereich müssen Kosten eingespart werden; die *Personalentwicklung* wird stark abgebaut, zumal der Arbeitsmarkt ein großes Angebot an qualifizierten Arbeitskräften bereitstellt. Durch die Einschränkung der Personalentwicklungsfunktion wird auch die *Fortbildung* der Mitarbeiter nicht professionell begleitet. Die Auswahl geeigneter Fortbildungsveranstaltungen wird durch den unüberschaubaren Markt erschwert.

Bürotechnik und Büroausstattung

Moderne Informations- und Kommunikationssysteme haben sich in den Unternehmen weitgehend durchgesetzt. Die Software wurde schneller, leistungsfähiger und benutzerfreundlicher. Externe und interne Datenbanken werden von den Sachbearbeitern und Führungskräften intensiv genutzt. Die *technischen Konferenz- und Schulungseinrichtungen* haben ein hohes technisches Niveau, sind aber relativ wenig verbreitet.

Die *Büroeinrichtung* ist geprägt durch Funktionalität, Ergonomie und Design; dabei verwendet man Materialien, die keine gesundheitsschädlichen Auswirkungen aufweisen. Es besteht ein Wunsch nach Multifunktionalität der Büromöbel und für die Teamarbeit ist gruppenorientierte Raumgestaltung nötig.

In den Unternehmen haben die *Sicherheitseinrichtungen* eine hohe Bedeutung erlangt. Die intensive Nutzung von Informations- und Datensystemen erfordert Schutz gegen Viren und Fremdzugriff; die Sicherheitsgewährleistung in diesem Bereich rückt zunehmend in den Vordergrund. Die hohe Rate an Gewalt und Kriminalität macht Sicherheitseinrichtungen gegen Einbruch, Raub und Überfall nötig. Durch die technischen Verbesserungen bei elektronischen Systemen steigt deren Akzeptanz auch bei kleinen und mittelgroßen Unternehmen.

Veränderungen in den Unternehmensstrukturen

Die *Aufsichtsgremien* versagen als Kontrollorgan. So sind die Aufsichtsräte zum einen überwiegend passiv eingestellt, zum anderen ist die Informationspolitik der Vorstände restriktiv.

Obwohl in den meisten Unternehmen ethische Leitlinien formuliert wurden, bleiben diese ein Lippenbekenntnis, da sich der Spitzenmanager in kritischen wirtschaftlichen Situationen in erster Linie von Existenzsicherungsdenken leiten läßt; ethische Gesichtspunkte treten zurück. Zudem wurde ethisches Handeln weder von den Konsumenten noch von der Öffentlichkeit honoriert.

Die wirtschaftlichen Probleme zwangen zahlreiche Unternehmen dazu, die *Organisationsstrukturen* zu überdenken. Umstrukturierungen wurden punktuell in Teilbereichen vorgenommen, es findet jedoch kein gewollter kontinuierlicher Wandel der Organisationsstrukturen statt, da viele Führungskräfte die Durchsetzung neuer Organisationsstrukturen durch Besitzstandsdenken behindern. Viele Umstrukturierungsprojekte scheitern.

In vielen Unternehmen werden *Cost und Profit Center* gebildet. Es entsteht hoher Koordinierungsaufwand, da das Topmanagement häufig nicht bereit ist, Entscheidungsbefugnisse an die Leiter der Cost und Profit Center abzugeben.

Das *Projektmanagement* ist weit verbreitet und wird professionell durchgeführt. Probleme des Projektmanagements wurden durch Lernen aus Erfahrung abgebaut; so können komplexe und umfangreiche Problemstellungen effizient bearbeitet werden. Die Entlastung der Linien-Führungskräfte durch das Projektmanagement führt zu einer Abflachung der Hierarchien.

Die technischen Möglichkeiten sind soweit ausgereift, daß *Telearbeit* einfach zu praktizieren ist. Sie gewinnt an Bedeutung für Führungskräfte, die sich auf Geschäftsreisen oder am Wochenende in das Firmennetz einwählen wollen, sowie für Mitarbeiter des Außendiensts, die Daten aus dem Unternehmensnetz abrufen, um Angebote schnellstens vor Ort abgeben zu können. In Form der Heimarbeit kann sich die Telearbeit nicht durchsetzen, da die negativen Begleiterscheinungen, wie Störung durch die Familie, Vereinsamung oder Alkoholismus, schwer wiegen und die wenig flexiblen Organisationsstrukturen die Einbindung von Heimarbeit behindern.

In der schwierigen wirtschaftlichen Situation konnten die Unternehmen längere Betriebszeiten durchsetzen, die die Amortisation von teueren Investitionen verbessern. In den Unternehmen überwiegt das Modell der Schichtarbeit; auch die Gewerkschaften halten an diesem Modell fest. Bei der individuellen Lohnfindung werden hauptsächlich variable *Vergütungssysteme* eingesetzt, die an der Leistung des einzelnen Mitarbeiters ansetzen.

3.1.2 Die Arbeits- und Lebenssituation des Spitzenmanagers

Einstieg über Beratung und Auslandseinsatz

Der Spitzenmanager studierte BWL. Während des Studiums absolvierte er ein AIESEC-Praktikum in Spanien. Nach dem Studium promovierte er über ein Thema des Controllings in Krisensituationen von Unternehmen. Die Promotion war mit einem zweijährigen DAAD-Stipendium in USA verbunden. Nach Abschluß der Promotion trat er im Alter von 28 Jahren in ein angesehenes großes Beratungsunternehmen ein.

Aufgrund der rezessiven Wirtschaftslage und struktureller Veränderungen ist die Nachfrage nach Beratungsleistungen unvermindert hoch. Wichtige Beratungsaufgaben sind dabei die Analyse und Neugestaltung von Prozeß- und Kostenstrukturen sowie die Erarbeitung von weltumspannenden Logistikkonzepten und die Personalberatung. Der Spitzenmanager hat hier wichtige Erfahrungen in verschiedensten Branchen gesammelt und seine im Studium angelegte generalistische Ausrichtung fortgesetzt. Zudem hat er zahlreiche Kontakte geknüpft, die er auf seinem Karriereweg zu nutzen weiß.

Nach sechsjähriger Beratertätigkeit hat er ein Angebot eines Unternehmens angenommen, das ihm gute berufliche Entwicklungschancen bot. Ein weiteres wichtiges Kriterium für seinen Wechsel war das hohe Maß an Gestaltungsmöglichkeiten, das ihm in Aussicht gestellt wurde; das Image des Unternehmens spielte bei dieser Entscheidung eine untergeordnete Rolle. Zum Unternehmensverbund gehörten Unternehmen in Europa mit Niederlassungen in Indonesien, Indien, Brasilien und USA. Dies reizte ihn besonders; er sah darin gute Möglichkeiten für einen Managementaufstieg und die Chance, im Ausland tätig zu werden. Zunächst arbeitete er in Projekten mit und übernahm bald die Projektleitung größerer Organisations- und Logistikprojekte. Dann wurde ihm die Leitung eines zugekauften kleinen Unternehmens in Mexiko übertragen. Nach drei Jahren erfolgreicher Aufbauarbeit kehrte er ins Stammhaus zurück und wurde Leiter des Controllings einer Sparte.

Nach vier Jahren in dieser Position wechselte er in die Geschäftsleitung eines anderen Unternehmens, das vor allem wegen seiner Kostenstrukturen in Schwierigkeiten geraten war. Diese neue Aufgabe war für ihn eine interessante Herausforderung, der er sich mit dem gesamten Fundus seines Wissens und seiner breiten beruflichen Erfahrung widmete. Er schaffte in zwei Jahren den Turnaround und sanierte das Unternehmen sehr erfolgreich. Nach sechs Jahren nahm er das Angebot eines Konzerns, ein Vorstandsressort zu übernehmen, an. In diesem Konsumgüterkonzern wurde er nach sieben Jahren zum Sprecher des Vorstands berufen.

Für sein Privatleben ergaben sich aus den vielen Wohnortwechseln kaum Probleme; er ist entgegen dem allgemeinen Trend nicht verheiratet. Seine Lebenspartnerin, die eine anspruchsvolle berufliche Tätigkeit in der Modebranche ausübt, hat für einen Ortwechsel Verständnis und toleriert, daß er, wie sie selbst auch, die Karriere in den Vordergrund stellt. Selbst der Wechsel ins Ausland bedeutete für die persönliche Beziehung keine besondere Belastung.

Strategische Ausrichtung in einem schwierigen Umfeld

Die operative Leitung des Unternehmens hat der Spitzenmanager an Führungskräfte der zweiten Hierarchieebene delegiert. Dieser Schritt wird unter anderem durch die Einrichtung von Cost- und Profit-Center sowie starken Projektmanagern untermauert. So gewinnt er Zeit für die strategische Ausrichtung des Unternehmens, die Formulierung von Unternehmenszielen und den Aufbau und die Pflege von Kontakten in den konkurrierenden Wirtschaftsräumen Nordamerika und Asien. Im Hinblick auf die rasanten technologischen Entwicklungen und die weltweiten Verflechtungen ist es wichtig, genau zu beobachten, was sich in diesen Regionen tut. Man muß in diesen Wirtschaftsräumen mit gewichtigen Geschäftsaktivitäten präsent sein.

Sorgfältig beobachtet und analysiert der Spitzenmanager Veränderungen in der Unternehmenslandschaft und auf den Märkten. Vor allem behält er die Umstrukturierungen und Umschichtungen anderer Konzerne im Auge, da er in diesem Spiel selbst aktiv mitmischt. Seine Philosophie geht dahin, durch Übernahmen kleinerer Unternehmen oder von Unternehmensteilen anderer Konzerne, schlagkräftige, weltweit präsente Einheiten zu bilden, die in ihren Märkten aussichtsreiche Follower-Positionen einnehmen. Mit dieser Politik war er bisher sehr erfolgreich, sie hat wesentlich zur Steigerung des Gesamtwerts des Unternehmens beigetragen.

Ein schwieriges Aufgabenfeld für den Spitzenmanager ist die Öffentlichkeitsarbeit. Die Unternehmen und die Manager haben einen schweren Stand in der Öffentlichkeit. Er meidet daher den Kontakt zu den Medien und überläßt es der PR-Abteilung, der Öffentlichkeit die notwendigen Informationen zukommen zu lassen. Ebenso schwierig ist für ihn die Zusammenarbeit mit Politikern und Behörden. Die vielfältigen staatlichen Reglementierungen bei Investitions- und Produktentscheidungen engen die Entscheidungsspielräume ein und machen zudem langwierige, zeitraubende Eingaben und Verhandlungen nötig. Es handelt sich vor allem um Umweltschutz-Auflagen; aber auch die Auflagen bezüglich Arbeitssicherheit und Gesundheitsschutz werden immer vielfältiger. Sonderbeauftragte und Task Forces setzen sich permanent mit diesen Fragen auseinander. Der Spitzenmanager befaßt sich wenig mit diesem Geflecht von Bestimmungen; er weiß allerdings, daß er im Falle eines größeren Schadenfalls auch persönlich zur Rechenschaft gezogen werden kann. Er ärgert sich immer wieder über den hohen Aufwand, der in diesem Bereich zu treiben ist, und tröstet sich damit, daß inzwischen der größte Teil des operativen Geschäfts ins Ausland verlagert wurde, wo die Restriktionen zwar auch zunehmen, aber noch längst nicht das Ausmaß wie in Deutschland erreicht haben.

Aufgrund der schwierigen gesamtwirtschaftlichen Lage und der kritisch eingestellten Öffentlichkeit hat der Spitzenmanager mit ungünstigen Standortbedingungen in Deutschland zu kämpfen. Dazu tragen auch die Gewerkschaften mit Forderungen nach höheren Löhnen, neuen Sozialleistungen und umfangreichen Arbeitsplatzgarantien bei. Zudem soll er ethische Aspekte beachten, um dem Anspruch der Öffentlichkeit gerecht zu werden. Es werden daher Produktionsaktivitäten ins Ausland verlagert, in allen Wirtschaftsräumen der Welt Niederlassungen gegründet und Kooperationen aufgebaut. Das Unternehmen stellt ein weltweites Netzwerk dar, das mit den Mitteln der Informationstechnologien voll funktionsfähig zusammenwirkt. Ununterbrochen wird in irgendeinem Teil der Welt gearbeitet; die Kommunikation leidet nicht darunter, da die Informationen gespeichert (e-Mail, Voice-Mail) und konzentriert abgearbeitet werden können.

Forschung und Entwicklung für neue Technologien hat der Spitzenmanager deutlich reduziert. Der Aufwand für F&E wurde immer höher, weil das Unternehmen versuchte, in allen relevanten technologischen Feldern an vorderster Front zu stehen. Dennoch schlug sich diese Politik nicht im erwarteten Maße in Innovationserfolgen nieder. Der Spitzenmanager setzte sich schließlich damit durch, das Unternehmen aus diesem „F&E-Krieg" herauszuführen und statt dessen die Politik eines weltweit orientierten agilen Followers zu betreiben. Das Unternehmen konzentriert sich nun darauf, bereits bestehende Technologien aus dem Ausland zu übernehmen, diese anzupassen und zu verbessern.

Die gesamten Rahmenbedingungen und das Geschäftsumfeld sind so komplex und unübersichtlich geworden und unterliegen so schnellen Veränderungen, daß es immer schwieriger wird, die Risiken abzuschätzen und eine überschaubare Entscheidungssituation zu schaffen. Der Spitzenmanager kann sich zwar auf einen Stab gut ausgebildeter Mitarbeiter stützen, die letzten Entscheidungen und vor allem die Verantwortung dieser Entscheidungen obliegen jedoch ihm allein. Dies empfindet er als eine erhebliche Verantwortung, die er allein zu tragen hat.

Durchgeplanter Arbeitsablauf bei voller Nutzung der Kommunikationstechnologien

Der Spitzenmanager hört bereits morgens im Auto während der Fahrt ins Unternehmen wichtige Informationen aus Politik und Wirtschaft ab. Diese Informationen werden von einem Informationsdienst nach den Interessensgebieten und Kriterien des Unternehmens ausgewählt. Das System ist weltweit angelegt. Bei Bedarf können zu den einzelnen Meldungen weitergehende Informationspakete abgerufen werden. Anschließend läßt er sich über sein Handy wichtige aktuelle Daten des Unternehmens durchgeben.

Da der Spitzenmanager viel mit dem Auto unterwegs ist und häufig Verzögerungen durch Staus auftreten, ist er sehr darauf bedacht, alle Kommunikationsformen vom Auto aus wahrzunehmen. Er fährt meistens selbst und benötigt daher Systeme mit Sprachein- und -ausgabe und einen speziellen großflächigen Display neben dem Armaturenfeld des PKWs. Im Auto kann er nur über sein Sekretariat erreicht werden.

Die in seinem Sekretariat eingehenden Informationen werden von einem Assistenten vorselektiert und gebündelt. Teilweise werden Anfragen vom Assistenten oder der Sekretärin bereits beantwortet oder es werden Zwischenbescheide gegeben. (So wird z.B. mitgeteilt, daß der Spitzenmanager auf Reisen ist und sich erst nach Rückkehr einer Sache annehmen kann.) Assistent und Sekretärin arbeiten bei dieser Aufgabe eng zusammen.

Der Spitzenmanager arbeitet die ihm vorgelegten Anfragen und Vorgänge konzentriert ab. Er bevorzugt dabei e-Mail. Auf seine Initiative geht daher auch eine Richtlinie über die Kommunikation mit e-Mail zurück, die alle Mitarbeiter verpflichtet, die e-Mail-Eingänge anzusehen. Im Falle der Abwesenheit eines Mitarbeiters muß geregelt sein, wer die Information entgegennimmt und mindestens mitteilt, daß der Adressat nicht erreichbar ist. Videokonferenzen setzt der Spitzenmanager selten an. Die Gespräche sind aufwendiger, dauern länger und sind ihm auch zu persönlich und direkt.

Der Arbeitstag des Spitzenmanagers ist durchgeplant. Meist geht er von einer Besprechung in die andere. Hierbei bevorzugt er kleine Gesprächsrunden mit drei bis vier Mitarbeitern, die meistens in seinem Büro stattfinden. Mit solchen Gruppen kann er effizient arbeiten und in kurzer Zeit tief in die Materie eindringen. Sitzungen in großer Runde beruft er selten ein; er hält sie für wenig effizient.

Auch die längeren Arbeitsbesprechungen schließt er zügig ab und wendet sich anschließend unmittelbar dem nächsten Termin oder der nächsten Aufgabe zu. Bei dieser Gelegenheit werden nur wenige persönliche Worte gewechselt, die über den geschäftlichen Bereich hinausgehen.

Termine werden von der Sekretärin mit Hilfe des Terminplanungsmoduls abgestimmt; die Terminkoordination ist heute gegenüber früher sehr viel einfacher geworden. Der Spitzenmanager legt allerdings Wert darauf, daß keine Termine ohne seine Zustimmung zugesagt werden. Er möchte selbst die Prioritäten setzen. Wenn Mitarbeiter mit dem Spitzenmanager ein Einzelgespräch führen wollen, so müssen sie meistens einige Tage oder gar Wochen warten. Oft ruft der Spitzenmanager auch zurück und versucht den Besprechungspunkt telefonisch zu erledigen.

Der Spitzenmanager versucht, möglichst viele Termine im eigenen Hause wahrzunehmen. Gespräche mit Kunden oder anderen externen Personen führt er gerne im Rahmen eines Geschäftsessens durch oder verlegt sie möglichst auf den späten Nachmittag. Er ist bemüht, ein guter Gastgeber zu sein.

Mit seinem Assistenzpersonal ist es ihm recht gut gelungen, die Hektik aus dem Tagesablauf herauszunehmen. Nur wenn Ereignisse von außen an ihn herangetragen werden und eine schnelle Reaktion erfordern, gerät der geplante Ablauf durcheinander. Er mag diese Situation nicht und ist dann schlecht gelaunt. Die Mitarbeiter wissen das und tun stets ihr Bestes, damit solche Situationen nicht auftreten.

In Deutschland und ins nahe Ausland reist er gerne mit dem Auto, da es sehr gut ausgestattet ist. Er haßt die Warterei auf Flughäfen oder auf Bahnhöfen. Gelegentlich läßt er sich von einem Fahrer aus dem Pool des Unternehmens chauffieren; diesen Service nimmt er vor allem dann in Anspruch, wenn er Termine in Großstädten hat und mühsam ein Parkplatz gefunden werden muß. Für die Auslandsreisen hätte er gerne einen firmeneigenen Jet; diese Investition kann er aber nicht vertreten; sie rechnet sich wirklich nicht.

Der Spitzenmanager pflegt viele internationale Kontakte. Er nutzt zwar alle Möglichkeiten der modernen Telekommunikation, dies reicht aber nicht aus. Es müssen auch persönliche Gespräche im Ausland geführt werden. Er reist gerne ins Ausland, weil ihn diese Reisen aus der Routine herausführen und regelmäßig neue Einsichten und Anregungen bringen. Dabei kommen ihm seine Sprachkenntnisse (englisch, spanisch) und viele Bekannte zugute, die z.T. noch auf die Studienzeit zurückgehen. Er weiß sich in internationalen Arenen zu bewegen.

Der Spitzenmanager kennt keine Trennung zwischen Berufs- und Privatsphäre. Er arbeitet mit unterschiedlicher Intensität während des ganzen Tages. Die Wochenenden nutzt er regelmäßig dazu, Arbeiten zu erledigen, die längere zusammenhängende Zeit in Anspruch nehmen, da dies bei seinem durchgeplanten Arbeitstag während der Woche kaum möglich ist. Er nimmt sich auch Berichte und Lesestoff mit nach Hause, die er nur hier in Ruhe durcharbeiten kann.

Rundum Unterstützung durch qualifizierte Assistenten

Die Büroräume des Spitzenmanagers sind repräsentativ gestaltet. Im Vordergrund stehen Funktionalität und die Integration moderner Informationstechniken und Kommunikationsmedien sowie Hilfsmittel für die Kleingruppenarbeit (eine elektronische Schreibtafel sowie ein Datenprojektionsgerät). Durch die sichtbare Präsenz von Technik will er durchaus ein Zeichen setzen.

Zur technischen Ausstattung der Büroräume gehören neben einer Telefonanlage ein leistungsfähiger PC, der der Informationsverarbeitung und vor allem aber der Kommunikation dient. Die für ihn wichtigen Funktionen führt er am PC selbst aus. Er kennt sich auch mit einigen wenigen Anwendungsprogrammen aus, zum einen weil er den direkten Zugriff auf Daten und Prozesse nicht aufgeben möchte, zum anderen kommt er immer wieder in Situationen, in denen er spontan nicht auf Zuarbeiter zurückgreifen kann (am Wochenende, auf Reisen). Tätigkeiten zur Informationsverarbeitung wie das Anfertigen von Präsentationsunterlagen oder das Erstellen von Analysen werden von seinem Assistenzpersonal erledigt. Durch die umfassende Vernetzung kommt es intern kaum noch zu einem Austausch von Informationen auf Papier.

Entsprechend den umfangreichen und vielfältigen Aufgaben des Spitzenmanagers hat auch sein Sekretariat eine Fülle von Aufgaben zu bewältigen. Der Spitzenmanager stellt dabei hohe Ansprüche an die Qualifikation seiner Sekretärinnen. Neben klassischen Tätigkeiten verlangt er auch neue Aufgaben, z.B. Kommunikationsmanagement und Pflege vertraulicher Daten. Während seiner Anwesenheit ist sein Sekretariat von morgens 8.00 Uhr bis abend 19.00 Uhr besetzt, so daß er immer auf Unterstützung zurückgreifen kann. Die Sekretärinnen arbeiten im Zwei-Schicht-Betrieb. Ihre Anwesenheitszeiten stimmen sie untereinander ab; sie überlappen teilweise. Der Spitzenmanager kommt an einem normalen Arbeitstag gegen 9.00 Uhr ins Büro. Sekretärin und Assitent sind schon anwesend und haben bereits Aufgaben vom Vortrag erledigt und eingegangene Informationen aufbereitet.

Aufgrund der allgemein hohen Kriminalität in der Gesellschaft muß der Spitzenmanager großen Wert auf seinen persönlichen Schutz legen; von Zeit zu Zeit konsultiert er einen Sicherheitsberater. Daher sind spontane Kontakte mit Kunden, der Öffentlichkeit aber auch mit Mitarbeitern der unteren Ebenen kaum möglich, da er gegenüber allen nicht geplanten Kontakten weitgehend abgeschirmt wird. Auch dies trägt zu persönlicher Isolierung und Kontaktarmut bei.

Ein pseudo-partizipatives Führungsverständnis und Distanz zu den Mitarbeitern

Das Führungsverständnis des Spitzenmanagers ist von der kritischen Auseinandersetzung mit seinen Mitarbeitern und deren Einstellungen geprägt, die sich teilweise deutlich von seinen Auffassungen unterscheiden. Viele Mitarbeiter identifizieren sich weniger mit ihrer beruflichen Tätigkeit als er und legen großen Wert auf ein intensives Freizeitleben; familiäre Bindungen haben bei vielen Menschen einen hohen Stellenwert, während Familie in seinem eigenen Leben keinen Platz hat.

Der Spitzenmanager praktiziert weitgehend einen partizipativ orientierten Führungsstil. Er nimmt die Meinungen und Anregungen der kompetenten Mitarbeiter auf und bezieht sie in seine Entscheidungen ein. Die jüngeren Führungskräfte möchten nicht nur über alle wichtigen Vorgänge informiert werden, sondern sie wollen sich auch einbringen. Für sie ist es wichtig, daß ihre Ideen und Anregungen bei den strategischen Überlegungen und Entscheidungen der Unternehmensleitung Beachtung finden. So erwarten sie, daß der Spitzenmanager Hintergrundinformationen gibt und Fragen beantwortet. Er tut dies auch, weil er weiß, daß die Führungskräfte Wert darauf legen. Allerdings darf dieses „Geplänkel" nicht zu lange dauern; er wird dann ungeduldig und wendet sich dem Kern der Besprechung zu. Gelegentlich folgt er auch der Mehrheitsmeinung seiner Mitarbeiter, selbst wenn er anderer Ansicht ist. Er weiß jedoch sehr wohl situativ zu differenzieren und trifft auch Entscheidungen allein, wenn ihm kontroverse Diskussionen zu ineffektiv erscheinen und ihm die Sache wichtig ist. Seine Mitarbeiter müssen dies akzeptieren. Dazu gibt er im nachhinein keine ausführliche Begründungen ab. Seine Mitarbeiter bezeichnen daher seinen Führungsstil als pseudo-partizipativ.

Sein Führungsverhalten ist nicht durch echte Kooperation im Sinne einer partnerschaftlichen und ausgesprochen teamorientierten Beziehungsgestaltung mit seinen Mitarbeitern geprägt. Zwar ist er davon überzeugt, daß die Berücksichtigung verschiedener Meinungen tendenziell zu besseren Entscheidungen führt und den hohen Erwartungen der Mitarbeiter an ihre Arbeit und an ihren Vorgesetzten entspricht. Er sieht sich selbst aber in erster Linie in der Verantwortung für das Unternehmen.

Sein Denken kreist hauptsächlich um die finanzielle Struktur des Unternehmens. Sein wichtigstes Anliegen ist es, in einer wirtschaftlich schwierigen Zeit durch Finanztransaktionen, Umstrukturierungen, Unternehmenskäufe und Budgetsetzungen die finanzielle Basis des Unternehmens zu sichern und auszubauen. Er scheut sich im Zusammenhang mit Rationalisierungsmaßnahmen auch nicht vor Entlassungen größeren Umfangs, was ihn in Konflikt mit den einflußreichen Gewerkschaften bringt.

Der Umgang mit den Mitarbeitern ist durch eine distanziert-oberflächliche Höflichkeit geprägt. Der Spitzenmanager vermeidet enge persönliche Kontakte; er will sich damit nicht belasten. Die Position des Unternehmens im Wettbewerb und die Erfüllung seiner eigenen Vorstellungen und Ziele stehen für ihn stets im Vordergrund. Er verkörpert das Bild eines leistungsorientierten Managers, der sich voll und ganz für die Belange des Unternehmens einsetzt. Er will auch den Mitarbeitern gegenüber so erscheinen und erwartet davon Vorbildeffekte.

Seine Funktion verlangt vom Spitzenmanager ein korrektes äußeres Erscheinungsbild. Somit legt er großen Wert auf gute Kleidung und ein ansprechendes Äußeres.

Hoher Leistungsanspruch führt zu starken Belastungen

Der Spitzenmanager hebt sich durch seine stark leistungsorientierte Arbeitshaltung, die Grundlage seiner Lebensauffassung ist, deutlich von anderen Mitarbeitern ab. Im Zuge eines allgemeinen Wertewandels in der Gesellschaft sind viele Mitarbeiter nicht dazu bereit, beruflichen Aspekten eine höhere Priorität als privaten und besonders familiären Interessen einzuräumen. Dies äußert sich beispielsweise bei der Urlaubsplanung, bei der die meisten Mitarbeiter Rücksicht auf Familienmitglieder, insbesondere auf die berufstätige Frau, nehmen. Der Spitzenmanager hat dafür wenig Verständnis. Aufgrund seiner wenigen privaten Verpflichtungen hat er selbst kaum Koordinationsprobleme. Diese Haltung vergrößert die Kluft zwischen ihm und den Mitarbeitern.

Der zentrale Antrieb für den Spitzenmanager ist der Drang nach Erfolg. Er sucht die Herausforderung einer anspruchsvollen beruflichen Tätigkeit, bei der er Ideen verwirklichen und etwas bewegen kann. Er empfindet große innere Befriedigung, wenn ein von ihm geplantes Projekt in seinem Sinne gelungen ist, z.B. bei Unternehmensübernahmen oder Kooperationsarrangements. Kann er trotz der sehr ungünstigen wirtschaftlichen Rahmenbedingungen (Rezession, hohe Arbeitslosigkeit, umfangreiche Restriktionen durch Gesetze und Auflagen, starke Gewerkschaften etc.) gute finanzielle Ergebnisse seines Unternehmens präsentieren, so genießt er dies als persönlichen Triumph. Persönliche finanzielle Ambitionen stehen dabei im Hintergrund, allerdings weiß er, was man in seiner Position verdient und verlangt für sich das gleiche wie andere Spitzenmanager oder – entsprechend seiner Leistung – eher mehr.

Insgesamt spürt der Spitzenmanager bei seiner Arbeit einen hohen Grad an Zufriedenheit. Er betrachtet seine Leistung durchaus auch als Beitrag für die Gesellschaft, indem er gesunde wirtschaftliche Verhältnisse schafft. Diesbezüglich fühlt er sich vielfach verkannt.

Als belastend empfindet er den starken äußeren Druck, der von den gesellschaftlichen, politischen und wirtschaftlichen Rahmenbedingungen auf das Unternehmen als Ganzes und damit auch auf ihn persönlich ausgeht. Er akzeptiert dies jedoch als ein gegebenes Umfeld, auf das er nur sehr begrenzt Einfluß nehmen kann. Es spornt ihn an, unter diesen ungünstigen Rahmenbedingungen große Erfolge zu erzielen. Sein En-

gagement erstreckt sich bis an die Grenzen seiner Leistungsfähigkeit und er scheut sich nicht, bei Entscheidungen auch bis an die Grenzen der Legalität zu gehen.

Das Engagement in Verbänden, Parteien, Vereinen und sozialen Einrichtungen hält der Spitzenmanager auf einem absoluten Minimum. Tätigkeiten in solchen Gremien und Institutionen erachtet er als verlorene Zeit. Dabei bedingen sich seine ablehnende Haltung gegenüber derartigen Aktivitäten und die schlechte Meinung über Spitzenmanager in der Öffentlichkeit gegenseitig. Das Hauptkriterium für Tätigkeiten außerhalb des Unternehmens stellt für ihn der Nutzen für seine Funktion bzw. für das eigene Unternehmen dar. Er nimmt daher nur Funktionen in Beiräten und Aufsichtsräten wahr, da er hier bestehende Beziehungen pflegen und neue geschäftliche Kontakte knüpfen kann.

In Zeiten der Besinnung beschleicht ihn zunehmend öfter ein Gefühl von persönlicher Vereinsamung. Dazu tragen neben der bewußt distanzierten Haltung zu seinen Mitarbeitern auch die hohe Arbeitsbelastung und die häufige Abwesenheit vom Wohnort bei. Er versucht daher, seine persönlichen Probleme im Rahmen von Coaching zu bewältigen. Da er im Unternehmen keinen Ansprechpartner hat, dem er sich anvertrauen kann, nimmt ein befreundeter psychologisch ausgebildeter Berater diese Funktion wahr. Seine Lebenspartnerin kommt für ihn für Gespräche über seine persönliche Situation kaum in Betracht, da er die knappe gemeinsame Zeit nicht belasten und keine Schwächen zeigen möchte. Wenn die berufliche Beanspruchung besonders hoch ist, nimmt der Spitzenmanager gelegentlich auch Aufputschmittel, die gesundheitlich unbedenklich sein sollen.

Fremdorganisierte Privatsphäre bei exklusiver Abgeschiedenheit

Die hohe Arbeitsbelastung des Spitzenmanagers und vor allem die große Arbeitsintensität bringen es mit sich, daß er sich um die Gestaltung seiner Privatsphäre und die Planung von Freizeitaktivitäten nur sehr wenig Gedanken macht. Seine Lebenspartnerin sieht er meistens dann, wenn er sich aus geschäftlichen Gründen in der Nähe ihres Aufenthaltsortes befindet. Eine Anreise eigens für ein Treffen kommt für ihn kaum in Betracht. Allerdings unternimmt er mit ihr öfters einen Kurzurlaub.

Wenn er es irgendwie einrichten kann, joggt er zweimal in der Woche auf dem Gelände seiner Wohnanlage. Bei schlechtem Wetter macht er gelegentliche Fitneßtrainings im Kraftraum. Am Wochenende spielt er gerne Tennis – sofern sich kurzfristig ein Partner findet. Golf mag er nicht; das Spiel selbst und das ganze Drumherum nehmen zu viel Zeit in Anspruch.

Besuche von Konzerten, Theater- oder Sportveranstaltungen werden überwiegend von seinem Sekretariat arrangiert. Dabei handelt es sich jedoch meistens um Veranstaltungen, die er mit Geschäftspartnern besucht, oder bei denen sein Erscheinen für nötig erachtet wird.

Bei der gesamten außerberuflichen Lebensgestaltung muß er immer auf seine persönliche Sicherheit Rücksicht nehmen. Die häufigen Anschläge extremistischer Gruppen auf Manager und Politiker machen es notwendig, die persönliche Sicherheit stets im Auge zu behalten. Dadurch wird sein Gestaltungsspielraum in Bezug auf Freizeitaktivitäten weiter eingeschränkt.

Der Spitzenmanager wohnt in einem gut abgesicherten Gebäudekomplex in einer noblen Wohngehend innerhalb der Stadt. Er hat einen kurzen Anfahrtsweg zu seinem Büro. In seinem Luxusappartment ist ein Bürobereich integriert, der mit modernen Kommunikationsmitteln ausgestattet ist. Zusätzlich bietet ihm die Wohnanlage, in der schon aufgrund der hohen Kosten nur gut situierte Familien oder Singles wohnen, Sport- und Konferenzmöglichkeiten. Er fühlt sich in den kurzen Zeiten, die er dort verbringt, sehr wohl, da er sich entweder völlig abschirmen oder aber bei der Nutzung der Sport- und Gastronomieeinrichtungen Kontakte pflegen kann; sie führen jedoch nicht zu intensiven Freundschaften.

Einmal im Jahr plant er einen Urlaub von zwei Wochen; bevorzugte Reiseziele sind außergewöhnliche Gebiete wie die Antarktis oder Wüstenregionen oder er bucht einen aufregenden Segelturn. Hier kann er seine nach Extremen ausgerichtete Lebensauffassung ausleben. Zwischendurch zieht er sich mal für eine Woche in ein abgelegenes Sporthotel zurück, um neu aufzutanken. Oft begleitet ihn dabei seine Lebensgefährtin. Gelegentlich geht er auch andere Beziehungen ein, die aber nur kurze Zeit dauern und ohne weitere Verpflichtungen bleiben.

3.2 Der Spitzenmanager – ein gespaltener Visionär[2]

Wenden wir uns nun dem zweiten Zukunftsbild des Spitzenmanagers zu. Aufgrund einer anderen Konstellation der Einflußfaktoren im Jahr 2007 zeigt es deutliche Unterschiede zu dem vorangehenden Bild.

---

2 Die Einflußfaktoren (Deskriptoren) auf dieses Zukunftsbild sind im Anhang im Abschn. 6.2 tabellarisch zusammengestellt.

3.2.1. Das Umfeld des Spitzenmanagers

Gesellschaftliche Strömungen

In der Gesellschaft wird *Technik* und Umweltbelastung nicht mehr generell als Widerspruch aufgefaßt; dazu hat auch beigetragen, daß keine größeren Katastrophen durch Technikversagen aufgetreten sind. Außerdem hat man eingesehen, daß Technik auch im Bereich der Ökologie unverzichtbar ist; vor allem können durch elektronische Steuerungen und EDV-Konzepte Umweltbelastungen reduziert werden. Auch wenn man die günstige wirtschaftliche Situation zum Teil den technologischen Innovationen zugute schreibt, hat sich keine blinde Technikgläubigkeit breit gemacht. Zwar ist die Einstellung zur Technik positiv, aber es muß darauf geachtet werden, daß durch ihren Einsatz keine schädlichen Auswirkungen für die Gesellschaft entstehen.

Die Freizeit ist inzwischen ebenso wichtig wie der Beruf. Außergewöhnliche Freizeiterlebnisse oder ungewöhnliche Hobbies schaffen ein positives Image. Aber auch der interessante Beruf mit hohen Anteilen kreativer Gestaltungsmöglichkeiten und Freiräumen genießt hohe Anerkennung. Die Identifikation mit der Arbeit nimmt dagegen dann ab, wenn überwiegend fremdbestimmte Tätigkeiten auszuführen sind. Die Eigenverantwortung, die dem mittleren Management und den Mitarbeitern übertragen wird, emanzipiert sie. Sie bringen eigene Ideen für ihr Arbeitsgebiet sowie für die Arbeitsplatzgestaltung ein. Unternehmen, die diesen Trend nicht berücksichtigen, haben Probleme, qualifizierte Mitarbeiter einzustellen.

In der *Freizeit* werden spektakuläre Erlebnisse gesucht – im Urlaub oft in der Gruppe, unter der Woche eher individuell. Da man es im Beruf gewohnt ist, selbständig zu handeln, wird die Freizeitgestaltung entweder auch eigenverantwortlich übernommen, oder man sucht aus dem großen Freizeitangebot etwas aus und überläßt die weitere Gestaltung den professionellen Freizeitdienstleistern. Dabei werden hohe Ansprüche gestellt.

Sowohl in der Gesellschaft wie auch im Beruf emanzipieren sich die Frauen. Der *Anteil arbeitender Frauen* ist hoch (48 %) und auch die Zahl der Frauen in Führungspositionen steigt, wenn auch langsam. Der hohe Stellenwert von *Familie und Kindern* führt zu staatlichen Unterstützungen; familienfreundliche Regelungen setzen sich in den meisten Unternehmen durch, so daß sich die gleichzeitige Berufstätigkeit beider Ehepartner recht gut verwirklichen läßt. Dazu tragen z.B. flexible Arbeitszeiten, Heimarbeitsplätze, Wiedereingliederungskonzepte nach der „Familienpause", steuerliche Vergünstigungen sowie erhöhtes Kindergeld bei. Ferner gibt es staatliche Zuschlüsse für betriebliche Babyhorts und Kindergärten.

Manager genießen ein hohes Ansehen als Organisatoren und Sachverständige. Ihr Handeln ist glaubwürdig, da viele von ihnen Unternehmensethik vorleben. Die sozialen Aktivitäten der Unternehmen erzeugen ein positives Echo und so fällt es den Spitzenmanagern leicht, in der Öffentlichkeit aufzutreten. Die Medien halten den Dialog zwischen Staat, Wirtschaft und den Interessen der Menschen in Gang. Dabei versucht man offen miteinander umzugehen und die gegenseitigen Interessen abzuwägen.

Die stabile wirtschaftliche Lage bewirkt, daß *Gewalt und Kriminalität* nicht weiter zunehmen. Die Zuwanderungsbeschränkung wird in der Bevölkerung positiv aufgenommen. Die rechtsstaatlichen Ordungsprinzipien sind intakt und wirksam und die konstruktive Zusammenarbeit auf europäischer Basis – so wurde z.B. Europol institutionalisiert – hat zu einer Eindämmung der Kriminalität geführt. Auch terroristische Aktivitäten sind zurückgegangen.

Das politische Umfeld

Die *weltpolitische Lage* ist relativ stabil. Der Einfluß der internationalen Organisationen ist stärker geworden. Nach dem Ende des Ost-West-Konflikts ist eine zunehmende Regionalisierung der Welt zu beobachten. Dabei gewinnen China und andere asiatische Länder an politischer Bedeutung. Gefahren bergen der Nord-Süd-Konflikt, die Verbreitung von Atomwaffen und der islamische Fundamentalismus. Es gelingt den internationalen Organisationen (UNO, OSZE, NATO), die immer wieder entstehenden regionalen Konflikte in Osteuropa, in Asien und in Afrika zu begrenzen und einzudämmen.

In der *EU* wurde durch die erfolgreiche Währungsunion von sechs Kernländern der Weg zu einer wirtschaftlichen und politischen Union geebnet. Diese Entwicklung wurde maßgeblich durch die positiven Erfahrungen mit dem Binnenmarkt gefördert. Die Stabilität innerhalb der Union wird durch ein Wechselkurssystem garantiert, das es immer mehr Randländern erlaubt, in die Währungsunion einzutreten. Polen, Tschechien und Ungarn wurden in die EU aufgenommen; für sie gelten jedoch eine Reihe von Sonderregelungen.

Der *Einfluß des Staates auf die Unternehmen* nimmt langsam ab. Reglementierungen erfolgen hauptsächlich im Rahmen der grundlegenden ordnungspolitischen Funktionen. Deregulierungsmaßnahmen zeigen vor allem im Transport-, Telekommunikations- und Energieversorgungsmarkt positive Wirkungen. In diesen Märkten herrscht lebhafter Wettbewerb, von dem die Verbraucher durch niedrige Preise und permanent neue Angebote profitieren.

Das Anliegen der Ökologie und Ressourcenschonung wurde von breiten Bevölkerungschichten verstanden und akzeptiert; es prägt durchaus das Verhalten der Menschen. Somit werden viele strikte und differenzierte staatliche Reglementierungen überflüssig. Umweltschutz wird auch als internationales Problem anerkannt und etablierte Organisationen, wie z.B. Greenpeace, sind an internationalen Gesprächsrunden und Projekten beteiligt. Diese ökologischen Organisationen auf nationaler und internationaler Ebene gelten als ehrliche und kompetente Sachverwalter übergeordneter Interessen. Sie nehmen einen festen Platz im Wertesystem der Gesellschaft ein.

Der Einfluß der Gewerkschaften hat abgenommen. Es ist ihnen nicht gelungen, in nennenswertem Umfang in den Dienstleistungssegmenten Fuß zu fassen, in denen sich das wirtschaftliche Wachstum wesentlich vollzieht. Das Einkommen hat sich wieder recht gut entwickelt. Vielen Unternehmen ist die Mitarbeiterführung ein wesentliches Anliegen; den Mitarbeitern werden verantwortungsvolle Arbeiten übertragen und ihre Wünsche werden beachtet. Die emanzipierten Mitarbeiter können mit den Parolen und Aktionen der Gewerkschaften wenig anfangen. Dagegen hat der Betriebsrat im Unternehmen größeres Gewicht erlangt; er ist Verhandlungspartner der Geschäftsleitung beim Abschluß von Haustarifen und anderen Regelungen, die die Mitarbeiterinteressen unter den ganz spezifischen Bedingungen des einzelnen Unternehmens betreffen.

Die wirtschaftliche Situation

Das internationale Engagement der Unternehmen in Europa ist im Zuge des EU-Binnenmarktes selbstverständlich geworden. Die meisten Unternehmen müssen jedoch weltweit agieren. Sie müssen auch in den anderen Wirtschaftsräumen präsent sein und die wirtschaftlichen Vorteile der Regionen nutzen. Ein Auslandseinsatz ist für viele Mitarbeiter selbstverständlich geworden und in den deutschen Zentralen arbeiten zunehmend ausländische Führungskräfte. Globales Denken setzt sich durch. Es entstehen interessante Märkte in Asien (Tigerländer) und auch in Südamerika (Brasilien). China setzt seine wirtschaftliche Öffnungspolitik fort; es ist ein riesiger, aufnahmefähiger Markt. Indien wird dem Weltmarkt zugänglich. Die Staaten des ehemaligen Ostblocks haben die Krise überwunden, sind aber noch keine potenten Handelspartner.

Das *Welthandelsvolumen steigt*, da die Exportorientierung in vielen Ländern zunimmt und sich die globale Verflechtung auch in den

Warenströmen niederschlägt. Durch Importe aus Übersee herrscht ein belebender Konkurrenzdruck, so daß die Unternehmen ihre Marktposition nicht nur auf dem heimischen Markt, sondern in weltweiter Sicht nur durch weitere Konzentration erhalten können. Die gute wirtschaftliche Lage in Deutschland gibt den deutschen Unternehmen eine gute Ausgangslage; sie besinnen sich auf ihre Kernkompetenzen und bauen ihre Marktposition weltweit aus.

Die *deutsche Wirtschaft* befindet sich nun schon seit mehreren Jahren im Aufwind. Man kann zwar nicht von einem Boom sprechen, aber seit der Jahrtausendwende ist ein solides, *gleichmäßiges Wachstum* der Volkswirtschaft mit jährlichen Wachstumsraten zwischen 2 und 3 % zu verzeichnen. Die Steuerreform hat die Investitionsbereitschaft angeregt und auch die Währungsunion hat sich konjunkturbelebend ausgewirkt. Der Absatz deutscher Waren im Ausland wurde vom gestiegenen Dollarkurs begünstigt. Nachdem die Steuerreform tatsächlich Entlastungen gebracht hat und die Unsicherheiten über die Renten ausgeräumt sind, ist auch bei den Konsumenten eine positive Einstellung zur aktuellen Situation und zur Zukunft entstanden; die Konsumbereitschaft ist hoch.

Die Erneuerung in den neuen Bundesländern ist weitgehend abgeschlossen und die hohen Investitionen haben dazu geführt, daß man mit modernen Anlagen auf dem Weltmarkt konkurrenzfähig ist. Die gute konjunkturelle Situation führt dazu, daß neue Arbeitsplätze entstehen; die Zahl der Arbeitslosen ist deutlich zurückgegangen, sie hat sich unter 3 Mio. eingependelt.

In den Unternehmen ist Innovationsbereitschaft vorhanden. Seit vielen Jahren wird propagiert, daß deutsche Unternehmen bei den gegebenen Standortnachteilen und dem herrschenden globalen Wettbewerb nur durch intelligente Innovationen bestehen können. Die Umsetzung dieser Erkenntnis hat lange gedauert; erst jetzt wird in den führenden Unternehmen ein echtes Innovationsmanagement praktiziert, das sich auch in überlegenen Produkten niederschlägt. Die Innovationsrate ist deutlich gestiegen; man spricht von einem Innovationsschub.

Infrastruktur und Standortbedingungen

Die Schienen- und Luftverkehrssysteme sind ausgebaut worden. Die kundenfreundliche Gestaltung des öffentlichen Personennahverkehrs hat Fortschritte gemacht. Der ICE der Deutschen Bahn ist ein großer Erfolg geworden; er fährt dicke Gewinne ein. Den Unternehmen werden integrierte Gütertransportsysteme angeboten. Die Deutsche Bahn arbeitet auf diesem Gebiet mit Optimierungssystemen, die zu einer höheren Auslastung des rollenden Materials und zu einer merklichen Verkürzung der Transportzeiten geführt haben. Die Überlastung der Straßen konnte durch diese Entwicklungen gemildert, aber nicht überwunden werden. Die Deutschen fahren nach wie vor gerne mit dem Auto, zumal sie hohen Komfort, wie z.B. Weganzeigesysteme, Abstandswarneinrichtungen und Notebookhalter, aufweisen.

Das *Telekommunikationsnetz* ist im Zuge einer rasanten technologischen Entwicklung stark ausgebaut worden. Die Konsumenten nutzen die neuentwickelten Geräte und die vielen begleitenden Dienstleistungen, wie z.B. Homebanking und Teleshopping, intensiv. Das Internet ist zu einer riesigen Kommunikations- und Informationsplattform geworden; hier gibt es viele Innovationen. Trotz mancher Probleme funktioniert das Internet nach wie vor. Die Unternehmen sind über eigene Intranets global lückenlos vernetzt.

Das *Beratungswesen* hat sich weiter etablieren können. Die externe Beratung wird allgemein Bestandteil der Unternehmenspolitik. Beratungsleistungen werden umgesetzt; häufig entsteht eine längerfristige Zusammenarbeit zwischen Berater und Klient, wobei die konkret auf das Unternehmen ausgerichtete Beratung überwiegt; Patentrezepte oder Standardberatungsprodukte werden von den Unternehmen eher skeptisch betrachtet. Gegenstand der Beratung ist vielfach Innovationsfindung und -realisierung.

Die *Standortqualität* ist besser geworden. Dazu haben niedrigere steuerliche Belastungen der Unternehmen nach der Steuerreform, maßvolle Tarifabschlüsse und die Vereinfachung von Genehmigungsverfahren für großtechnische Anlagen beigetragen. Im Zuge der Globalisierung engagieren sich deutsche Unternehmen nach wie vor im Ausland, doch wird auch in Deutschland wieder investiert – auch von ausländischen Unternehmen.

Mitarbeiterqualifikation

In der Informations- bzw. Dienstleistungsgesellschaft gilt Bildung in allen Lebensbereichen als Garant für ein erfülltes Leben. Die Abiturientenquote ist hoch und die akademische Ausbildung genießt nach wie vor hohes Ansehen. Der hohe Akademikeranteil führt zu einem Mangel an Facharbeitern und Arbeitskräften im Handwerk. In der Ausbildung wird großer Wert auf DV-Kenntnisse gelegt, da diese in jedem Beruf immer wichtiger werden. In den Unternehmen arbeiten die Mitarbeiter sehr selbständig mit dem Computer; nur noch komplexe Aufgaben werden von Spezialisten wahrgenommen.

Die Persönlichkeit der Mitarbeiter gewinnt an Bedeutung und Sozialfähigkeiten werden in allen Unternehmensbereichen gezielt geschult. Die Sozialfähigkeiten sind ein wichtiges Kriterium bei der Besetzung von Führungspositionen, da die selbstbewußteren Mitarbeiter soziale Kompetenz von ihren Vorgesetzten erwarten und die Internationalisierung Verständnis für andere Kulturkreise erfordert. Außerdem wird in fast allen Unternehmensbereichen im Team gearbeitet. Infolge der günstigen wirtschaftlichen Situation besteht ein erhöhter Bedarf an qualifizierten und gut ausgebildeten Mitarbeitern; dabei greift man gerne auf gut ausgebildete Frauen zurück. Unternehmen mit gezielter *Personalentwicklung* haben vor allem bei jüngeren Mitarbeitern ein besseres Image und deshalb beginnen auch kleine und mittlere Unternehmen, systematisch Personalentwicklung zu betreiben. In den Unternehmen sind Mitarbeitergespräche üblich, die der Motivationssteigerung und der gezielten Karriereplanung dienen.

Zur gezielten *Weiterbildung* der Mitarbeiter hat sich Bildungscontrolling etabliert. Die Auswahl geeigneter Fortbildungen wird durch Datenbanken erleichtert. Erste nationale Verbunde sind auf der Anbieter- und auf der Nachfragerseite entstanden und so bildet sich ein überschaubarer Markt mit hohen Qualitätsstandards heraus.

Bürotechnik und Büroausstattung

Informations- und Kommunikationssysteme neuester Technologie haben sich in den Unternehmen auf breiter Front durchgesetzt. Die EDV-Durchdringung ist sehr hoch mit einer globalen unternehmensweiten Integration. Die Software wurde schneller, leistungsfähiger und benutzerfreundlicher. Externe und interne Datenbanken werden intensiv genutzt. Konferenz- und Schulungseinrichtungen haben ein hohes technisches Niveau, sind aber noch relativ wenig verbreitet. Der Bedarf wächst, da man Gruppenarbeit – vor allem im Rahmen von Innovationsprozessen – effizienter gestalten will.

Die *Büroeinrichtung* ist nicht nur geprägt durch Funktionalität und Ergonomie sondern führt auch das Corporate Design fort. Es besteht der Wunsch nach Multifunktionalität und gruppenarbeitsorientierter Raumgestaltung. Die Mitarbeiter können sich ihre Einrichtung selbst auswählen und bei der Gestaltung ihres Arbeitsplatzes mitwirken.

In den Unternehmen wurde ein *Sicherheitsmanagement* eingerichtet. Die intensive Nutzung von Informations- und Kommunikationssystemen erfordert Schutz gegen Viren und Fremdzugriff; auch physische Sicherheitseinrichtungen wurden ausgebaut, obwohl die physische Gewaltkriminalität zurückgegangen ist. Die elektronischen Sicherheitssysteme sind besser geworden, so daß sie sich auch bei kleinen und mittleren Unternehmen durchsetzen.

Veränderungen in den Unternehmensstrukturen

Aufsichtsgremien gewinnen als Kontrollorgan zunehmend an Bedeutung. Die Aufsichtsräte sind kompetent und teilweise hauptamtlich tätig. In vielen Unternehmen wurde das Board-Modell eingeführt, das eine bessere Zusammenarbeit zwischen Aufsichtsrat und Unternehmensleitung gewährleistet. In diesen Unternehmen werden die Aufsichtsräte bzw. die Beiräte in strategische Entscheidungen einbezogen.

In vielen Unternehmen wurden ethische Richtlinien aufgestellt; es wird auch danach gehandelt. Wenn Führungskräfte gegen diese Leitlinien verstoßen, müssen sie drastische Sanktionen hinnehmen. Die Öffentlichkeit, d.h. die Medien, diskutieren solche Fälle intensiv. Ein korrektes, gemeinschaftsdienliches Verhalten ist für das Image der Unternehmen in der Öffentlichkeit und bei den Kunden ein ausschlaggebender Faktor geworden.

Als Reaktion auf die wirtschaftlichen Veränderungen und Herausforderungen wurden in zahlreichen Unternehmen die *Organisationsstrukturen* geändert. Konzerne und Großunternehmen „basteln" permanent an ihren Strukturen; Unternehmensteile, die nicht mehr in die Strategie passen, werden abgestoßen, andere Unternehmen werden zur Abrundung eines Kompetenzfeldes aufgekauft. Um auch in Nischenmärkten erfolgreich agieren zu können, verteilen große Konzerne das Geschäft auf kleine, flexibel agierende Unternehmen oder bilden entsprechende Profit Center. Diese Umstrukturierungen werden von Beteiligten nur dann mitgetragen, wenn ein auf Vertrauen und Kooperation basierender Führungsstil praktiziert wird. Die kontinuierliche Reorganisation der Unternehmensstrukturen führt zu flachen Hierarchien mit erweiterten Entscheidungsbefugnissen der Führungskräfte und Mitarbeiter.

In vielen Unternehmen wurden *Cost und Profit Center* gebildet. Durch Weiterentwicklungen im Rechnungswesen und im Controlling wird der große Koordinierungsaufwand besser bewältigt. Das Prinzip der Cost und Profit Center ist voll etabliert und entspricht dem Wunsch vieler Führungskräfte nach mehr Eigenverantwortung.

Das *Projektmanagement* ist weit verbreitet und wird professionell durchgeführt. Die Erfahrungen aus bisherigen Problemen beim Projektmanagement wurden umgesetzt; sie führten zu wirksamen Tools und damit zu reibungsloseren und schnelleren Abläufen. Komplexe und umfangreiche Problemstellungen können nun in einem Projektteam effizient bearbeitet werden. Auch das Projektmanagement führt zu einer Abflachung der Hierarchie. Neben der Linien- und Fachkarriere ist die Projektmanagement-Karriere eine interessante Alternative.

Telearbeit ist technisch überhaupt kein Problem mehr. So gewinnt sie an Bedeutung für Führungskräfte, die sich auf Geschäftsreisen befinden oder sich am Wochenende in das Firmennetz einwählen wollen. Aber auch Außendienst-Mitarbeiter greifen online auf betriebliche Daten zu, um vor Ort Detailinformationen zu geben oder Angebote zu erstellen. Auch in der Form der Heimarbeit kann sich Telearbeit durchsetzen, da selbstständige Mitarbeiter flexibel über ihren Arbeitseinsatz bestimmen wollen und den negativen Begleiterscheinungen der Heim-Telearbeit konstruktiv begegnet wird. Es werden Netze von Telearbeitern gebildet, die ein gewisses Sozialleben in Eigeninitiative pflegen. Sie besprechen Neuerungen, betreiben Erfahrungsaustausch und entwickeln Verbesserungsvorschläge; so kann die soziale Isolation weitgehend überwunden werden. Die Zunahme von virtuellen Unternehmensstrukturen und flexiblen Organisationsformen tragen zur Anerkennung von Heimarbeit bei.

Bei den *Arbeitszeitmodellen* geht man von den starren Schichtmodellen über zu flexibleren Zeitmodellen, die in Betriebsvereinbarungen festgeschrieben werden. Längere Betriebszeiten haben sich durchgesetzt, um die Amortisation von teuren Anlagen günstiger zu gestalten. Bei der individuellen Lohnfindung werden hauptsächlich variable Vergütungssysteme eingesetzt, die an der Leistung des Einzelnen ansetzen.

3.2.2
Die Arbeits- und Lebenssituation des Spitzenmanagers

Ein Headhunter und gezielte Personalentwicklung führen in die Spitzenposition

Der Spitzenmanager hat Wirtschaftsingenieur studiert; er hat die technische Fachrichtung Elektronik gewählt und im betriebswirtschaftlichen Bereich „Innovationsmanagement" vertieft. Während des Studiums engagierte er sich in einer VWI-Hochschulgruppe; dabei organisierte er vor allem Seminare für Studenten in Präsentations-, Moderations- und Kreativitätstechniken. Außerdem absolvierte er ein dreimonatiges Praktikum in England.

Im Alter von 27 Jahren bewarb er sich um eine Stelle im Auslandsvertrieb eines international tätigen Elektrokonzerns. Schon bald erkannte er, daß ihm die Kultur und der Führungsstil in diesem Unternehmen nicht zusagen. Dennoch arbeitete er engagiert an den ihm übertragenen

Aufgaben, so daß er nach drei Jahren in eine Abteilungsleiterposition aufrückte. Ein Jahr später wechselte er jedoch durch Vermittlung eines Personalberaters in ein mittleres Unternehmen der Elektrobranche.

Nach kurzer Einarbeitung im neuen Unternehmen wurde er für zwei Jahre nach Japan versetzt, wo er an einem Technologieprojekt mitarbeitete. Wieder zurück in Deutschland durchlief er verschiedene Funktionen im Stammhaus; so war er im F&E-Bereich, im Vertrieb und im Marketing tätig. Dann übernahm er für drei Jahre die Leitung einer Tochterfirma in den USA. Alle diese Karrierestufen wurden von der „Personalentwicklung – Führungskräfte" begleitet; bei „seinem" Personalentwickler konnte er sich jederzeit Rat holen und jeden Positionswechsel besprechen.

Nach zehn Jahren wurde er Marketingleiter einer Sparte im High-Tech-Bereich. Seinem persönlichen Einsatz ist es zu verdanken, daß diese Sparte das Produktprogramm erneuerte und in wenigen Jahren zum Technologieführer aufstieg.

Sieben Jahre später wurde er in den Vorstand der Unternehmensgruppe berufen. Er war für zwei Unternehmensbereiche und für die Funktion „F&E und Innovationen" zuständig. Nach weiteren fünf Jahren wurde er Sprecher des Vorstands.

In den verschiedenen Funktionen hatte er öfters Projektverantwortung übernommen. Dabei konnte er wertvolle Erfahrungen im Projektmanagement und im Umgang mit Mitarbeitern sammeln und ist zu der Erkenntnis gelangt, daß diese dann motiviert und leistungsbereit sind, wenn ihnen die Ziele der Arbeit verständlich gemacht werden und sie sich mit ihnen identifizieren können.

Weitere wichtige Erfahrungen hat er in den Jahren der Leitung des Tochterunternehmens als Profit Center gewonnen. Dabei hat er die Erfordernisse der innerbetrieblichen Koordination von Funktionsbereichen und die Wichtigkeit eines aussagefähigen Rechnungswesens kennengelernt. Weiterhin hat er erkannt, daß in einer Umfeldsituation, in der sich die Marktfaktoren schnell ändern, sowohl eine schnelle Reaktion auf dem Markt als auch ein schneller Wandel der Organisationsstruktur erfolgen muß. Er ist ein überzeugter Verfechter einer flexiblen und schnellen Organisationsentwicklung von innen heraus geworden.

Starke familiäre Bindung; dennoch viele Reisen

Der Spitzenmanager ist verheiratet und hat drei Kinder. Seine Frau ist US-Amerikanerin; sie ist Journalistin, spezialisiert auf Wirtschaft und Management. Sie ist noch immer freie Mitarbeiterin eines amerikanischen Wirtschaftsmagazins. Seitdem die Kinder studieren, übernimmt sie wieder größere Recherchen und Berichte, da ihr der Beruf Freude macht. Der Spitzenmanager hat bei seinen Positionswechseln immer darauf geachtet, daß seiner familiären Situation Rechnung getragen wird. Teilweise zog die Familie mit um, teilweise führte er für einige Jahre eine Wochenendehe, um einen Bruch in der schulischen Ausbildung seiner Kinder zu vermeiden.

Trotz seiner starken familiären Bindung kann der Spitzenmanager nicht auf Auslandsaufenthalte verzichten. Sie sind aufgrund der zunehmenden Internationalisierung der Unternehmensaktivitäten angesichts neuer Märkte in Asien, in Südamerika sowie seit neuestem in Afrika unumgänglich; außerdem finden wichtige Unternehmensaktivitäten in den USA statt. So reist er viel; meist benutzt er dafür den firmeneigenen Jet. Bei seinen Reisen greift er oft auf Kontakte, die er bei früheren Auslandsaufenthalten aufgebaut hat, zurück. Am amerikanischen Standort steht ihm ein zweites voll funktionsfähiges Büro zur Verfügung. Oft bleibt er zwei Wochen in den USA; von dort aus reist er auch in andere Länder. Seine Frau begleitet ihn oft auf seinen USA-Reisen; sie wohnen in einem eigenen gut abgeschirmten, sicheren Appartment.

Ausrichtung des Unternehmens mit Hilfe übergeordneter Grundsätze und Leitlinien

Hohe Bedeutung kommt der Darstellung des Unternehmens in der Öffentlichkeit zu. Die Öffentlichkeit zeigt großes Interesse für die Aktivitäten der Unternehmen – besonders bezüglich Umweltschutz, Arbeitsplatzsicherung und Steuerloyalität. Viele Menschen sehen in den Unternehmen die Träger des wirtschaftlichen Aufschwungs. Sie stellen wesentliche Elemente der hochentwickelten Industrie- und Dienstleistungsgesellschaft dar und stehen in vielfältigen Wechselbeziehungen zu anderen gesellschaftlichen Institutionen. Dementsprechend pflegt der Spitzenmanager intensiven Kontakt zu den Medien, indem er Artikel für Fachzeitschriften schreibt, Vorträge hält, in Wirtschaftsmagazinen Interviews gibt und gelegentlich zu Talk-Shows im Fernsehen erscheint. Diese Tätigkeiten sind für ihn keine Last, da er in der Öffentlichkeit – wie die meisten seiner Berufskollegen – hohes Ansehen genießt. Zudem kann er häufig über wirtschaftliche Erfolge seines Unternehmens berichten, von denen auch positive gesellschaftliche Auswirkungen ausgehen.

Von den operativen Aufgaben im Unternehmen hat sich der Spitzenmanager weitgehend zurückgezogen. Sein Unternehmen ist in Sparten sowie in Cost Center und Profit Center gegliedert. Ansonsten werden viele Aufgaben in Form von Projekten durchgeführt. Der Spitzenmanager legt Aufgaben fest, gibt Ziele vor und verfolgt das laufende Geschäft und die wichtigen Projekte. So kann er sich auf die strategische Ausrichtung des Unternehmens konzentrieren.

Daneben bemüht er sich auch um eine ethische Legitimation der Unternehmensaktivitäten. Eine Beschäftigung mit derartigen Fragen ist für ihn nicht nur eine Forderung, die verschiedene gesellschaftliche Gruppen wie Kirchen, Gewerkschaften und auch ökologische Gruppierungen an die Unternehmen herantragen, sondern auch ein persönliches Anliegen. Das kommt auch darin zum Ausdruck, daß er einen Ethikbeauftragten eingeführt hat, der die Leitsätze des Unternehmens zur Ethik intern vertritt, in kritischen Situation Stellungnahmen aus ethischer Sicht abgibt und permanent einen Dialog mit der Öffentlichkeit über Fragen der Unternehmensethik führt. Der Ehtikbeauftragte arbeitet eng mit der Stelle für Technikfolgenabschätzung zusammen, die die vom Unternehmen entwickelten und eingesetzten Technologien auf ihre Folgewirkungen auf Gesellschaft und Umwelt analysiert.

Die Philosophie des Spitzenmanagers geht dahin, die weitere Unternehmensentwicklung auf Innovation und Diversifikation zu gründen. Für diese Strategie liegen im Unternehmen hervorragende Voraussetzungen vor. Neben starken F&E-Einheiten wurde ein Innovationszentrum aufgebaut, durch das alle technologischen Innovationen koordiniert werden und das über weitgehende Kompetenzen verfügt. Um ein Markt- oder Technologiefeld abzurunden werden gelegentlich kleinere Entwicklungsfirmen aufgekauft, die aber nicht einverleibt sondern „an der langen Leine" geführt werden. Das Unternehmen ist in mehreren Segmenten Technologieführer.

Die Unternehmensgruppe wächst stark; zum einen expandiert sie in Wachstumsmärkten, zum anderen etabliert sich das Unternehmen mit allen Konsequenzen weltweit. Für den Spitzenmanager ergeben sich daraus permanent Aufgaben der Neugestaltung und der Koordination. Eine Klammer stellen die einheitliche Corporate Identity und die Unternehmenskultur dar, die durch spezifische Merkmale und bestimmte Grundwerte der Führung und Kommunikation geprägt ist. Zur letzteren gehört die Betonung der Individualität jedes Mitarbeiters mit seinen Stärken und Schwächen und seinen Besonderheiten; sie gilt es zu achten. Auch die Fortbildung muß darauf aufbauen. Andere wichtige Leitsätze sind Fairneß sowie offene Kommunikation und transparente Information. Um zu gewährleisten, daß diese Kultur auch verstanden und gelebt wird und um seine Vision einer lernenden Organisation, die sich in einem ständigen Evolutionsprozeß befindet, zu vermitteln, nimmt er so oft wie möglich an Sitzungen in allen Unternehmensteilen teil.

Natürlich wird der weltweite Unternehmensverbund auch durch die interne Vernetzung aller Kommunikations- und Datensysteme zusammengehalten. Die Mitarbeiter der verschiedenen Unternehmenseinheiten kommunizieren oft über e-Mail miteinander, ohne sich klar zu machen, in welchem Land der Kommunikationspartner sitzt. Die Vernetzung geht über den engeren Unternehmensverbund hinaus und umfaßt auch Zulieferer, Kooperationspartner und Kunden, mit denen man seit längerer Zeit zusammenarbeitet; hier sind allerdings Sperren für bestimmte Informationskategorien eingebaut.

Mit dem kompetenten und engagierten Aufsichtsrat arbeitet der Spitzenmanager intensiv zusammen. Er führt auch viele Gespräche mit dem Betriebsrat, der sehr wichtig geworden ist; er ist kooperativer als früher. Der Spitzenmanager bezieht diese Gremien stark in den internen Willensbildungsprozeß ein, um so eine breite Basis für wichtige Entscheidungen zu schaffen.

Der starke Innovationsdruck, der durch technisch immer höherwertigere Produkte asiatischer Anbieter, sehr kurze Vermarktungsphasen und die allgemein rasante technologische Entwicklung verursacht wird, erfordert es, permanent das Marktgeschehen sowie die technologischen Entwicklungen zu verfolgen. Zu diesem Zweck hat der Spitzenmanager eine Innovationsanalyseabteilung eingerichtet, die sowohl die aktuelle Entwicklung in Markt und Technologie beobachtet, als auch durch Bedarfserfassung beim Endverbraucher Kundennutzen aufspürt und in neue Produkt- oder Servicefunktionen überführt. Diese kleine Abteilung, die dem Innovationszentrum zugeordnet ist, nutzt alle Möglichkeiten von Datenbanken und speziellen Dienstleistern und nimmt weltweit Experten in Anspruch.

Bei der Entwicklung der Innovationsstrategien und vor allem bei der Weiterentwicklung der Unternehmenskultur greift der Spitzenmanager auf externe Spezialisten zurück. Es werden regelmäßig Beratungsaufträge vergeben, wobei zunehmend darauf geachtet wird, daß die Berater auch die Umsetzung der erarbeiteten Konzepte begleiten. Dabei entwickeln sich über die rein berufliche Zusammenarbeit hinaus auch private Kontakte zu einzelnen Beratern.

Die persönliche Kommunikation prägt den Arbeitsablauf

Die Büroräume des Spitzenmanagers sind durch Multifunktionalität gekennzeichnet. Gleichzeitig liebt er eine reichhaltige Ausstattung mit persönlichen Gegenständen, die er von seinen Reisen mitgebracht hat;

er möchte seinem Arbeitsumfeld eine persönliche Note geben. Ein PC gehört selbstverständlich zur Ausstattung seines Arbeitsplatzes.

Die konkrete Tätigkeit des Spitzenmanagers besteht zu 85 % in Kommunikation mit Mitarbeitern, Kunden und anderen Geschäftspartnern sowie Vertretern der Öffentlichkeit. Dabei werden alle technisch verfügbaren Kanäle der Kommunikation eingesetzt.

Der Spitzenmanager erscheint gegen 7.00 Uhr im Büro. Er arbeitet dann etwa eine Stunde alleine, um sich einen Überblick über den Tagesablauf zu verschaffen und sich für einzelne Termine bzw. Besprechungen vorzubereiten. Er geht auch Vorgänge durch, die vom Vortag liegen geblieben sind. Dann ruft er am Bildschirm die wichtigsten Informationen ab; dabei handelt es sich einerseits um wichtige Daten im Unternehmensverbund, wie Auftragseingänge, Umsätze, Qualitätskennzahlen u.ä., sowie um interne Ereignisse. Andererseits werden von ihm weltweit Informationen über Märkte und Technologien, die für das Unternehmen von Interesse sind, eingelesen. Alle diese Informationen werden ihm von Singapur aus durchgegeben, so daß sie wirklich aktuell sind. Er muß also nicht warten, bis die deutsche Wirtschaft aufgewacht ist.

Um 8.30 Uhr hält er in der Regel eine kurze Lagebesprechung mit seiner Sekretärin und seinem Assistenten ab. Es wird abgesprochen, was im Laufe des Tages zu erledigen ist. Dringende Vorgänge werden schnell behandelt und möglichst zum Abschluß gebracht. Die Gesprächstermine mit einzelnen Personen oder größere Sitzungen beginnen in der Regel um 9.00 Uhr und ziehen sich mit nur wenigen Unterbrechungen über den ganzen Tag hin.

Wenn kein Geschäftsessen ansteht oder das Mittagessen in einer Gruppe eingenommen wird, läßt sich der Spitzenmanager von der Sekretärin einen Imbiß in sein Büro bringen. Dabei muß es sich um leichte und kalorienarme Kost handeln, da er gegen Übergewicht anzukämpfen hat. Oft verabredet er sich auch mit Kollegen oder Mitarbeitern zum Mittagessen im Gästebereich der Kantine.

Sein Assistent und seine Sekretärin unterstützen ihn bei der gesamten Kommunikation; dabei arbeiten sie intensiv zusammen. Aufgrund kurzer Hinweise formulieren sie Antworten auf Anfragen oder geben Zwischenbescheide und setzen diese über e-Mail, Fax oder per Brief ab. Dabei gibt der Spitzenmanager ihnen große Freiheiten, kontrolliert nicht, ist aber ärgerlich, wenn oberflächlich gearbeitet wird. Allerdings will er öfters mit den Kommunikationspartnern persönlich telefonieren. Dies wird dann für die Sekretärin oft zum Problem, weil es Tage dauern kann, bis beide Gesprächspartner gleichzeitig gesprächsbereit sind.

Wenn die Sekretärin überlastet ist oder Vorgänge dringend während ihrer Abwesenheit zu erledigen sind, so springt sein Sekretariat in den USA ein. Die beiden Sekretärinnen arbeiten eng zusammen. Sie vertreten sich auch gegenseitig im Urlaub – teilweise auch am anderen Standort.

Bei Telefongesprächen, die nicht spontan zustande kommen, bevorzugt der Spitzenmanager Voice-Mail, weil es ihm natürlicher und persönlicher erscheint als e-Mail. Mit den Mitarbeitern an den ausländischen Standorten führt er gerne Videokonferenzen. Die Technik läßt dies heute problemlos zu; er hat sich dazu die modernste Anlage installieren lassen; die Konferenzen kann er von seinem Schreibtisch aus über den PC-Bildschirm führen. Die gleichen Systeme sind an den Hauptstandorten in USA, Korea und in Südafrika installiert. Diese Videokonferenzen ersparen ihm viele Reisen. Außerdem bevorzugt er den direkten persönlichen Kontakt. Die Spontanietät des persönlichen Gesprächs und die Signale, die über das Bild übertragen werden, sind für ihn viel reichhaltiger und aussagefähiger als die Kommunikation über e-Mail oder Fax.

Ist die persönliche Kommunikation nicht möglich oder sinnvoll, so wird sie überwiegend elektronisch abgewickelt, interne Kommunikation auf Papier gibt es kaum noch. Der Spitzenmanager ist stolz darauf, daß die papierlose Kommunikation in der Verwaltung weitgehend realisiert wurde. Er betrachtet dies ebenso wie die Videokonferenzen auch als einen Beitrag zur Ressourcenschonung und versäumt nicht, bei seinen öffentlichen Auftritten darauf hinzuweisen.

Der Spitzenmanager verbringt aufgrund seines auf persönliche Begegnung mit den Mitarbeitern ausgerichteten Arbeitsstils wenig Zeit am Schreibtisch. Kleinere Gesprächsrunden finden in seinem Bürobereich statt, größere Sitzungen in naheliegenden Konferenzräumen. An festgelegten Terminen – etwa einmal im Monat – kommt ein größerer fester Kreis von höhren Führungskräften zusammen. Der Spitzenmanager fungiert als Moderator dieses Gremiums. Er nutzt dieses Gremium zur aktuellen Berichterstattung und um immer wieder seine Philosophie und Leitgedanken einzubringen und an konkreten Fällen zu verdeutlichen. Ansonsten tragen in diesen Sitzungen Führungskräfte wichtige Entwicklungen und Projektergebnisse vor. Von Zeit zu Zeit werden im Rahmen dieser Sitzungen auch externe Referenten zu Vorträgen eingeladen. Zum Teil referieren sie über aktuelle Managementfragen, zum Teil werden aber auch übergeordnete Themen aus Politik, Gesellschaft, Kunst und Philosophie vorgetragen. Der Spitzenmanager genießt diese Sitzungen; sie haben einen hohen Stellenwert in seiner Arbeit. Wenn in dieser Runde prominente Referenten vortragen oder wichtige aktuelle oder strategische Fragen behandelt werden, läßt er die Sitzung mit Business TV in die wichtigsten ausländischen Tochtergesellschaften übertragen. Für die Führungskräfte dieser Gesellschaften besteht dann Anwesenheitspflicht.

Der Spitzenmanager nimmt gerne an Gruppenarbeitssitzungen oder Workshops teil, die sich mit strategischen Fragen beschäftigen. Er genießt diese Gruppenatmosphäre, die durch intensive Zusammenarbeit geprägt ist. Manchmal übernimmt er selbst die Moderation, wobei er auf Techniken und Vorgehensmuster zurückgreift, die er in den frühen Jahren seiner beruflichen Laufbahn intensiv praktiziert hat. Zu solchen Workshops oder Gesprächsrunden im kleinen Kreis erscheint er in der Regel in Freizeitkleidung; ansonsten ist er korrekt gekleidet.

Die Sekretärin übernimmt das Zeitmanagement des Spitzenmanagers. Dabei läßt er ihr völlig freie Hand; eine Rückkopplung ist nicht notwendig. Der Terminplaner, in dem alle Termine der Mitarbeiter und der Vorstandskollegen hinterlegt sind, ist für die Terminabstimmung sehr hilfreich. Ein Problem ist dagegen seine Termintreue. Er überzieht viele Termine, weil er ins persönliche Gespräch einsteigt und dann manche Punkte angesprochen werden, die eigentlich nicht Gegenstand der Besprechung waren. Wird der Spitzenmanager direkt um einen Gesprächstermin gebeten, so sagt er meistens zu und bittet die Sekretärin, die Besprechung noch einzuschieben. Er führt Besprechungen auch gerne am Arbeitsplatz der Gesprächspartner durch; so lernt er ihr Arbeitsumfeld kennen. Oft bleibt er aber auf dem Weg zu solchen Besprechungen „hängen." So kommt es vor, daß am Nachmittag die Termine um ein bis zwei Stunden nachhinken. Seine Sekretärin mag das gar nicht, weil sie die Wartenden hinhalten muß; er dagegen nimmt es gelassen hin. Allerdings ziehen sich dann Gesprächstermine und andere dringende Erledigungen bis in den Abend hinein.

Zuhause wartet die Familie. Oft hat er gegenüber den Kindern oder seiner Frau feste Zusagen gemacht, die er dann nicht einhält. Früher gab es aus diesem Gründen gelegentlich Krach, weil die Kinder sehr enttäuscht waren. Seine Frau hat sich inzwischen daran gewöhnt und beschwichtigt oder sagt Verabredungen kurzfristig ab.

Vertrauen in die Mitarbeiter; Engagement für die Gemeinschaft

Das Führungsverständnis des Spitzenmanagers ist geprägt von der Vorstellung, daß jeder Mitarbeiter, gleichgültig auf welcher betrieblichen Ebene er arbeitet, in der Lage ist, einen wertvollen Beitrag für das Unternehmen zu leisten. Ausgehend von dieser Vorstellung praktiziert er einen kooperativen Führungsstil in dem Sinn, daß jeder Mitarbeiter

durch eigenverantwortliches Handeln und durch eigene Ideen und Vorschläge an der Gestaltung des Unternehmens mitwirken kann. Sein Anliegen ist es, durch überzeugende Argumente und durch sein persönliches Vorleben die Mitarbeiter dazu zu bringen, mitzudenken und kreative Vorschläge zu entwickeln. Nicht selten wird er jedoch in seinen Erwartungen enttäuscht.

Um den Idealen eines evolutionären Managements möglichst nahe zu kommen, legt der Spitzenmanager großen Wert auf einen ausgeprägten Teamgeist und ein starkes Wir-Gefühl im Unternehmen. So stößt er Programme und Initiativen an, die durch Gruppenarbeit auf allen Ebenen neue Ideen und innovative Konzepte hervorbringen sollen. Es ist seine Überzeugung, daß durch ein kontinuierliches Suchen nach neuen Ideen und besseren Konzepten durch alle Mitarbeiter erhebliche Fortschritte in der Unternehmensentwicklung zu erreichen sind. Er hat sowohl eine Vision für das Gesamtunternehmen als auch Vorstellungen und Ziele für die einzelnen Programme und Aktionen.

Viele Mitarbeiter sind durch ihr Studium auf ein eigenverantwortliches und kreatives Arbeiten gut vorbereitet. Der Spitzenmanager kann also Aufgaben und Kompetenzen delegieren. Lediglich für bestimmte Sozialfähigkeiten besteht Schulungsbedarf, da diese an den Hochschulen nur unzureichend vermittelt wurden.

Der Spitzenmanager begegnet allen Mitarbeitern freundlich und zuvorkommend; er versucht immer einen persönlichen Ton zu finden. Er bemüht sich um ein offenes Gespräch und besitzt die Fähigkeit, anderen Menschen zuzuhören. Durch seine aufgeschlossene Art und seine persönlich geprägte Kommunikation motiviert er die Mitarbeiter zu fruchtbarem Gedankenaustausch mit ihm und auch untereinander. Da er schon sehr lange im Unternehmen ist und unterschiedliche Funktionen wahrgenommen hat, kennt er viele Mitarbeiter persönlich. Es fallen dann auch private Worte. So bekommt er auch Kenntnis von persönlichen Problemen mancher Mitarbeiter. Er kann sich nicht ganz frei davon machen, an persönlichen Schicksalen Anteil zu nehmen. Das wird bei der großen Zahl von Mitarbeitern, mit denen er täglich zu tun hat, gelegentlich zu einer Belastung.

Das Unternehmen mußte im Laufe der Jahre auch Arbeitskräfte abbauen. Dabei kam es nur in ganz geringem Umfang zu Entlassungen; die meisten freigesetzten Mitarbeiter konnten im Rahmen eines internen Stellenmarktes im Unternehmensverbund untergebracht werden. In diesem Zusammenhang hat der Spitzenmanager auch neue Modelle eingeführt, die von sich Reden machten. So hat er die befristete Freistellung eingeführt; ein Modell, nach dem Arbeitnehmer nach einer Arbeitspause von 3 bis 12 Monaten wieder an ihren Arbeitsplatz zurückkehren können. Dieses Modell wurde in der Öffentlichkeit intensiv diskutiert.

Neben der Leitung des Unternehmens engagiert sich der Spitzenmanager auch über die Grenzen des eigenen Unternehmens hinaus in Beiräten gemeinnütziger Vereinen und wissenschaftlicher Gesellschaften sowie in Ausschüssen von Wirtschaftsverbänden. Er hält Vorträge auf größeren Tagungen und an Hochschulen. Diese zusätzlichen Aktivitäten unterstützen einerseits die Öffentlichkeitsarbeit und schaffen andererseits neue, interessante Kontakte. Dabei beschäftigt er sich besonders mit gesellschaftlichen, politischen und ökologischen Fragestellungen und versucht immer, neue Lösungen zu entwickeln und diese auch zu verwirklichen. Dieses Engagement, das zusätzlich einen Teil seiner Freizeit beansprucht, ist ihm sehr wichtig. Er will damit einen Beitrag zum positiven Image leisten, das die Unternehmen und die Spitzenmanager heute allgemein in der Gesellschaft besitzen. Allerdings stellen diese Aktivitäten eine weitere Belastungsprobe für sein Familienleben dar und er muß oft einen Kompromiß zwischen Beruf, Familie und nebenberuflichen Aktivitäten finden; dies fällt ihm nicht leicht, da ihm alle drei Bereiche am Herzen liegen.

Insgesamt ist der Spitzenmanager eine überzeugungsstarke, kompetente und kontaktfreudige Persönlichkeit, bei der der Umgang und das Gespräch mit Menschen im Vordergrund stehen. Weiterhin ist er durch ein hohes Selbstwertgefühl, ausgeprägte Leistungsbereitschaft und hohe Belastbarkeit zu kennzeichnen.

Freude am Erreichten aber auch Unzufriedenheit

In der Gesellschaft geht ein Trend dahin, den Beruf nicht mehr als zentralen Lebensinhalt zu sehen. Viele Menschen messen der Familie und der Freizeit einen ebenso hohen Stellenwert wie der Arbeit bei und sind nicht bereit, aus beruflichen Gründen ihre privaten Aktivitäten in den Hintergrund zu stellen. Dies ist auch darauf zurückzuführen, daß die meisten Menschen aufgrund der guten Konjunktur keine existentiellen und materiellen Sorgen haben und über ein gutes Einkommen verfügen, das sie in ihrer Freizeit gemeinsam mit der Familie ausgeben möchten. Der Spitzenmanager folgt diesem Trend nicht im gleichen Ausmaß wie weite Teile der Bevölkerung. Für ihn steht der Beruf als Möglichkeit der Selbstverwirklichung weiterhin im Vordergrund. Wenn er merkt, daß einzelne Mitarbeiter, die er gefördert hat, doch nur ihre Zeit abarbeiten und kein Engagement darüber hinaus aufbringen, dann kommt er ins Grübeln: Hat er der Eigeninitiative zu wenig Raum gegeben? War er zu restriktiv? Er macht sich Vorwürfe.

Befriedigende Momente im Zusammenhang mit seiner Arbeit empfindet der Spitzenmanager bei erfolgreichen Aktionen, die einen Schritt in der Weiterentwicklung der Unternehmenskultur darstellen. Er fühlt sich persönlich bestätigt, wenn es ihm gelingt, seine Mitarbeiter zu motivieren und ein Arbeitsklima zu schaffen, in dem neue innovative Ideen entstehen. Besonders ermutigend ist es für ihn, wenn in einer Arbeitsgruppe konzeptionell gearbeitet wird und umsetzungsfähige Maßnahmen entwickelt werden. In solchen Situationen fühlt er sich seiner Vision von einer lernenden Organisation, die mit Hilfe von sich kontinuierlich wandelnden Organisationsstrukturen die Anpassung an die veränderten Umfeldbedingungen vornimmt, ein Stück näher. Er ist auch stolz und freut sich, wenn ein im Unternehmen entwickeltes neues Produkt auf den Markt kommt und allseits gelobt wird.

Die weit fortgeschrittene Internationalisierung seines Unternehmens führt zu vielen internationalen Kontakten. Diese empfindet er einerseits als eine große intellektuelle Bereicherung, andererseits als Belastung, wenn er erhebliche Diskrepanzen zwischen seinen Wertvorstellungen und den Praktiken in den jungen wirtschaftlich erfolgreichen Ländern feststellen muß.

Als Letztentscheider im Unternehmen muß der Spitzenmanager Entscheidungen verantworten. Es ist ihm nicht immer möglich, Lösungen mit allen betroffenen Mitarbeitern zu entwickeln. Das kann daran liegen, daß eine Entscheidung schnell getroffen werden muß und keine Zeit für einen innerbetrieblichen Willensbildungsprozeß zur Verfügung steht. Teilweise muß er aber auch aufgrund seines Gesamtüberblicks eine Entscheidung treffen, die vielen Mitarbeitern zunächst unverständlich ist. Ein solches Vorgehen widerspricht seiner Überzeugung einer kooperativen Führung, bei der möglichst jede Entscheidung für die Mitarbeiter nachvollziehbar sein soll. In solchen Fällen gibt er im nachhinein Erklärungen ab, fühlt aber, daß er nicht verstanden wird. In diesen Situationen ist er unzufrieden.

Durch die vielen verschiedenen Ansprüche, die der Spitzenmanager an sich selbst stellt, hat er häufig Probleme damit, für seine knappe Zeit Prioritäten zu setzen. Er hadert dann mit einer oberflächlichen Aufgabenerledigung und empfindet Resignation. Er spricht auch mit seiner Frau über diese Probleme; sie bringt viel Verständnis auf, da ihr die Hintergründe vertraut sind; aber wirklich helfen kann sie auch nicht.

Zu wenig Zeit für Familie und Freunde

Der Spitzenmanager empfindet den Konflikt zwischen dem beruflichen Engagement und den Anforderungen, die ein intaktes Familienleben stellt, als permanente Belastung. Seine Familie ist für ihn ein Lebensfixpunkt und ein Ruhepol. Bei Aktivitäten mit der Familie gelingt es ihm, das Unternehmen für einige Stunden zu vergessen und neue Kräfte zu sammeln.

Seine Ehefrau bringt viel Verständnis für seine berufliche Belastung auf; die Kinder sind dagegen nach wie vor enttäuscht, wenn er Verabredungen und Zusagen nicht einhält. Daher versuchen der Spitzenmanager und seine Frau möglichst viele berufliche und privaten Aktivitäten in Einklang zu bringen. So kommt es vor, daß die Familie mit ihm reist und er nach Abschluß seiner geschäftlichen Mission zwei oder drei Tage mit ihr Urlaub macht. Oft ist die Familie zur gleichen Zeit wie er im eigenen Appartment in den USA. Wenn der Spitzenmanager Geschäftsfreunde zu sich nach Hause einlädt, erstreckt sich die Einladung oft auch auf deren Familie, so daß auch zwischen den Ehefrauen und den Kindern Kontakte entstehen.

Das Bemühen, Beruf und Familie stark zu verzahnen, macht eine abgestimmte Planung der Freizeitaktivitäten erforderlich. Diese Aufgabe übernimmt seine Frau, die zwar auch berufstätig ist, deren Berufstätigkeit aber nicht so viel Zeit in Anspruch nimmt und zeitlich recht gut disponierbar ist. Sie plant alle privaten Aktivitäten mit Kindern, Freunden und Verwandten.

Der Spitzenmanager lebt gediegen und zurückgezogen. Er bewohnt mit seiner Familie ein gut ausgestattetes und geschmackvoll eingerichtetes Haus in einer guten Wohnlage. Es stellt eine Mischung aus Repräsentativität, Seriosität und Wohnlichkeit dar. Die wenigen Freundschaften, die aus nicht-beruflichen Kontakten entstanden sind, bestehen mit Menschen aus dem gleichen sozialen Umfeld; zum Teil sind es Nachbarn. Außerdem möchte er den Kontakt zu Studienfreunden und anderen privaten Freunden nicht abreißen lassen. Gelegentlich verabredet er sich mit ihnen zu Wanderungen. Aber auch das klappt nicht immer.

Die Freizeit dient dem Spitzenmanager hauptsächlich der Regeneration und der Besinnung; er schmökert und liest gelegentlich ein Buch, das keinen direkten fachlichen Bezug zu seiner Tätigkeit hat. Ansonsten verbringt er die knappe Freizeit mit der Familie. Er treibt keinen regelmäßigen Sport. Er neigt etwas zu Übergewicht und soll nach Rat des Arztes beim Essen aufpassen. Im Urlaub macht er bei den sportlichen Aktivitäten der Kinder mit und absolviert ein Fitneßprogramm. Dies hängt ganz von der Jahreszeit und vom Standort ab. Beim meist zweiwöchigen Jahresurlaub wird in erster Linie auf die Interessen der Kinder Rücksicht genommen. So war ein Mal ein Ranchurlaub und ein anderen Mal ein Tauchurlaub dran. Schon mehrmals zog sich der Spitzenmanager allein für eine Woche in ein Kloster zurück; hier konnte er nachdenken, lesen und gute Gespräche führen; das tat ihm immer gut.

4 Nachbetrachtungen

Wir haben zwei Bilder des Spitzenmanagers der Zukunft vorgestellt. Beide sind in sich schlüssig, erscheinen plausibel. Manager sind Menschen; somit ist jeder reale Spitzenmanager ein individuelles Wesen, eine Persönlichkeit. Dennoch werden bestimmte Umfeldfaktoren das Verhalten und die Einstellung der Manager prägen; außerdem werden sich eher solche Persönlichkeiten durchsetzen, deren Eigenschaften und Einstellungen bei den gegebenen Umfeldbedingungen besonders zum Tragen kommen. Die „Zukunftsmanager" sind also nicht nur fabulierte Figuren sondern korrespondieren mit den Umfeldszenarien, die mit Sorgfalt methodisch erarbeitet wurden.

Beide Manager sind erfolgreich, haben großen Einfluß, führen ein abwechslungsreiches Leben und beziehen ein sehr hohes Einkommen. Sie leben aber keineswegs in Freude und Zufriedenheit. Beide sind unglückliche Figuren: Der „Isolierte Krisenbewältiger" ist der einsame Wolf, der nichts an sich herankommen läßt. Die Abschirmung ist wie ein Schutzwall; so erhält er sich seine Leistungsfähigkeit. Irgendwann wird er Probleme mit seiner Einsamkeit bekommen, einen glücklichen Lebensabend können wir uns kaum vorstellen. Der „Gespaltene Visionär" ist sympathisch und verfolgt ehrenwerte Ziele, aber er reibt sich auf, verzehrt sich. Er kann seine idealistischen Vorstellungen nicht dauerhaft umsetzen; er ist unzufrieden mit sich und seiner Umwelt. Wir sehen gesundheitliche Probleme auf ihn zukommen: Herz-Kreislauf-Probleme, ein Magengeschwür oder andere psychosomatische Beschwerden.

Der Spitzenmanager wird – im Hinblick auf Einkommen, Belastung, Verantwortung usw. – oft mit den Führungskräften niedrigerer Hierarchieebenen verglichen. In diesem Zusammenhang wird dann häufig das enorm höhere Einkommen kritisch kommentiert. Man muß den Spitzenmanager aber eher mit anderen Spitzenkräften der Gesellschaft vergleichen: Also mit den Spitzenpolitikern, den Stars der Unterhaltungsbranche, den erfolgreichen Journalisten oder Dirigenten, usw. Ebenso wie Jürgen Klinsmann ein Stadion füllt und damit sein Geld wert ist, hängt die Zukunft eines Unternehmens entscheidend von der Ausrichtung ab, die der Mann an der Spitze ihm gibt. Leitet er die richtigen Schritte mit Weitblick und Augenmaß ein, dann ist auch er sein Geld wert. Im Gegensatz zum Sportler und zu einigen anderen Spitzenkräften verliert er seine Position nicht oder nicht so schnell wie diese, wenn er eine unglückliche Hand hatte oder versagt. Hier fehlt oft der direkte Bezug zum erzielten Ergebnis; das ist es, was Ogger (1991) im Kern anprangert.

Vergleicht man den Spitzenmanager mit dem Spitzenpolitiker, so ist zu erkennen, daß der Politiker zwar die gleiche Stundenleistung vollbringt, daß aber die Belastungsintensität deutlich niedriger liegt (Politiker sitzen im Parlament, nehmen an Empfängen teil, repräsentieren in der Öffentlichkeit; solche „Auszeiten" kennt der Spitzenmanager kaum.). Die Spitzenpolitiker können zudem auf einen wesentlich größeren Unterstützungsapparat zurückgreifen; so hat der Oberbürgermeister einer deutschen Großstadt bis zu zehn Referenten, die ihn persönlich zuarbeiten.

Beim Vergleich mit anderen Spitzenkräften fällt auf, daß sie sich stärker auf ihre Kerntätigkeiten konzentrieren können; die Spitzenkraft selbst oder das Umfeld achten sehr darauf, daß diese Konzentration störungsfrei verläuft. Der Spitzenmanager muß sich dagegen die Zeit für seine wichtigsten Aufgaben ausgesprochen freischaufeln und von seiner Freizeit abzweigen. Den Spitzenkräften in Unterhaltung, Kunstbetrieb und Sport gesteht man einen extravaganten Lebensstil und hohe Individualität zu. Vom Spitzenmanager erwartet man eher Disziplin, Korrektheit und Gradlinigkeit.

Diese Unterschiede resultieren alle aus den unterschiedlichen Anforderungen, die die Berufe stellen. Im Quervergleich ist dennoch festzustellen, daß der Spitzenmanager ähnlich gut verdient wie die anderen Spitzenkräfte. Er muß aber eher mehr arbeiten, kann sich nicht so intensiv seiner Kernaufgabe widmen, wird weniger gut unterstützt und abgeschirmt und trägt aber – ebenso wie die Politiker – in hohem Maße Verantwortung für andere Menschen. In diesem Vergleich erscheint er nicht als Glücksritter sondern eher als eiserner Leistungserbringer.

Interessant ist in diesem Zusammenhang schon, daß die anderen Spitzenkräfte mit Spitzenmanagern nicht tauschen möchten (Grosser 1987). Sie sehen überwiegend Nachteile im Vergleich zu ihrer Tätigkeit; vor allem bietet ihnen ihr Beruf größere Freiheiten und mehr persönliche Dispositionsmöglichkeiten; auch das Einkommen könnte sie nicht locken. Sie zollen den Spitzenmanagern in der Regel hohen Respekt, betrachten ihren Job aber nicht als attraktiv.

Was treibt Spitzenmanager an? Das Einkommen kann nicht der Motor sein, denn sie haben nicht die Zeit, das Geld auszugeben, das sie erhalten. An Lebensqualität und Komfort ist im gegebenen Zeitrahmen kaum noch eine Steigerung möglich. So bleibt nur Vermögensbildung für die Erben; es muß bezweifelt werden, ob dieses Ziel, das sehr weit entfernt ist und sehr abstrakt bleibt, diesen Antrieb auslöst. Auch das Motiv der Selbstverwirklichung, das u.a. darin besteht, sich ein Denkmal zu setzen, überzeugt nicht, denn die Spitzenmanager bleiben außerhalb ihres Unternehmens ziemlich unbekannt. Außerdem geht die Zeit schnell über sie hinweg. Bleibt das Bewußtsein, Macht zu besitzen. Es fällt uns schwer, uns vorzustellen, wie sich das Machtstreben als konkreter Motivator darstellt. Machtgefühle kann auch der Eigentümer eines Unternehmensimperiums empfinden, ohne daß er so viel arbeitet wie der Spitzenmanager. Möglicherweise spielt der Spitzenmanager auch nur ein Spiel weiter, das er begonnen hat und von dessen Faszination er sich nicht lösen kann. Wahrscheinlich liegt im realen Fall eine Mischung dieser möglichen Antriebe vor.

Es müssen aber noch andere Antriebskräfte wirken. Manager sind Menschen der Tat und der Interaktion. Es liegt nahe, daß sie daraus ihre Energie und ihre Motivation schöpfen. Die Tätigkeit selbst ist es, die sie in erster Linie fasziniert und antreibt. Der Psychologe Csikszentmihalyi nennt das Erfüllung bringende Tätigsein „Flow-Erlebnis". Jeder kennt es, meist aus Hobbybereichen, in denen man respektable Leistungen erzielt. So der Skiläufer, der einen Hang herunterfährt mit harmonischem Schwung; das Gerät in der Geschwindigkeit und in der Landschaft beherrschend; zwar spontan im einzelnen Schwung, aber einer klaren Linie folgend. Das Erlebnis ist vorbei, wenn er unten angelangt ist. Das glückhafte Erleben des Flows findet während der Tätigkeit statt; danach ist Reportage. Dieses Flow-Erlebnis gibt es in allen Lebensbereichen – überall wo Könnerschaft gefragt ist oder geschaffen wird. Wir wagen die These, daß die Tätigkeit des Spitzenmanagers stark von Flow-Erlebnissen durchsetzt ist.

Betrachten wir die Hauptelemente von Flow-Erlebnissen (Csikszentmihalyi 1997, S.163 ff.) im Hinblick auf den Spitzenmanager:

1. *Jede Phase des Prozesses ist durch klare Ziele gekennzeichnet*: Der Spitzenmanager weiß genau, was er in einer Gesprächsrunde erreichen will.
2. *Man erhält ein unmittelbares Feedback für das eigene Handeln*: Das Feedback des Spitzenmanagers ist eigentlich das Jahresergebnis des Unternehmens, aber er kann sicher bei jeder einzelnen Tätig-

keit gut einschätzen, ob sie gut oder schlecht lief, z.B. eine Verhandlung mit dem Betriebsrat.

3. *Aufgaben und Fähigkeiten befinden sich im Gleichgewicht*: Der Spitzenmanager fühlt sich den Herausforderungen seines Jobs gewachsen.
4. *Handeln und Bewußtsein bilden eine Einheit*: Der Spitzenmanager ist mit voller Konzentration bei seiner jeweiligen Tätigkeit.
5. *Ablenkungen werden vom Bewußtsein ausgeschlossen*: Der Spitzenmanager vergißt während des Arbeitstages völlig die Privatsphäre oder andere Lebensbereiche.
6. *Man hat keine Versagensängste*: Die Möglichkeit eines Versagens wird vom Spitzenmanager in der Regel nicht reflektiert.
7. *Selbstvergessenheit*: Der Spitzenmanager geht vollständig in seiner Tätigkeit auf.
8. *Das Zeitgefühl wird aufgehoben:* Der Spitzenmanager vergißt die Zeit dann, wenn es um das Wesentliche geht; die Zeit vergeht im Flug.
9. *Die Aktivität wird autotelisch*; d.h. man geht einer Sache um ihrer selbst willen nach. Dies mag beim Spitzenmanager so nicht zutreffen; das Unternehmen ist schließlich kein Kunstwerk oder keine Freizeitaktivität. Aber es fällt auf, daß Spitzenmanager sich im privaten Bereich oder in sozialen Institutionen für sehr ähnliche Funktionen zur Verfügung stellen, die sie im Hauptberuf ausüben. Eigentlich wollen sie auch in diesen Nebenaktivitäten Management-Flow-Erlebnisse erfahren.

Der Spitzenmanager erfüllt fast alle Elemente für Flow-Erlebnisse; Csikszentmihalyi selbst räumt ein, daß nicht alle Kriterien erfüllt sein müssen, um Flows zu erleben. Wir können also die These, daß die Tätigkeit des Spitzenmanagers in hohem Maße mit Flow-Erlebnissen verbunden ist, aufrecht erhalten. Nun wird vieles verständlich: Er ist mit seiner Situation zufrieden; er geht in der Arbeit auf, vergißt die Zeit und vernachlässigt sein Privatleben. Er beklagt sich nicht über die enorme Belastung; er zeigt selten Unsicherheit. Der Spitzenmanager ist ähnlich wie der Geigenvirtuose, der Tennisstar oder der Erfolgsautor in der glücklichen Situation, daß ihm die Berufstätigkeit Flow-Erlebnisse beschert und er gleichzeitig fürstlich dafür belohnt wird.

5 Literaturverzeichnis

Argyris, Chris (1995): Richtig motivieren können nur wenige Chefs. In: Harvard Business manager, 1995, Nr. 1, S.9–18.

Baden, Kay (1993): Promotionen. Doktorspiele. In: manager magazin, 1993, Nr. 6, S.230–236.

Baden, Kay/Gatermann, Michael (1993): Späte Einsicht. In: manager magazin, 1993, Nr. 7, S.77–91.

Baumann, Michael/Reischauer, Claudia (1996): Mut zur Mischung. In: WirtschaftsWoche, 1996, Nr. 52, S.115–117.

Bertelsmann Stiftung (1985): Die Arbeitsmotivation von Führungskräften der deutschen Wirtschaft. Gütersloh 1985.

Biallo, Horst/Kowalewsky, Reinhard (1995): Frischer Wind. In: WirtschaftsWoche vom 14.09.1995, Nr. 38, S.104–107.

Bierach, Barbara (1995): Wie Kamele. In: WirtschaftsWoche vom 06.07.1995, Nr. 28, S.68–70.

Bierach, Barbara/Schnitzler, Lothar (1995): Frage der Dosis. In: WirtschaftsWoche vom 26.01.1995, Nr. 6, S.50–64.

Bierach, Barbara/Hieldebrandt-Woeckel, Sabine (1996): Mit vielen Barrieren. In: WirtschaftsWoche vom 27.06.1996, Nr. 27, S.58–59.

Böhmer, Reinhold/Behrens, Bolke (1995): Fast verpönt. In: WirtschaftsWoche vom 18.02.1995, Nr. 8, S.90–98.

Bröcker, Horst F. (1991): Managementkarrieren in Europa. Dissertation, Universität Stuttgart 1991.

Bronner, Rolf et al. (1991): Anforderung an Spitzen-Führungskräfte. Ergebnisse einer Delphi-Studie. In: Zeitschrift für Betriebswirtschaft, 1991, Nr. 11, S. 1227–1242.

Capital (1994): Arbeitszeit. Manager: Sechs-Tage-Woche. 1994, Nr. 1, S.120.

Capital (1994): Auswertung Persönlichkeitstest. Wie sich Führungskräfte selbst sehen. 1994, Nr. 2, S.144–150.

Capital (1994): Auslandseinsatz. Vorsicht Falle. 1994, Nr. 4, S.229.

Csikszentmihalyi, Mihaly (1997): Kreativität. Stuttgart (Klett-Cotta) 1997.

Drucker, Peter (1993): Manager in der nachkapitalistischen Ära. In: Harvard Business manager, 1993, Nr. 4, S.6–7.

Eberwein, Wilhelm/Tholen, Jochen (1990): Managermentalität. Frankfurt am Main (FAZ) 1990.

Etten, Johannes/Näser, Christian (1989): Gehälter. Goldene Zeiten. In: manager magazin, 1989, Nr. 10, S.33–38.

FAZ (1996): Über Amerikas Spitzenmanager ergießt sich ein Geldsegen. In: FAZ vom 17.07.1996.

FAZ (1996): Das Gehaltssystem in Deutschland ist noch zu starr. In: FAZ vom 17.07.1996.

FAZ (1996): Aktien sind noch kein zusätzliches Bonbon in der Managementvergütung. In: FAZ vom 11.10.1996, Nr. 237, S.34.

FAZ (1996): Deutschen Vorstandsgehältern fehlt der Bezug zur Leistung. In: FAZ vom 26.10.1996, Nr. 225, S.25.

FAZ (1996): Vergütung aktuell. In: FAZ vom 09.11.1996, Nr. 262, S.49.

FAZ-Sonntagszeitung (1996): Frauen auf dem Weg nach oben. In: FAZ-Sonntagszeitung, 17.11.1996.

Fischer, Gabriele (1991): Familienleben. Die fernen Väter. In: manager magazin, 1991, Nr. 2, S.165–169.

Fischer, Gabriele (1989): Topmanager. Zur Show verdammt. In: manager magazin, 1989, Nr. 11, S.359–373.

Fischer, Gabriele et al. (1993): Frauen, Der große Unterschied. In: manager magazin, 1993, Nr. 5, S.101–115.

Fischer, Gabriele/Risch, Susanne (1995): Wo nur die Leistung zählt. In: manager magazin, 1995, Nr. 3, S.188–191.

Fischer, Gabriele/Wilhelm, Wilfried (1995): Fauler Zauber. In: manager magazin, 1995, Nr. 9, S.220–241.

Gatermann, Michael (1989): Mentoren, Nachhilfe. In: manager magazin, 1989, Nr. 3, S.240 ff.

Gatermann, Michael/Sturm, Susanne (1990): Top-Manager, Stabile Verhältnisse. In: manager magazin, 1990, Nr. 3, S.275–281.

Geschka, Horst/Winckler, Barbara (1989): Szenarien als Grundlage strategischer Unternehmensplanung. In: technologie & management, 1989, Nr. 4, S.16–23.

Geschka, Horst/Paul, Ingeborg/Winckler-Ruß, Barbara (1996): Szenarien – ein Instrument der Unternehmensplanung. In: Zerres, Michael P./Zerres, Ingrid (Hrsg.): Unternehmensplanung. Erfahrungsberichte aus der Praxis. Frankfurt (FAZ) 1996, S.55–68.

Gloger, Axel (1996): Auch ein guter Chef ist kein Alleskönner. In: Karriere vom 05.07.1996, Nr. 128.

Grosser, Harald (1987): Mutmassung über Manager. Stuttgart (Poeschel) 1987.

Gutenberg, E. (1979): Betriebswirtschaftslehre, 23. Aufl., Berlin, Heidelberg (Springer) 1979.

Hammer, Erwin/Doetsch, Peter (1996): Vier Königswege zum nämlichen Ziel. In: Unternehmermagazin, 1996, Nr. 11, S.26–28.

Harloff, Hans-Joachim (1970): Der Einfluß psychischer Faktoren auf die Mobilität der Arbeit. Berlin 1970.

Hausmann, Helga (1994): Welche Schlüsselkompetenzen brauchen Führungskräfte? In: IO Management Zeitschrift, 1994, Nr. 4, S.39–42.

Heidrick & Struggles (1990): Der Vorstand Deutscher Aktiengesellschaften, Struktur und Entscheidungsfindung. Frankfurt (Heidrick & Struggles) 1990.

Heilmann, Wolfgang (1988): Büro im Wandel. In: Office Management, 1988, Nr. 5, S.46–51.

Hess, Martin (1988): Individuelle Arbeitszeitsysteme für Führungskräfte. St. Gallen 1988.

Hillebrand, Walter (1989): Vorstände unter Druck. In: manager magazin, 1989, Nr. 6, S.252–259.

Hofstetter, Helmut (1988): Die Leiden der Leitenden. Köln (Datakontext) 1988.

Horsch, Jürgen (1996): Internationale Stellenbesetzung. In: IO Management Zeitschrift, 1996, Nr. 1/2, S.78–80.

IAB (1995): Zahlen-Fibel, Ergebnisse der Arbeitsmarkt- und Berufsforschung in Tabellen. Institut für Arbeitsmarkt- und Berufsforschung der Bundesanstalt für Arbeit, BeitrAB 101, Bayreuth 1995.

Kahr, Dorothea (1994): Weiterbildungsseminare: Wie meßbar ist der Erfolg. In: IO Management Zeitschrift, 1994, Nr. 2, S.74.

Karriere (1990): Doktor-Titel ist in Top-Etagen häufig. In: Karriere vom 10.08.1990, S.K2.

Karriere (1996): Aufstieg in Zeitlupe. In: Karriere vom 12.07.1996, Nr. 133.

Karriere (1996): Die meisten Manager empfinden ihr Einkommen als angemessen. In: Karriere vom 02.08.1996, S.K1.

Karriere (1996): Zurück kommen sie immer. In: Karriere vom 15.11.1996, Nr. 222.

Kienbaum (1996): Consult 2/1996, Kundenzeitschrift von Kienbaum und Partner, Gummerbach 1996.

Kotter, John P. (1982): What effective general managers really do. In: Harvard Business Review, Nov.–Dez. 1982, S.156–167.

Kowalevsky, Reinhardt (1991): Scheiternde Manager. In: WirtschaftsWoche, 11.10.1991, Nr. 42, S.78–82.

Krackhardt, David/Hanson, Jeffrey R. (1994): Was das Organigramm verschweigt. Informelle Netze – die heimliche Kraftquelle. In: Harvard Business manager, 1994, Nr. 1, S.16–24.

Kruk, Max (1972): Die großen Unternehmer. Frankfurt am Main 1972.

Lentz, Brigitta (1994): Anforderung an Führungskräfte. In: Capital, 1994, Nr. 6, S.250.

Lentz, Brigitta (1993): Gefühle neu entdecken. Führungskräfte und Familie. In: Capital, 1993, Nr. 5, S.224–229.

Lentz, Brigitta/Schult, Brigitta/Schwarzer, Ursula/Ullrich, Sigrid (1988): Frauen im Management: Einbruch in den Herrenclub. In: manager magazin, 1988, Nr. 5.

Management Wissen (1985): Managergehälter. 1985, Nr. 4, S.38–39.

Management Wissen (1985): Wer ist Manager? 1985, Nr. 8, S.55.

Management Wissen (1991): Aufstieg in Großunternehmen. 1991, Nr. 5, S.16–39.

Mintzberg, Henry (1973): The Nature of Managerial Work. New York 1973.

Mintzberg, Henry (1990): Zwischen Fakt und Fiktion – der schwierige Beruf Manager. In: Harvard Manager, 1990, Nr. 4, S.86–98.

Motivation (1996): Home sweet home. 1996, Nr. 4, S.30 f.

Näser, Christian (1995): Großes Einmaleins. In: Unternehmer Magazin 1995, Nr. 6, S.11.

Nayhauss, Dirk von (1996): Viele Manager halten sich für den Master of Universe. In: Karriere vom 08.11.1996, Nr. 217.

Ogger, Günter (1995):Nieten in Nadelstreifen. München (Droemer) 1995.

Osterloh, Margit/Wübker, Sigrid (1995): Weiblicher Führungsnachwuchs: Einbruch in den Herrenclub? In: IO Management Zeitschrift, 1995, Nr. 10, S.59–63.

Page, Peter (1990): Managementprinzipien in einem dynamisch wachsenden Unternehmen. In: Küpper, Hans-Ulrich/Mellwig, Winfried et al. (Hrsg.): Unternehmensführung und Controlling. Wiesbaden: (Gabler) 1990, S.125–147.

Pippke, W./Wolfmeyer. P. (1976): Die berufliche Mobilität von Führungskräften in Wirtschaft und Verwaltung. Baden Baden (Nomos) 1976.

Podsiadlowski, Astrid (1996): Interkulturelle Kompetenz. In: IO Management Zeitschrift, 1996, Nr. 1/2, S.74–77.

Poensgen, Otto H. (1982): Der Weg in den Vorstand. In: Die Betriebswirtschaft, 1982, Nr. 1, S.3–25.

Raithel, Helmut (1991): Unternehmensberater. Die Klagen der Klienten. In: manager magazin, 1991, Nr. 11, S.200–213.

Rechkemmer, Kuno (1994): Topmanager endlich on-line? In: Harvard Business manager, 1994, Nr. 1, S.26–31.

Regnet, Erika (1996): Wie gehen Manager mit Konflikten um? In: IO Management Zeitschrift, 1996, Nr. 3, S.35–38.

Reichwald, Ralf/Goecke, Robert (1996): Was tut ein Top-Manager an einem durchschnittlichen Arbeitstag? Neue Telemedien und die Arbeitssituation von Top-Managern. In: Hersteiner, Fachzeitschrift für Management-Entwicklung, 1996, Nr. 4, S.7–13.

Reischauer, Claudia/Schnitzler, Lothar (1995): Wie ein Zwölfzylinder. In: WirtschaftsWoche vom 23.03.1995, Nr. 13, S.76–97.

Riecker, Jochen (1996): Digitales Dilemma. In: manager magazin, 1996, Nr.1, S.170–176

Risch, Susanne (1991): Euromanager. In: manager magazin, 1991, Nr. 11, S.312–323.

Rosenstiel v., Lutz (1994): Teamentwicklung. In: IO Management Zeitschrift, 1994, Nr. 2, S.78–82.

Sachse, Christian (1988): Manager im Urlaub. In: Management Wissen, 1988, Nr. 8, S.88–92.

Scherer, Hans-Peter (1991): Managergehälter. In: Management Wissen, 1991, Nr. 9, S.17–29.

Scherer, Hans-Peter (1993): Manager-Enquete. Schlechte Zeugnisse. In: WirtschaftsWoche, 1993, Nr. 9, S.40–46.

Scheuch, Erwin K. (1995a): Sich gegenseitig bewundern. In: WirtschaftsWoche vom 16.02.1995, Nr. 8, S.98

Scheuch, Erwin K. (1995b): Hochadel auf Zeit. In: manager magazin, 1995, Nr. 3, S.191–201.

Schilling, Florian (1994): Die Ordnung der Wirtschaft. Der Aufsichtsrat ist für die Katz. In: FAZ vom 27.08.1994, Nr. 199, S.11.

Schnitzler, Lothar (1992): Manager und Computer: Distanz aufgegeben. EDV-Bazillus. In: WirtschaftsWoche, 1992, Nr. 4, S.36–37.

Schnitzler, Lothar (1995): Ruhiger gemacht. In: WirtschaftsWoche, 1995, Nr. 73, S.76.

Schreyögg, Georg/Hübl, Gudrun (1992): Manager in Aktion: Ergebnisse einer Beobachtungsstudie in mittelständischen Unternehmen. In: zfo, 1992, Nr. 2, S.82–88.

Schütz, Dirk (1995): Zerstörte Kreativität. In: WirtschaftsWoche vom 13.07.1995, Nr. 29, S.64.

Schumacher, Claudia (1996): Weibliche Höhenangst. In: Focus, 1996, Nr. 44, S. 284–292.

Shapiro, Eileen C. et al. (1994): Vier Entscheidungen stellen die Weichen für den Beratererfolg. So werden Berater richtig eingesetzt. In: Harvard Business manager, 1994, Nr. 1, S.108–117.

Sokianos, Nicolas (1996): Auf der Suche nach Spitzenkräften. In: Harvard Business manager, 1996, Nr. 2, S.71–80.

Spiegel-Verlag (1980): Akademiker in Deutschland. Hamburg 1980.

Sprenger, Reinhard K. (1996): Mythos Motivation. Frankfurt (Campus) 1996.

Streich, Richard K. (1994): Managerleben, im Spannungsfeld von Arbeit und Familie. Paderborn (Beck) 1994.

Thiede, Roger (1996): Beruflich Profi privat Amateur. In: Focus, 1996, Nr. 16, S.170–178.

Thiesen, Manuel R./Hemel, Ulrich (1996): Ist ein Dr.-Titel heute noch karrierefördernd? In: WirtschaftsWoche vom 18.07.1996, Nr. 30, S.71.

Tödtmann, Claudia (1996): Mit eiserner Disziplin. In: WirtschaftsWoche vom 27.06.1996, Nr. 27, S.60.

Volk, Hartmut (1996): Coaching dient der Persönlichkeitsentwicklung. In: IO Management Zeitschrift, 1996, Nr. 1/2, S.81 f.

Weisfeld, Michael (1990): Manager im Visier. In: WirtschaftsWoche 23.11.1990, Nr. 48, S.88–89.

Wilpert, Bernhardt (1977): Führung in deutschen Unternehmen. Berlin, New York (de Gruyter) 1977.

WirtschaftsWoche (1994): Karrierewege. In: WirtschaftsWoche vom 7.1.1994, Nr. 1/2, S.56.

WirtschaftsWoche (1994): Lukrative Nebenleistungen. In: WirtschaftsWoche vom 25.03.1994, Nr. 13, S.86.

WirtschaftsWoche (1994): Karriere. Besser gleich zur Uni. In: WirtschaftsWoche vom 27.5.1994, Nr. 21, S.8.

Wirtschaft & Weiterbildung (1997): Fitmachen für den Durchbruch. In: Wirtschaft & Weiterbildung, 1997, Nr. 1, S.56–60.

Wittenzeller, Christine (1987): Auslandsmanager, Heimkehr ohne Reue. In: Management Wissen, 1987, Nr. 1, S.74–84.

Wittenzeller, Christine (1994): Vom Glauben, Mitarbeiter motivieren zu können. In: IO Management Zeitschrift, 1994, Nr. 6, S.72–74.

Wuppermann, Martin (1989): Geschäftsführer in Deutschland. Frankfurt/M., New York (Campus) 1989.

6 Anhang: Vorgehen und Grundlagen

Die Zukunftsbilder für den Spitzenmanager wurden mit Hilfe der Szenariotechnik entwickelt. In diesem Kapitel werden dem interessierten Leser die Szenariotechnik und die wichtigsten Ergebnisse der Anwendung dieser Methodik für unser Thema „Spitzenmanager“ vorgestellt.

Im Abschn. 6.3. werden alle 39 Einflußfaktoren in ihrer Ist-Situation und als Projektion für das Jahr 2007 beschrieben. Es sei darauf hingewiesen, daß viele dieser Einflußfaktoren auch für andere Fragestellungen von Interesse sein können. Aus dieser Zusammenstellung kann also auch unabhängig vom Thema „Spitzenmanager“ Nutzen gezogen werden.

6.1 Die Szenariotechnik – eine komplexe Methodik

Zum Verständnis von Szenarien

Der Wunsch, in die Zukunft zu sehen und Bilder der Zukunft aufzuzeigen, ist wahrscheinlich so alt wie die Geschichte des intelligenten Menschen. Bereits in den frühen Epochen aller Kulturvölker finden sich meist kultische Formen der Schau in die Zukunft (Wahrsager, Seher). Im Laufe der Geschichte haben Religionsgründer und Poeten aber auch Philosophen, Soziologen und Politiker immer wieder Bilder der Zukunft gezeichnet. Viele dieser Zukunftsbilder sind zwar denkbar, aber in ihrem Entwurf und ihrer Entwicklung nicht plausibel nachvollziehbar. Es gehörte ein gutes Stück Glaube dazu, sich bei Entscheidungen an solchen Zukunftsvisionen zu orientieren.

Szenarien werden dagegen systematisch aus der gegenwärtigen Situation heraus entwickelt; es sind plausible Zukunftsbilder (Geschka/Winckler 1989). Unter einem Szenario versteht man sowohl die Be-

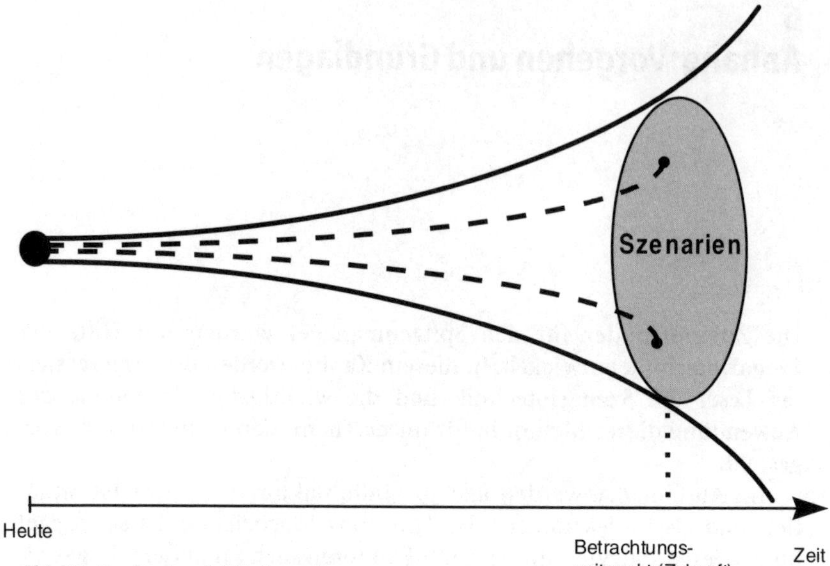

Abb. 27. Das Denkmodell für Szenarien

schreibung einer möglichen zukünftigen Situation als auch des Pfades, der zu dieser zukünftigen Situation hinführt.

Das Denkmodell der Abb. 27 verdeutlicht, was unter Szenarien zu verstehen ist: Die Gegenwart ist durch bestehende Grenzen, Bauten, Infrastruktureinrichtungen, Normen, Gesetze, Kenntnisse und Verhaltensmuster geprägt, die sich kurzfristig nicht ändern. Die Entwicklung der nahen Zukunft (zwei bis drei Jahre) ist durch diese Strukturen der Gegenwart weitgehend festgelegt. Versucht man aus dem Heute heraus die fernere Zukunft zu prognostizieren, dann nimmt der Einfluß der Gegenwartsstrukturen ab und das Möglichkeitsspektrum öffnet sich wie ein Trichter. Dieser Trichter weitet sich exponentiell je weiter man in die Zukunft blickt. In der ganz fernen Zukunft ist nahezu alles möglich.

Die verschiedenen Zukunftsbilder für einen Zeitpunkt befinden sich auf der Schnittfläche durch den Trichter. Ein Entwicklungspfad (gestrichelte Linie), der durch die wirksamen Einflußfaktoren bestimmt ist, führt zu einem bestimmten Zukunftsbild (Szenario).

Grundsätzlich ist die Zukunft nicht vorhersagbar. Man kann aber plausible Annahmen über die Entwicklung der Einflußfaktoren in der Zukunft treffen. Da für diese Einflußfaktoren z.T. unterschiedliche, alternative Annahmen gemacht werden müssen, ergeben sich auch unterschiedliche Zukunftsbilder. Das Trichtermodell (Abb. 27) verdeutlicht dies ebenfalls.

Es hat sich gezeigt, daß es keinen Sinn macht, mehr als zwei oder drei Szenarien zu entwickeln. Die Szenarien sollen deutlich unterschiedliche Konstellationen beschreiben. Die reale Zukunft wird sich zwischen diesen Fixpunkten einstellen.

Szenarien werden mit Hilfe der Szenariotechnik erarbeitet. Diese Methodik läßt sich durch folgende Charakteristika kennzeichnen:

- Ausgangspunkt ist eine gründliche Analyse der gegenwärtigen Situation, die zu einem Verständnis der Wirkungszusammenhänge führt.
- Für Einflußfaktoren mit unsicherer Zukunftsentwicklung werden sinnvolle alternative Annahmen getroffen.
- Als Ergebnis werden mehrere alternative Zukunftsbilder vorgelegt, die in sich konsistent (stimmig) sind.

Die Szenariotechnik geht in acht Schritten vor. Szenarien lassen sich für jedes abgrenzbares Thema – somit auch für das Thema „Spitzenmanager" – erarbeiten (Geschka et al. 1996).

Die Schritte der Szenariotechnik

1. Schritt:
Strukturierung und Definition des Untersuchungsfeldes

Als erstes muß das Untersuchungsfeld (Thema) abgegrenzt werden. Strukturmerkmale und Kenngrößen sind zu ermitteln. Der gegenwärtige Zustand des Themenfelds wird beschrieben.

Die Ist-Situation des „Spitzenmanagers" wird im Kapitel 2 dargestellt.

2. Schritt:
Identifizierung und Strukturierung der Einflußfaktoren auf das Untersuchungsfeld

Alle externen Einflußfaktoren auf das Untersuchungsfeld werden gesammelt (ca. 30 bis 50 Einflußfaktoren), sortiert und zu Bündeln zusammengefaßt. Die strukturierten Einflußfaktoren werden hinsichtlich ihrer Wirkungsintensität bewertet.

3. Schritt:
Ermittlung von Trends und von Alternativ-Deskriptoren

Für die ermittelten Einflußfaktoren werden Kenngrößen (Deskriptoren) formuliert. Die Deskriptoren sollen alle wichtigen Einflußfaktoren abdecken. (Die Zahl der Deskriptoren liegt meistens zwischen 20 und 45.) Durch die Deskriptoren sollten – soweit wie möglich – quantifizierbare Entwicklungen erfaßt werden. Der größte Teil der Einflußfaktoren ist jedoch qualitativer Art.

Für alle Deskriptoren ist der Ist-Zustand zu kennzeichnen. Darauf aufbauend werden Projektionen für das Szenario-Zieljahr aufgestellt. Es ist sinnvoll auf bekannte Prognosen und auf Expertenwissen zurückzugreifen. Für viele Deskriptoren werden sich klare, eindeutige Trends abzeichnen. Für eine Reihe von Deskriptoren wird sich allerdings herausstellen, daß unterschiedliche Entwicklungen eintreten könnten. In diesem Falle sollte kein Kompromiß gesucht werden, sondern die möglichen Entwicklungsverläufe sind als alternative Annahmen festzuschreiben. Sowohl für die eindeutigen Projektionen als auch für die alternativen Annahmen sind einsichtige, plausible Begründungen anzugeben.

Für unseren Fall „Spitzenmanager“ ergaben sich 39 Deskriptoren. Ist-Situation, Projektionen oder Alternativ-Annahmen für 2007 sind im Abschn. 6.3. zusammengestellt.

4. Schritt:
Bildung und Auswahl alternativer konsistenter Annahmenbündel

In diesem Arbeitsschritt werden die verschiedenen alternativen Annahmen zu in sich weitgehend stimmigen Bündeln zusammengefügt. Dazu wird ein Rechenalgorithmus eingesetzt. Das Softwareprogramm INKA geht von einer Matrix aus, in der die Ausprägungen aller Alternativ-Deskriptoren einander gegenübergestellt werden. Es wird abgeschätzt, welche Ausprägungen sich gegenseitig verstärken, welche neutral und welche widersprüchlich zueinander sind. INKA stellt daraus mehrere konsistente Annahmenbündel zusammen. Aus diesen Bündeln werden zwei bis drei Sätze nach dem Kriterien „hohe Konsistenz“ und „hohe Unterschiedlichkeit“ ausgewählt. Sie bilden das Gerüst für die im nächsten Schritt zu formulierenden Szenarien.

In unserem Fall entstanden zwei deutlich unterschiedliche Szenariostrukturen; sie sind im Abschn. 6.2. wiedergegeben.

5. Schritt:
Ausarbeitung ***der ausgewählten Umfeldszenarien***

Die Szenarien sollen aus der Gegenwart heraus entwickelt werden. Der gedankliche Sprung in die Zukunft sollte nicht zu weit greifen. Man geht in Zwischenschritten - meist von fünf Jahren - vor. Zu jeden Zwischenzeitpunkt wird ein inhaltlicher Abgleich vorgenommen und im neuen Zeitabschnitt werden Reaktionen auf Entwicklungen in der vorangehenden Periode verfolgt. So entsteht ein vernetzter Entwicklungsablauf, der sich von der Gegenwart bis zum Szenario-Zieljahr erstreckt.

Im Kapitel 3 werden die Umfelder der beiden „Spitzenmanager" vorgestellt.

6. Schritt:
Einführung signifikanter Trendbruchereignisse

Ein Trendbruchereignis ist ein plötzlich auftretendes Ereignis, das vorher als Trend nicht erkennbar war und Entwicklungsverläufe in eine andere Richtung lenkt. Bei den Ereignissen kann es sich um Katastrophen wie Erdbeben, Reaktorexplosionen, Tankerunfälle oder terroristische Anschläge, handeln; es kommen aber auch politische Ereignisse oder technologische Durchbrüche in Frage. Zur Ermittlung von Trendbruchereignissen werden Kreativitätstechniken angewandt.

Dieser Schritt ist fakultativ. Da der Fall „Spitzenmanager" keinen strategischen Charakter hat, wurde dieser Schritt hier nicht für sinnvoll erachtet.

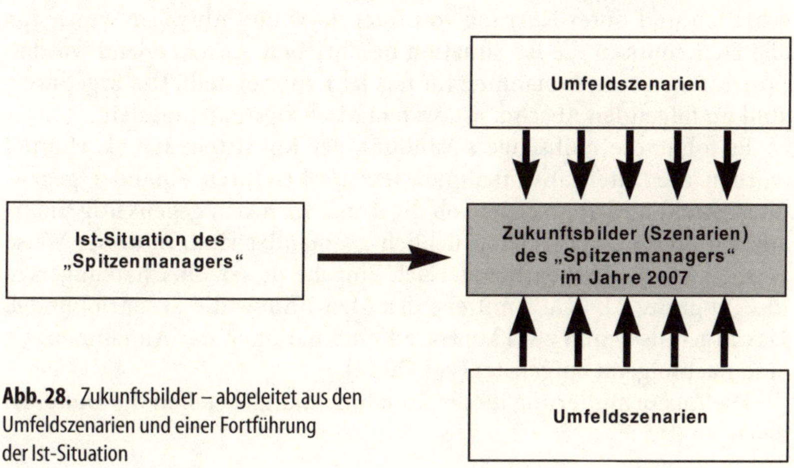

Abb. 28. Zukunftsbilder – abgeleitet aus den Umfeldszenarien und einer Fortführung der Ist-Situation

7. Schritt:
Ausarbeitung der Untersuchungsfeld-Szenarien

Ausgehend von der Ist-Situation werden die Zukunftsbilder aus den Umfeldszenarien abgeleitet (vgl. Abb. 28); sie werden interpretiert und anschaulich dargestellt.

Die beiden Zukunftsbilder des „Spitzenmanagers" finden sich im Kapitel 3.

8. Schritt::
Konzipieren von Maßnahmen

Dieser Schritt ist im engeren Sinne nicht mehr Gegenstand der Szenariotechnik. Auf die Szenarioerarbeitung soll direkt anschließend die Umsetzung in Strategien und Maßnahmen folgen.

Auch dieser Schritt entfiel für den „Spitzenmanager".

6.2 Erarbeitung und Struktur der Szenarien

Kurze Darstellung des Vorgehens

Die Szenarien für den Spitzenmanager wurden so erarbeitet, wie es im vorangehenden Abschnitt beschrieben wurde.

Aus über 60 möglichen Einflußfaktoren wurden 39 nach einer Bewertung ihrer Wirkungsstärke herausgefiltert; durch Umformulierung entstanden die 39 Deskriptoren.

Nach umfangreichen Materialsammlungen in Zeitungen und Zeitschriften und unter Nutzung von Interviews und Abfragen wurde für alle Deskriptoren die Ist-Situation beschrieben. Anschließend wurden Projektionen bzw. Annahmen für das Jahr 2007 erstellt. Die Ergebnisse sind im folgenden Abschn. 6.3. systematisch zusammengestellt.

Es folgte die mühselige Ausfüllung der Konsistenzmatrix. Hierbei wurden alle Alternativannahmen der Deskriptoren einander gegenübergestellt und abgeschätzt, ob die Annahmen sich gegenseitig unterstützen oder ob sie widersprüchlich zueinander sind. In dieser Weise wurden 722 Felder bearbeitet. Nach Eingabe dieser Einschätzungen in das Programm INKA ermittelte der Algorithmus die Szenariobündel. Das Ergebnis waren zwei konträre Kombinationen der Annahmen; sie sind nachfolgend aufgelistet (vgl. Tab. 5).

Die Ausformulierung dieser Annahmenbündel stellen die Umfeldszenarien dar.

Tabelle 5. Die Kombination der Deskriptorenausprägungen für Szenario I und II

	Szenario I (Der isolierte Krisenbewältiger)	**Szenario II** (Der gespaltene Visionär)
I. Gesellschaftliche Entwicklungen		
1. Einstellung zur Technik	Negative, emotionale Einstellung zur Technik	Positive, kritische Einstellung zur Technik
2. Einstellung zu Arbeit und Freizeit	Arbeit und Freizeit gleichermaßen sinngebend; Eigeninitiative, Erlebnissuche und Lernen in der Freizeit	Arbeit und Freizeit gleichermaßen sinngebend; Eigeninitiative, Erlebnissuche und Lernen in der Freizeit
3. Selbstwertgefühl der Mitarbeiter	Emanzipierte Mitarbeiter	Emanzipierte Mitarbeiter
4. Stellung der Frau im Beruf	Karrierechancen deutlich besser	Karrierechancen deutlich besser
5. Stellenwert der Familie	Zwei Verhaltensmuster nebeneinander: Beruf steht im Vordergrund, Familie steht im Vordergrund	Hoher Stellenwert der Familie; Beruf und Familie sind vereinbar
6. Ansehen des Managers in der Gesellschaft	Vorwiegend negativ	Positiv; gesellschaftlich geachtet
7. Einfluß der Öffentlichkeit auf die Unternehmen	Starker Einfluß der Öffentlichkeit auf die Unternehmen	Starker Einfluß der Öffentlichkeit auf die Unternehmen
8. Gewalt und Kriminalität	Anstieg der Kriminalität und der Aktivitäten radikaler Gruppen	Kriminalitätsrate konstant; Rückgang der extremistischen Aktivitäten
II. Politik		
1. Weltpolitische Lage	Relativ stabil; zunehmende Bedeutung der internationalen Organisationen	Relativ stabil; zunehmende Bedeutung der internationalen Organisationen
2. Entwicklung der Europäischen Union	Europäischer Binnenmarkt bei uneinheitlicher Wirtschaftspolitik	Politische und wirtschaftliche Union
3. Einfluß des Staates auf die Unternehmen	Zunehmende Beeinflussung durch verstärkte Industriepolitik und mehr Schutzbestimmungen	Rückgang der staatlichen Reglementierungen
4. Interessensvertretungen der Arbeitnehmer	Großer Einfluß der Gewerkschaften; sie setzen sich für ein erweitertes Spektrum von Arbeitnehmerinteressen ein	Geringerer Einfluß der Gewerkschaften; stärkere Position des Betriebsrates
5. Ökologische Organisationen	Ökologische Forderungen sind in das Verhalten der Menschen eingeflossen	Ökologische Forderungen sind in das Verhalten der Menschen eingeflossen

Tabelle 5. Die Kombination der Deskriptorenausprägungen für Szenario I und II (Forts.)

	Szenario I (Der isolierte Krisenbewältiger)	**Szenario II** (Der gespaltene Visionär)
III. Wirtschaft		
1. Globalisierung der Wirtschaft	Globale Ausrichtung wird praktiziert und setzt sich im Denken durch	Globale Ausrichtung wird praktiziert und setzt sich im Denken durch
2. Welthandelsvolumen	Welthandelsvolumen steigt bei strukturellen Änderungen; neue Märkte entstehen	Welthandelsvolumen steigt bei strukturellen Änderungen; neue Märkte entstehen
3. Konzentrationstendenzen	Konzentration auf Kerngeschäfte in globaler Sicht; Geflechte kleiner Zulieferer und Dienstleister	Konzentration auf Kerngeschäfte in globaler Sicht; Geflechte kleiner Zulieferer und Dienstleister
4. Gesamtwirtschaftliche Lage	Schwache Wirtschaftslage bei über fünf Mio. Arbeitslosen und gesunkenem Export	Belebte Konjunktur bei weniger als drei Miio. Arbeitslosen und gutem Exportgeschäft
5. Innovationspolitik der Unternehmen	Breitere Anwendung bestehender Technologien bei stagnierender Innovationsrate	Hohe Innovationsrate in bestimmten Feldern
IV. Infrastruktur		
1. Verkehrssysteme	Das Kraftfahrzeug bleibt weiterhin wichtigtes Verkehrsmittel	Erhebliche Zunahme des öffentlichen Verkehrs
2. Telekommunikation	Nahezu lückenlos vernetzte und umfassende Telekommunikation	Nahezu lückenlos vernetzte und umf. Telekommunikation
3. Beratungswesen	Umfassendes, nur noch langsam wachsendes Angebot an Beratungsleistungen; Beratung ist ein fester Bestandteil des Managements	Umfassendes, nur noch langsam wachsendes Angebot an Beratungsleistungen; Beratung ist ein fester Bestandteil des Managements
4. Standortqualität	Stetige Verschlechterung der Standortqualität; im internationalen Vergleich nur noch mittlere Position	Wieder bessere Standortqualität
V. Mitarbeiterqualifikation		
1. Berufsqualifizierende Ausbildung	Abiturientenquote über 30%; verstärktes Interesse am dualen Bildungssystem; rückläufige Studentenzahlen	Abiturientenquote deutlich über 30%; hoher Akademisierungsgrad; fehlende Arbeitskräfte in Handwerk u. Gewerbe
2. DV-Ausbildung	Niveau und Umfang der DV-Ausbildung stark gestiegen; Bedarf an Spezialisten geht zurück	Niveau und Umfang der DV-Ausbildung stark gestiegen; Bedarf an Spezialisten geht zurück

Tabelle 5. Die Kombination der Deskriptorenausprägungen für Szenario I und II (Forts.)

	Szenario I (Der isolierte Krisenbewältiger)	**Szenario II** (Der gespaltene Visionär)
3. Sozialfähigkeiten	Wichtiges Qualifizierungsmerkmal; gezielte Schulung	Wichtiges Qualifizierungsmerkmal; gezielte Schulung
4. Personalentwicklung in den Unternehmen	Gezielte Personalentwicklung nur vereinzelt betrieben	Personalentwicklungskonzepte weit verbreitet
5. Fortbildungsangebote	Angebot bleibt unübersichtlich	Überschaubares Fortbildungsangebot mit hohen Qualitätsstandards
VI. Bürotechnik und Büroausstattung		
1. Informations- und kommunikationssysteme	Vollständige EDV-Durchdringung in allen Unternehmensbranchen; integrierte Systeme	Vollständige EDV-Durchdringung in allen Unternehmensbranchen; integrierte Systeme
2. Technische Konferenz- und Schulungseinrichtungen	Hohes technisches Niveau	Hohes technisches Niveau
3. Sicherheitseinrichtungen	Hohe Verbreitung in allen Branchen; technische Verbesserungen; Sicherheitssoftware	Hohe Verbreitung in allen Branchen; technische Verbesserungen; Sicherheitssoftware
4. Nicht-technische Büroeinrichtungen	Geprägt durch Design im Sinne der Corporate Identity; neue Raumgestaltungskonzepte	Geprägt durch Design im Sinne der Corporate Identity; neue Raumgestaltungskonzepte
VII. Entwicklungen in der Unternehmensorganisation		
1. Aufsichtsgremien	Passive Aufsichtsräte	Professionalisierung der Aufsichtsräte; Beiräte vor allem in kleinen und mittelständischen Unternehmen wichtig
2. Unternehmensethik	Keine eigenständige Bedeutung der Unternehmensethik	Große Bedeutung der Unternehmensethik
3. Organisationsstrukturen	Kein gewollter kontinuierlicher Wandel der Organisationsstrukturen	Permanente Reorganisation
4. Arbeitszeitmodelle	Längere Betriebszeiten bei relativ starren individuellen Arbeitszeiten	Längere Betriebszeiten bei gleichzeitiger Flexibilisierung der individuellen Arbeitszeiten
5. Telearbeit	Heim-Telearbeit wenig verbreitet	Telearbeit gewinnt an Bedeutung

Tabelle 5. Die Kombination der Deskriptorenausprägungen für Szenario I und II (Forts.)

	Szenario I (Der isolierte Krisenbewältiger)	**Szenario II** (Der gespaltene Visionär)
6. Cost und Profit Center	Nur in einzelnen Branchen und in größeren Unternehmen verbreitet	Profil Center voll etabliert
7. Projektmanagement	Projektmanagement hat sich durchgesetzt und wird professionell durchgeführt	Projektmanagement hat sich durchgesetzt und wird professionell durchgeführt
8. Vergütungssysteme	Tariflöhne sind weiterhin die Grundlage; vielfältige variable Vergütungssysteme in Anwendung	Tariflöhne sind weiterhin die Grundlage; vielfältige variable Vergütungssysteme in Anwendung

6.3 Die Einflußfaktoren (Deskriptoren)

Im folgenden sind die 39 wichtigsten Einflußfaktoren auf den „Spitzenmanager" zusammengestellt. Sie sind Grundlage der Szenarien. Für jeden Deskriptor (Einflußfaktor) wird zunächst die gegenwärtige Situation gekennzeichnet. Für den Zeitpunkt 2007 wird eine Projektion wiedergegeben, wenn nur eine Entwicklung zu erkennen ist. Im anderen Fall, werden zwei mögliche, plausible Zukunftszustände aufgezeigt.

Basis der Ist-Darstellungen, aber auch der Projektionen für den Zeitpunkt 2007, waren umfangreiche Materialsammlungen, die in den Jahren 1991 bis 1996 vorgenommen wurden. Folgende Zeitungen und Zeitschriften wurden ausgewertet: FAZ, Manager-Magazin, Wirtschafts-Woche, Die Welt, Blick durch die Wirtschaft, Handelsblatt, Karriere (Beilage des Handelsblatts), BMFT-Journal, Focus, VDI-Nachrichten. Dazu kommen spezielle Fachzeitschriften und Bücher mit Bezug zu den einzelnen Themen. Insgesamt wurden mehr als 500 Literaturstellen verarbeitet.

Die Deskriptoren werden hier verkürzt dargestellt. Die Langfassungen mit Angabe der zugrundeliegenden Literatur können für eine Schutzgebühr von 30,– DM zzgl. Porto und Verpackung beim Autor angefordert werden.

Um Übersichtlichkeit über die Einflußbereiche und die Deskriptoren zu schaffen und ein gezieltes Nachschlagen zu erleichtern, ist in Tabelle 6 die Struktur der Einflußbereiche und Deskriptoren tabellarisch wiedergegeben.

Es folgen die Kennzeichnungen aller Deskriptoren.

Tabelle 6. Übersicht über die Einflußbereiche und Einflußfaktoren (Deskriptoren) auf den Spitzenmanager

I. Gesellschaftliche Entwicklungen	Seite
1. Einstellung zur Technik	144
2. Einstellung zu Arbeit und Freizeit	145
3. Selbstwertgefühl der Mitarbeiter	146
4. Stellung der Frau im Beruf	147
5. Stellenwert der Familie	148
6. Ansehen des Managers in der Gesellschaft	150
7. Einfluß der Öffentlichkeit auf die Unternehmen	150
8. Gewalt und Kriminalität	151
II. Politik	
1. Weltpolitische Lage	153
2. Entwicklung der Europäischen Union	155
3. Einfluß des Staates auf die Unternehmen	156
4. Interessensvertretungen der Arbeitnehmer	157
5. Ökologische Organisationen	159
III. Wirtschaft	
1. Globalisierung der Wirtschaft	161
2. Welthandelsvolumen	162
3. Konzentrationstendenzen	163
4. Gesamtwirtschaftliche Lage	164
5. Innovationspolitik der Unternehmen	166
IV. Infrastruktur	
1. Verkehrssysteme	168
2. Telekommunikation	169
3. Beratungswesen	171
4. Standortqualität	172
V. Mitarbeiterqualifikation	
1. Berufsqualifizierende Ausbildung	174
2. DV-Ausbildung	175
3. Sozialfähigkeiten	176
4. Personalentwicklung in den Unternehmen	177
5. Fortbildungsangebote	178

Tabelle 6. Übersicht über die Einflußbereiche und Einflußfaktoren (Deskriptoren) auf den Spitzenmanager (Forts.)

VI. Bürotechnik und Büroausstattung	Seite
1. Informations- und Kommunikationssysteme	180
2. Technische Konferenz- und Schulungseinrichtungen	181
3. Sicherheitseinrichtungen	181
4. Nicht-technische Büroeinrichtungen	182

VII. Entwicklungen in der Unternehmensorganisation	
1. Aufsichtsgremien	184
2. Unternehmensethik	185
3. Organisationsstrukturen	186
4. Arbeitszeitmodelle	187
5. Telearbeit	188
6. Cost und Profit Center	190
7. Projektmanagement	191
8. Vergütungssysteme	192

I Gesellschaftliche Entwicklungen

1 Einstellung zur Technik

Ist-Situation:

Hohe Akzeptanz der Technik bei kritischem Bewußtsein

Die generell optimistische Haltung gegenüber der Technik in den 50er und 60er Jahren ist heute einer kritischeren Betrachtung gewichen. Die Lebensqualität ist neben materieller und physischer Sicherheit ein wichtiges Element gesellschaftlicher Wertvorstellungen und somit ein zentrales Kriterium für die Bewertung von Technologien. Dennoch setzen drei Viertel der Deutschen große Hoffnung auf den technisch-wissenschaftlichen Fortschritt. Der nutzbringende Einsatz moderner Technologien am Arbeitsplatz und zu Hause wird positiv empfunden. Dies gilt insbesondere für die Anwendungen von Informationstechnologien.

Situation 2007:

A: Positive, kritische Einstellung zur Technik

Die Menschen haben zum großen Teil eine positive Grundeinstellung zur Technik, die aber mit einer differenzierten Bewertung einhergeht. Die wohlwollende Bereitschaft zur Übernahme technischer Neuerungen ist mit einer kritischen Analyse der möglichen Folgen einzelner Technologien für die Gesellschaft und den Einzelnen verbunden. Diese Sensibilität ist auch bei der jüngeren Generation ausgeprägt vorhanden, für die der Technikeinsatz mittlerweile selbstverständlich geworden ist.

B: Negative, emotionale Einstellung zur Technik

Die Technik entwickelt sich in vielen Bereichen derart schnell, daß für einen Großteil der Bevölkerung ihre Auswirkungen nicht mehr abschätzbar sind. Dadurch herrscht in der Gesellschaft überwiegend die Meinung vor, daß der Mensch der Technik und den dahinterstehenden Konzernen ausgeliefert ist. Die Folge ist eine emotional geführte, technikfeindliche Debatte über die Auswirkungen des Technikeinsatzes.

2
Einstellung zu Arbeit und Freizeit

Ist-Situation:

Die Freizeitwelt tritt neben die Arbeitswelt bei hohem Bedarf an Fremdorganisation

Die Freizeit hat neben der Arbeitswelt durch eine wachsende Freizeitorientierung der Menschen einen hohen Eigenwert erhalten. Die Arbeit wird aber weiterhin als Lebensbasis und zur Sicherung der Lebensexistenz als wichtig anerkannt. Die Arbeitswelt wird jedoch zunehmend als sinnvoller Teil des Lebens erfahren und das Bedürfnis nach deren aktiven Gestaltung steigt.
Diese Tendenz schlägt sich in den unterschiedlichen gesellschaftlichen Gruppierungen in verschiedener Stärke nieder. Besonders stark finden sich sinnstiftende Werte bei Jugendlichen mit Hochschulabschluß, bei denen nur dann Bereitschaft besteht, Engagement und Leistung zu bringen, wenn es um einsichtige Ziele geht. Personen mit niedrigerem Bildungsabschluß messen sinnstiftenden Werten wesentlich weniger Bedeutung bei.

Ihre Freizeit an Werktagsabenden verbringen die meisten Menschen mit Musikhören, gefolgt von Fernsehen und Zeitunglesen. Hinzu kommen gesundheitsfördernde und gesellige Aktivitäten. Einen höheren Stellenwert hat die Wochenend- und Jahresfreizeit. Der Jahresurlaub wird von der Hälfte der Menschen im Ausland verbracht, wobei häufig Komplettangebote der Touristikunternehmen in Anspruch genommen werden. Auch bei individueller Anreise zum Urlaubsort werden am Ort in hohem Maße touristische Angebote genutzt.

Situation 2007:

Arbeit und Freizeit gleichermaßen sinngebend;
Eigeninitiative, Erlebnissuche und Lernen in der Freizeit

Die Freizeit ist für den größten Teil der Menschen gleichberechtigt neben die Arbeitswelt getreten. Sie streben während der Arbeit und während der freien Zeit die Erfüllung ihrer Bedürfnisse durch Selbstentfaltung und Eigengestaltung an. Die Ansprüche an die Arbeitswelt steigen. Die Arbeitsleistung ist maßgeblich davon abhängig, daß sie Befriedigung geben kann; bei Frustration suchen die Menschen die Erfüllung ihrer Bedürfnisse in der Freizeit.

Drei Trends der Freizeitgestaltung, denen der Einzelne entsprechend seiner persönlichen Einstellung und Lebenssituation in unterschiedlichem Maße folgt, zeichnen sich ab:

- Viele Freizeitaktivitäten werden in Eigeninitiative ausgeführt.
- Das Freizeitverhalten ist durch eine gesteigerte Erlebnissuche zur Überwindung innerer Leere und Langeweile gekennzeichnet. Als Folge davon hat sich ein Trend hin zu extremen Erlebnisformen, z.B. Extremsportarten, skurile Happenings, absurde Wetten, u.ä., entwickelt.
- Im Rahmen von Freizeitaktivitäten wird viel gelernt – sei es als Voraussetzung um bestimmte Hobbys überhaupt erst ausführen zu können oder aus Interesse an bestimmten Fachgebieten oder Fähigkeiten. So schreiben sich ältere Menschen wieder an Universitäten ein oder besuchen Intensiv-Sprachkurse.

3
Selbstwertgefühl der Mitarbeiter

Ist-Situation:

Selbstbewußte Mitarbeiter

Mitarbeiter sind heute selbstbewußt, kritikfähig und kritikbereit. Ein großer Teil von ihnen besitzt ein individuelles Wertempfinden und wünscht sich im Zusammenhang mit der Arbeit Anerkennung, Wertschätzung und Freude sowie Selbständigkeit und Selbstentfaltung. Zum Erwartungsspektrum der Mitarbeiter gehören neben den Beteiligungs-, Informations- und Kommunikationsbedürfnissen auch die individuelle Urlaubsplanung und die praxisnahe Weiterbildung sowie kooperatives Führungsverhalten der Vorgesetzten. Diese praktizieren jedoch zu einem erheblichen Teil noch autoritäre Formen der Führung.

Situation 2007:

Emanzipierte Mitarbeiter

Die Mehrzahl der Mitarbeiter hat sich emanzipiert. Sie fordern neben der Möglichkeit zur Selbstentfaltung und Selbständigkeit auch umfassende Informationen über geplante Änderungen der Aufgaben, des Arbeitsplatzes, der Arbeitsorganisation sowie über die Verwendung und Entsorgung von Produkten, die Geschäftspolitik, die langfristigen Chancen des Unternehmens im Wettbewerb usw.

Der einzelne Arbeitnehmer wandelt sich zum „Unternehmer" in eigener Person. Er erwartet deshalb, daß er als Partner zur Erreichung eines gemeinsamen Ziels ernst genommen und stärker als bisher an Entscheidungen beteiligt wird. Gleichzeitig rückt die Arbeitsleistung immer mehr in den Vordergrund. Kann die Leistung eines Arbeitsteams oder Profit-Centers im Wettbewerb nicht Schritt halten, so wird es aufgelöst oder outgesourct.

Ist die Arbeitssituation unbefriedigend und zeichnet sich ein Markt für die eigene Arbeitsleistung ab, so ist die Bereitschaft hoch, sich selbständig zu machen.

4
Stellung der Frau im Beruf

Ist-Situation:

Frauen in Führungspositionen kaum zu finden

1995 sind 42,7% der Erwerbspersonen weiblich, das sind 39,3% aller Frauen. Dabei ist der Anteil von Frauen in Führungspositionen äußerst gering; er beträgt 1996 6,2%.

Begünstigt durch die Beschäftigungsentwicklung im Dienstleistungssektor steigt der Anteil der weiblichen Erwerbstätigen weiter. Aufgrund rückläufiger Erwerbsbevölkerung und den sich abzeichnenden Fachkräftemangel auf den Teilarbeitsmärkten, haben Frauen relativ günstige Beschäftigungschancen.

Wegen der hohen Arbeitsbelastung in Führungspositionen muß sich eine Frau derzeit noch zwischen Familie und Beruf entscheiden. Die „Familienpause“ erschwert den meisten Frauen den Aufstieg in höhere Positionen in vielen Unternehmen. Darüberhinaus wirken vorherrschende „männliche“ Machtstrukturen den Aufstiegschancen von Frauen entgegen.

Situation 2007:

Karrierechancen deutlich besser

Der Anteil von Frauen hat sich in fast allen Hierarchieebenen der Unternehmen erhöht. Das Problem der Vereinbarkeit zwischen Beruf und Familie ist durch flexible Arbeitszeit- und Arbeitsorganisationsmodelle sehr gemindert; in vielen Unternehmen ist die Chancengleichheit von männlichen und weiblichen Mitarbeitern ein fester Bestandteil der Unternehmenskultur.

Obwohl der Anteil der Frauen in den unteren und mittleren Führungspositionen deutlich angestiegen ist (rund 30%), bleibt ihr Anteil im Topmanagement vergleichsweise gering (ca. 11%).

5
Stellenwert der Familie

Ist-Situation:

Zunehmender Stellenwert der Familie;
Familie und Beruf sind nach wie vor schwierig zu vereinbaren

Der Stellenwert der Familie hat generell zugenommen. Bedingt durch ein verändertes Rollenverständnis von Mann und Frau versuchen immer mehr – vor allem junge – Paare, ein Modell der partnerschaftlichen Teilhabe zwischen Beruf und Familie zu realisieren.

Kinder bedeuten nach wie vor eine besondere finanzielle und zeitliche Belastung, der im allgemeinen die Frau Rechnung trägt. Da nur wenige Unternehmen das Nebeneinander von Familie und Beruf erleichtern, ist die gleichzeitige berufliche Karriere beider Partner einschließlich Familienleben mit Kindern nur schwer zu bewältigen. Die Unterstützung der Familie durch den Staat fällt bei der Entscheidung der Frau zwischen Berufstätigkeit und längerer Berufspause kaum ins

Gewicht. Ein beachtlicher Teil der Bevölkerung entscheidet sich für eine kinderlose Partnerschaft.

Die 13 Mio. Singles in Deutschland zeigen einen typischen Konfliktbereich und gleichzeitig auch ein Charakteristikum der modernen Gesellschaft auf:

Der Zwiespalt zwischen dem Wunsch nach Autonomie und dem nach Intimität mit einem Partner. Das Alleinleben stellt mittlerweile neben anderen eine eigenständige und dauerhafte Lebensform dar.

Situation 2007:

A: Hoher Stellenwert der Familie, Beruf und Familie sind vereinbar

Die Unterstützung der Familie seitens des Staates insbesondere durch Kindertagesstätten sowie Ganztagsschulen, und der Wirtschaft, z.B. durch Teilzeit- sowie Telearbeitsplätze, ist soweit fortgeschritten, daß sich Familie und Beruf weitgehend vereinbaren lassen.

Zudem hat sich bei Männern und Frauen überwiegend eine Lebensweise durchgesetzt, bei der beide Partner Aufgaben für die Familie wahrnehmen. Infolge der Zufriedenheit im Privatleben verfügen beide Partner über eine hohe berufliche Leistungsfähigkeit.

B: Zwei Verhaltensmuster nebeneinander: Beruf steht im Vordergrund, Familie steht im Vordergrund

In der Gesellschaft lassen sich zwei Tendenzen nebeneinander beobachten:

- Ein Teil der Bevölkerung lehnt eine Familie mit Kindern ab, da sie die individuelle Selbstentfaltung hemmt. Die meisten leben als Singles oder in kinderlosen Partnerschaften ohne dauerhafte Bindung. Eheschließungen erfolgen vornehmlich nur noch aus steuerlichen Gründen.
- Der andere Teil der Bevölkerung orientiert sich an den traditionellen Werten der Ehe und Familie. Beide Partner kehren wieder zum alten Rollenverhalten zurück: die Frau hat die Verantwortung für die Familie, der Mann sorgt für die materielle Sicherheit. Die Frau ist vor dem ersten Kind berufstätig und nimmt die Berufstätigkeit erst nach ca. 15 Jahren „Familienpause“ wieder auf, sofern ihr eine Chance geboten wird.

6
Ansehen des Managers in der Gesellschaft

Ist-Situation:

Uneinheitlich, tendenziell negativ

Das Ansehen des Managers in der Gesellschaft ist unterschiedlich und häufig von Vorurteilen geprägt. Die Attribute reichen von „clever, hochqualifiziert" über „nicht immer fähig, aber erfolgreich" bis „machtstrebend, rücksichtslos". Tendenziell nimmt der überwiegende Teil der Bevölkerung eine eher skeptische Haltung gegenüber Managern ein.

Situation 2007:

A: Vorwiegend negativ

Manager haben ein vorwiegend negatives Image in der Gesellschaft. Es besteht die Auffassung, daß sie sich nicht an ethische Maßstäbe halten, sich ihrer gesellschaftlichen Verantwortung entziehen und die Mitarbeiter ihres Unternehmens ausbeuten, um ihren aufwendigen Lebensstil zu finanzieren. Skandalöse Geschäftspraktiken skrupelloser Topmanager und sozialer Neid sind die Gründe für dieses Image.

B: Positiv; gesellschaftlich geachtet

In der Öffentlichkeit existieren kaum Zweifel an der tragenden Funktion und Nützlichkeit von Managerpersönlichkeiten in der Gesellschaft. Sie haben sich als geschickte Organisatoren und kompetente Sachverständige ausgezeichnet. Darüberhinaus verschaffen sie sich Achtung in der Gesellschaft, indem sie soziale und gesellschaftspolitische Verantwortung übernehmen sowie Anliegen der Unternehmen glaubhaft in der Öffentlichkeit vertreten.

7
Einfluß der Öffentlichkeit auf die Unternehmen

Ist-Situation:

Interessierte und kritikbereite Öffentlichkeit findet Beachtung

Unternehmen sind in ein dichtes Beziehungsnetz mit allen gesellschaftlichen Gruppen eingebunden. Daraus resultiert das gestiegene Interesse einer breiten Öffentlichkeit an den Unternehmen, insbesondere im Hinblick auf Umweltschutz, Verbraucherschutz, Mitbestimmung, Arbeitsplatzsicherheit, Steuerloyalität, u.ä.

Beeinflußt werden Unternehmen in vielfacher Hinsicht:

- Zum einen durch Interessensorganisationen wie Gewerkschaften, politische Institutionen, Parteien, Bürgerinitiativen, aber auch durch die Medien.
- Zum anderen durch die Konsumenten, welche aufgrund aktueller Ereignisse, z.B. Verletzung von Umweltschutzauflagen oder von Gesundheitsgefährdungen, ihr Kaufverhalten – bis hin zum Boykott – ändern. Von existentieller Bedeutung für die betroffenen Unternehmen kann dann ein angemessenes Konfliktmanagement in Form sachlicher Gespräche, glaubhafter Verbesserungsvorschläge sowie aktiver und passiver Pressearbeit sein.

Weiterhin vollzieht sich ein Wandel in der Unternehmensphilosophie dahin, daß zunehmend langfristige Gewinnsicherung unter Berücksichtigung der Interessen aller beteiligten Gruppen im Vordergrund steht.

Situation 2007:

Starker Einfluß der Öffentlichkeit auf die Unternehmen

Das Interesse und der Einfluß der Öffentlichkeit auf die Unternehmen sind unverändert groß. Dadurch stehen die Unternehmen zunehmend unter dem Druck, ihre Tätigkeiten zu rechtfertigen und zu umwelt- und sozialpolitischen Themen Stellung zu beziehen. Die Öffentlichkeit fordert Transparenz über die Vorgänge im Unternehmen. Ein schlechtes Image oder Nichtakzeptanz durch die Bevölkerung kann zu hohen Umsatzeinbußen führen.

8
Gewalt und Kriminalität

Ist-Situation:

Insgesamt Zunahme der Straftaten; rechtsextreme Gruppen aktiver als linksextreme

In ganz Deutschland steigt die Zahl der Straftaten. Vor allem Arbeitslosigkeit und Armut treiben viele in die Kleinkriminalität. Von 1995 auf 1996 ist die Zahl der tatverdächtigen Kinder und Jugendlichen um 11% gestiegen. Der Anteil der kriminellen Ausländer ist überproportional hoch.

Durch den Wegfall der materiellen Unterstützung durch kommunistische Regimes befinden sich die meisten linksradikalen Gruppierungen in einer Identitäts- und Legitimationskrise. In der linken Szene hat die Gesamtzahl der Gewalttaten daher leicht abgenommen.

Die Mitglieder rechtsextremistischer Vereinigungen und die Zahl der rechtsextremen Gewalttaten haben dagegen stark zugenommen. Ihre Aktivitäten richten sich insbesondere gegen die Ausländer- und Asylpolitik der Bundesregierung.

Durch die allgemeine Globalisierung stellen darüberhinaus ausländische Extremisten, wie z.B. fundamentalistische Islamisten, ein zunehmendes Gefahrenpotential dar.

Situation 2007:

A: Anstieg der Kriminalität und der Aktivitäten radikaler Gruppen

Die Kriminalitätsrate ist stark gestiegen, da die materielle Not zunimmt und eine wirksame Bekämpfung der organisierten Kriminalität nicht gelingt. Viele Ausländer – vor allem solche, die illegal ins Land gekommen sind – leben in den großen und mittleren Städten am Rande des Existenzminimums. Sie können nur durch kriminelle Handlungen (Raub, Diebstahl, Einbruch) überleben.

Rechtsradikale Gruppen, deren Gewaltpotential erheblich ansteigt, verzeichnen als Reaktion auf den anhaltenden Zustrom von Ausländern einen starken Zuwachs. Die unterbesetzte und mangelhaft ausgerüstete Polizei kann dieser Entwicklung nicht entgegenwirken.

Als Reaktion rechtsradikaler Aktivitäten sind auch linksradikale Gruppen aktiver.

Mit Hilfe der fortgeschrittenen Kommunikationstechnik können sich internationale terroristische Gruppen sehr gut dezentral organisieren; sie sind in mehreren Ländern aktiv.

B: Kriminalitätsrate konstant; Rückgang der extremistischen Aktivitäten

Die gesamtwirtschaftliche Situation sowie eine verbesserte Polizeistruktur auch auf internationaler Ebene (Europol) führen zu einer unveränderten Kriminalitätsrate.

Die traditionellen linksradikalen Gruppen haben an Bedeutung verloren. Nur noch vereinzelt verüben radikale „grüne" Gruppen Anschläge auf Wirtschaftsobjekte oder Verkehrsanlagen.

Die Zahl rechtsextremer Gruppierungen und deren Gewalttaten nehmen ab. Hauptziel der Übergriffe bleiben Ausländer und Asylbewerber.

Die Kontrolle ausländischer Extremisten wurde verstärkt, so daß deren Aktivitäten ebenfalls nachgelassen haben.

II Politik

1
Weltpolitische Lage

Ist-Situation:

Relativ stabil bei regional begrenzten Konfliktherden

Die Bedeutung der USA als „Weltpolizei" ist nach dem Zerfall der UdSSR und dem damit einhergehenden Ende des Ost-West-Konflikts gestiegen. UNO, NATO und OSZE schalten sich zwar auch bei militärischen Konflikten ein, sie schaffen aber meistens nur die Legitimationsgrundlage, in deren Rahmen die USA dann eingreifen. Im Zweifel intervenieren die USA auch ohne vorher erteilten Auftrag durch diese Organisationen.

In den Staaten Mitteleuropas, insbesondere in den Mitgliedsstaaten der EU, ist die politische Lage stabil. Im ehemaligen Jugoslawien hat sich die Lage entspannt. In Bosnien wird das Friedensabkommen umgesetzt; es wird aber noch Jahre dauern, bis in diesem Land Stabilität und Normalität eingekehren.

Die Lage in den Nachfolgestaaten des ehemaligen Ostblocks ist immer noch labil. Die Gefahr, daß in dieser Region Konflikte entstehen und mit Gewalt ausgetragen werden, ist groß. Tschetschenien und Albanien sind Beispiele dafür. Außerdem ist ein Rückfall in ein totalitäres Regime in dem einen oder anderen Staat jederzeit möglich.

Der israelisch-arabische Konflikt schwelt trotz des in Gang gekommenen Friedensprozesses weiter.

Die Stabilität der kommunistischen Regierung in China ist für die Welt sehr wichtig, da China, in dem ein Fünftel der Weltbevölkerung lebt, zunehmend Einfluß auf die Entwicklungen in der Welt gewinnt.

Eine Gefahr für die weltpolitische Stabilität besteht in der Verbreitung von Atomwaffen. Neben den fünf offiziellen Atommächten USA, China, Rußland, Frankreich und Großbritannien, gibt es die nuklearen Schwellenländern Israel, Pakistan und Indien; weitere Länder könnten hinzukommen. Das Gefahrenpotential liegt vor allem in den jungen Atommächten.

Die Kluft zwischen den Industrieländern und den Entwicklungsländern vergrößert sich. In vier Ländergruppen verringerte sich die Wirtschaftskraft zwischen 1983 und 1993; darunter sind 20 Länder

Afrikas, 18 Länder Lateinamerikas, die Länder Osteuropas und auch viele arabische Staaten. Der Nord-Süd-Konflikt könnte sich weiter aufbauen.

Situation 2007:

Relativ stabil; zunehmende Bedeutung der internationalen Organisationen

Von großer Bedeutung für die weltpolitische Stabilität sind nach wie vor die USA; ihre Dominanz als „Weltpolizei" hat jedoch abgenommen. UNO, NATO, OSZE und EU sind handlungsfähiger geworden. Die ASEAN-Staaten haben sich in der Weltpolitik ebenfalls größeres politisches Gewicht verschafft.

Die Staaten Osteuropas sind in die NATO eingetreten; mit Rußland wird ein Sicherheitsabkommen geschlossen. In den GUS-Staaten ist die Lage immer noch nicht stabil; hier kommt es immer wieder zu Konflikten.

Der Konflikt zwischen Israel und den arabischen Nachbarn hat an Schärfe verloren; man befindet sich auf dem Wege zu einer Normalisierung.

Daneben flammen in vielen Teilen der Welt, insbesondere in den armen Ländern Afrikas, Süd- und Mittelamerikas sowie im mittleren Asien immer wieder Bürger- und Guerillakriege auf, die jedoch die weltpolitische Stabilität nicht gefährden. Durch Eingreiftruppen wird dafür gesorgt, daß sich diese Konflikte nicht ausweiten.

Der Nord-Süd-Konflikt hat sich dagegen verschärft. Die städtischen Zentren der Entwicklungsländer sind stark angewachsen, die ökonomischen, sozialen und ökologischen Probleme haben dramatisch zugenommen, sie sind kaum noch regierbar. Dadurch sind soziale Unruhen von bedrohlichen Dimensionen entstanden. Die fortschreitende Verelendung der Menschen in diesen Regionen führt zu einer Zunahme der Migrationsströme in die wohlhabenden Staaten hinein. Ein neues agressives Proletariat entsteht in den europäischen Großstädten.

Die weitere Verbreitung von Nuklearwaffen konnte nicht verhindert werden. Das stellt die USA sowie internationale Organisationen wie die UNO und die OSZE vor große Probleme. Es werden zwar alle gewaltlosen Mittel eingesetzt, um eine Verwendung von Atomwaffen zu verhindern, aber die Gefahren dieser Entwicklung bleiben bestehen.

2
Entwicklung der Europäischen Union

Ist-Situation:

Binnenmarkt

Der zollfreie Markt innerhalb der Europäischen Union (EU) ist realisiert, es gilt Freizügigkeit im Warenverkehr und das freie Niederlassungsrecht. Dieser Markt hat ein bereinigtes Bruttoinlandsprodukt von 14,2 Bio. DM, was in etwa dem der USA entspricht. Durch die Maastricher Verträge befindet sich Europa auf dem Wege zu einer wirtschaftlichen und politischen Union. Allerdings spricht die EU in der Außenpolitik noch selten mit einer Stimme.

Die Bedeutung der EU für Deutschland ist sehr groß, da 60% des deutschen Exports in EU-Mitgliedsländer gehen. Die Beiträge Deutschlands in Höhe von 160 Mrd. Mark finanzieren ca. ein Drittel des EU-Gemeinschaftshaushalts. Deutschland ist der größte Nettozahler der EU.

Situation 2007:

A: Politische und wirtschaftliche Union

Die in den Masstrichter Verträgen festgelegten Schritte werden nach dem vereinbarten Zeitplan realisiert. Die Währungsunion wurde in sechs Kernländern begonnen und ausgebaut. Die Stabilität der gemeinsamen Währung ist gesichert. Die Planungssicherheit der Unternehmen in den Kernländern hat sich deutlich verbessert. Der Binnenhandel hat sich belebt. Das Europabewußtsein der Bevölkerung ist stärker geworden.

Es gibt eine abgestimmte Außenpolitik der EU und eine harmonisierte Wirtschaftspolitik. Problematisch gestaltet sich dagegen die Integration beitrittswilliger osteuropäischer Länder. Die Länder Tschechien, Polen, Ungarn, Slowenien und Estland wurden zwar in die EU aufgenommen, für viele Teilbereiche gelten allerdings Sonderregelungen.

B: Europäischer Binnenmarkt bei uneinheitlicher Wirtschaftspolitik

Die Währungsunion wurde um zwei Jahre verschoben. Dabei kommt es zu Verstimmungen. Um den Einfluß der einzelnen Länder zu erhalten, werden die Rechte des EU-Parlaments beschnitten. Die EU-Außenpolitik weist keine einheitliche Linie auf. Eine gemeinsame Wirtschaftspolitik hat sich noch nicht herausgebildet, die Standpunkte der einzelnen

Länder sind in vielen Fragen unterschiedlich. Es kommt immer wieder vor, daß sich einzelne Länder nicht an Vereinbarungen halten. Die volle Integration der beitrittswilligen osteuropäischen Länder ist nicht gelungen. Für sie wurde ein spezieller Assoziationsstatus eingeführt.

3
Einfluß des Staates auf die Unternehmen

Ist-Situation:

Starke Ausweitung der Umweltschutzgesetzgebung; vergleichsweise hohe Einflußnahme in der Ordnungspolitik, sowie durch Subventionen und Arbeitnehmerschutzbestimmungen

Der Staat nimmt auf die Unternehmen durch die Bereiche Ordnungspolitik, Schutzbestimmungen und durch die Vergabe von Subventionen Einfluß:

- Im Bereich der Ordnungspolitik bestehen wichtige Reglementierungen bezüglich der Produktions-, der Investitions- und der Preisfreiheit. Insgesamt sind derzeit ca. 100.000 Gesetze, Bestimmungen und Normen in Kraft; diese Zahl hat in letzten Jahren leicht zugenommen.
- Schutzbestimmungen betreffen vor allem den Umweltschutz und den Arbeitnehmerschutz. Der Einfluß des Staates auf Produktentscheidungen, Art und Umfang der Produktion sowie die verwendete Produktionstechnologie hat durch die gestiegene Zahl von Umweltschutzgesetzen zugenommen. Daneben muß ein Arbeitgeber viele Bestimmungen zum Schutz des Arbeitnehmers beachten.
- Umstrukturierungsprozesse der Wirtschaft beeinflußt der Staat insbesondere durch Finanzhilfen, Steuererleichterungen, Auftragshilfen und Außenhandelsbegünstigungen.

Daneben belastet der Staat die Wirtschaft durch eine hohe Steuerlast, eine penible Bürokratie sowie die Übertragung staatlicher Aufgaben auf die Unternehmen.

Situation 2007:

A: Zunehmende Beeinflussung durch verstärkte Industriepolitik und mehr Schutzbestimmungen

Die Zahl der ordnungspolitischen Instrumente wurde leicht ausgeweitet.

Im Bereich der Sicherheitsbestimmungen haben hauptsächlich die Regelungen bezüglich Umweltschutz und Gesundheits- bzw. Gefahrenschutz für Arbeitnehmer stark zugenommen. Dadurch werden die Unternehmen vor allem in der Produktionsfreiheit weiter eingeschränkt.

Mit einer interventionistischen Industriepolitik beeinflussen der Staat und die EU verstärkt Produktions- und Investitionsbedingungen. Damit gewährleisten sie Schutz vor außereuropäischen Wettbewerbern.

B: Rückgang der staatlichen Reglementierungen

Das die Wirtschaftsordnung sichernde Rechtssystem gilt nach wie vor, aber es wurde kein Ausbau der Vorschriften vorgenommen.

Die Schutzbestimmungen für Arbeitnehmer wurden leicht abgebaut und den anderen EU-Ländern angeglichen.

Die Subventionszahlungen wurden reduziert, aber langsam. Regionale Finanzhilfen bleiben zwar ein wichtiges strukturpolitisches Instrument, sie werden jedoch sehr zurückhaltend eingesetzt.

4
Interessensvertretungen der Arbeitnehmer

Ist-Situation:

Zahl der Gewerkschaftsmitglieder sinkt; rechtliche Regelungen nur für den innerbetrieblichen Bereich

Der Einfluß der Arbeitnehmer artikuliert sich in organisierter Form durch die Gewerkschaften, die die Arbeitnehmerrechte gegenüber den Unternehmen für einen Wirtschaftsektor vertreten und durchsetzen. Die Zahl der Gewerkschaftsmitglieder nimmt in allen Ländern der freien industrialisierten Welt kontinuierlich ab. Im einzelnen Unternehmen werden die Interessen der Arbeitnehmer vom Betriebsrat wahrgenommen.

In jüngster Zeit vollzog sich ein gewisser Wandel in der Einstellung der Gewerkschaften und in den Zielen, die sie verfolgen. Lohnerhöhungen und Arbeitszeitverkürzung sind nicht mehr die zentralen Forderungen der Gewerkschaften. Angesichts der höchsten Arbeitslosigkeit in Deutschland seit dem zweiten Weltkrieg haben die Gewerkschaftsführer alte Standpunkte überdacht; die Erhaltung von Arbeitsplätzen und das Schaffen neuer Arbeitsplätze sind die wichtigsten Anliegen der Gewerkschaften geworden. Im Sinne dieser neuen Ziele zeigt sich zunehmend Kompromißbereitschaft bei den „eheren“ Forderungen. Nach wie vor versuchen sie, ihre Forderungen durch scharfe Debatten, harte Tarifverhandlungen und bei Zuspitzung durch Demonstrationen und Streiks durchzusetzen.

Immer öfter finden sich in den Tarifverträgen „Öffnungsklauseln", die es einzelnen Unternehmen erlauben, bei Vorliegen besonderer Bedingungen vom Tarifvertrag abweichende Konditionen festzulegen. Die Interessen der Arbeitsnehmer vertritt dann der Betriebsrat. Es nehmen auch die „Hausverträge" zu, die zwischen einem Unternehmen und dem Betriebsrat ohne Mitwirkung der Gewerkschaften geschlossen werden.

Situation 2007:

A: Großer Einfluß der Gewerkschaften; sie setzen sich für ein erweitertes Spektrum von Arbeitnehmerinteressen ein

Die Gewerkschaften konnten ihre Position stärken. Der konstruktiven Haltung der Gewerkschaften ist es zu verdanken, daß in einem neuen Anlauf ein echtes „Bündnis für Arbeit" entstand, das sich sowohl positiv auf die Arbeitsmarktsituation als auch auf die Wettbewerbssituation der Unternehmen auswirkte. Im Zuge der Ausweitung ihres Selbstverständnisses melden sich die Gewerkschaften zu vielen wirtschaftspolitischen Tagesthemen zu Wort.

So nehmen die Gewerkschaften Mitspracherechte bei Fragen der betrieblichen Fortbildung, der Einführung neuer Produktionstechnologien, der Arbeitsplatzgestaltung, der Beteiligung am Produktivvermögen sowie bei der Harmonisierung des Arbeitsrechts innerhalb der EU wahr. Sie haben sich zu einer allseits beachteten und geachteten Kraft der Wirtschafts- und Sozialpolitik entwickelt.

Die partizipative Mitarbeiterführung in den Unternehmen, die den Mitarbeiter als wichtigste Ressource ansieht, läßt dem Betriebsrat nur noch wenig Raum. Die emanzipierten Mitarbeiter können ihre Interessen selbst vortragen und vertreten.

B: Geringerer Einfluß der Gewerkschaften, stärkere Position der Betriebsrates

Akzeptanz und Mitgliederstärke der Gewerkschaften haben weiter abgenommen. Im expandierenden Dienstleistungsbereich, in den neu gegründeten kleineren Unternehmen und bei den Arbeitskräften aus Osteuropa konnten sie keinen Fuß fassen. Der Kollektivvertretungsanspruch ist für den gut ausgebildeten selbstbewußten Mitarbeiter, dem Individualität und Selbstentfaltung wichtige Werte sind, nicht attraktiv.

Die Gewerkschaften haben in der neuen gesellschaftlichen und wirtschaftlichen Situation keine prägnante Rolle gefunden. Innerhalb des Gewerkschaftslagers werden permanent Richtungsdebatten geführt. Nur selten kommt es zu einer konstruktiven Zusammenarbeit mit den Arbeitgeberverbänden oder den politischen Institutionen. Auch die Bedeutung der Arbeitgeberverbände geht zurück.

Die rechtliche Stellung der Arbeitnehmer konnte nicht weiter gestärkt werden, da im Zuge der EU-Harmonisierung erst die anderen Länder gegenüber Deutschland nachziehen mußten. In dieser Situation waren weitere Vorstöße in Deutschland zur Stärkung der Stellung des Arbeitsnehmers zum Scheitern verurteilt.

Die komplexen Ablaufstrukturen in den Unternehmen sowie die internationalen Verflechtungen schaffen Arbeitsbedingungen, die durch den einheitlichen „Flächen"-Tarifvertrag nicht mehr geregelt werden können; dies gilt insbesondere für Dienstleistungsberufe. Immer häufiger werden daher individuelle unternehmenspezifische Regelungen eingeführt, die die Unternehmensleitung mit dem Betriebsrat aushandelt. Der konventionelle Tarifvertrag verliert an Bedeutung. Der Betriebsrat ist in einer starken Position.

5 Ökologische Organisationen

Ist-Situation:

Großer Einfluß auf Umweltbewußtseinsänderung; Verhaltensveränderung hinkt nach

Die Bevölkerung ist gegenüber dem Thema Umweltschutz sehr aufgeschlossen. Die ökologischen Interessen werden von politischen Parteien, vereinsartigen Organisationen und Interessensgemeinschaften getragen:

- Die wichtigste Gruppierung auf parteipolitischer Ebene ist die Partei Bündnis 90/Die Grünen. Sie schuf durch eigene Vorstellungen zum Thema Umweltschutz ein Bewußtsein für die Notwendigkeit politischen Handelns auf diesem Gebiet. Sie hat sich im Parteiensystem Deutschlands fest etabliert.
- Der Einfluß national oder international agierender Organisationen, wie z.B. BUND (Bund für Umwelt und Naturschutz Deutschland) oder Greenpeace, erstreckt sich insbesondere auf das Wecken von Problembewußtsein in der Öffentlichkeit vor allem durch Anpran-

gern von einzelnen Unternehmen oder staatlichen Institutionen, die umweltschädigendes Verhalten zeigten. Spektakuläre Aktionen werden durchgeführt.

- Zu den Interessensgemeinschaften gehören im wesentlichen die Bürgerinitiativen. Sie gründen sich heute vornehmlich, um konkrete lokale Interessen zu wahren; sie verfolgen in der Regel keine grundsätzlichen Anliegen.

Angesichts rückläufiger Realeinkommen und hoher Arbeitslosigkeit ist der Stellenwert ökologischer Forderungen in der Bevölkerung etwas zurückgegangen. Dazu hat auch die Erfahrung beigetragen, daß in anderen Ländern weniger Umweltschutz praktiziert wird.

Situation 2007:

Ökologische Forderungen sind in das Verhalten der Menschen eingeflossen

Weite Teile der Gesellschaft haben ihr Verhalten und ihre Einstellung im Sinne einer Umwelt- und Ressourcenschonung verändert. Ökologische Organisationen sind als kompetente Gesprächspartner anerkannt.

Obwohl Umweltschutz fester Bestandteil aller Parteiprogramme geworden ist, ist es Bündnis 90/Die Grünen gelungen, ein fester Bestandteil der Parteienlandschaft zu bleiben. Sie haben ihr Programm über die ökologischen Anliegen hinaus erweitert und treten auch für andere gemeinnützige und humane Forderungen vehement ein.

Auf internationaler Ebene sind die Bemühungen zur Erhaltung der natürlichen Lebensgrundlage verstärkt worden.

Generell sind ökologische Fragen ein selbstverständlicher Bestandteil der modernen Gesellschaft und Wirtschaft geworden. Selbstverständlich wird – ähnlich wie bei Gesundheitsfragen – über unterschiedliche Maßnahmen diskutiert. Ökologische Forderungen haben aber den gesellschaftkritischen und sektiererischen Charakter verloren.

III Wirtschaft

1
Globalisierung der Wirtschaft

Ist-Situation:

Zunehmende Globalisierung der deutschen Wirtschaft

Die Globalisierung findet in Form konsequenter internationaler Ausrichtung der Unternehmen durch Verlagerung wichtiger Unternehmensbereiche, vor allem Produktion und Vertrieb, in Länder, die dafür Standortvorteile bieten, statt. Die Unternehmen wollen sich durch Investitionen im Ausland als „global player" etablieren. Die großen Konzerne müssen in den großen Märkten und Wirtschaftsregionen präsent sein. Das gilt für alle Unternehmensfunktionen. Der Kapitalstock von Unternehmen im Ausland ist seit 1994 um das Sechsfache gestiegen.

Mit der Etablierung von Tochtergesellschaften im Ausland werden Standortnachteile im Inland kompensiert und Wettbewerbsvorteile, wie Marktnähe von Produktion und Vertrieb, realisiert.

Eine weitere wichtige Entwicklung ist die verstärkte Bildung von regionalen Wirtschaftsräumen. Da sich diese Wirtschaftsräume durch protektionistische Maßnahmen nach außen abschotten, wird eine Präsenz in diesen Wirtschaftsräumen immer wichtiger.

Situation 2007:

Globale Ausrichtung wird praktiziert und setzt sich im Denken durch

Die wirtschaftliche Situation ist gekennzeichnet durch verschärften Wettbewerb, große Bedeutung von neuen Technologien, weitgehende Globalisierung der Märkte sowie eine fortschreitende Verkleinerung der Marktsegmente, die zudem einem beschleunigten Wandel ausgesetzt sind. Die Bedeutung von Wissen über globale Entwicklungen sowie einzelne Absatzregionen und Branchen nimmt zu und das Denken der Verantwortlichen ist mehr und mehr international ausgerichtet.

Viele Unternehmen erkennen die zunehmende Bedeutung von Wirtschaftsräumen, wie z.B. den EU-Binnenmarkt. Es werden nicht nur Waren exportiert, sondern verstärkt Direktinvestionen in den einzelnen Wirtschaftsräumen getätigt. Deutsche Großunternehmen investieren in den Wirtschaftsräumen Nordamerika und Asien. In den asiatischen Tigerländern bauen sie Centers of Competence auf, die sich in ihrem Niveau nicht von den europäischen und amerikanischen Zentren unterscheiden. In den Centers sind die Funktionen F&E, Marketing und Produktion zusammengeführt. An dieser Entwicklung nehmen zunehmend auch die mittleren Unternehmen teil.

Die Managementaufgaben werden komplexer, Schwächen gegenüber internationalen Wettbewerbern werden schneller sichtbar und die Zahl der Faktoren, die den Erfolg von internationalen Aktivitäten bestimmen, steigt deutlich an. Deshalb werden verstärkt ausländische Führungskräfte integriert.

2 Welthandelsvolumen

Ist-Situation:

Wachstum des Welthandelsvolumens

Das Welthandelsvolumen wird weitgehend von der herrschenden Weltwirtschaftsordnung geprägt. Auschlaggebend ist dabei, ob Elemente des Freihandels oder eher protektionistische Maßnahmen die Warenströme beeinflussen.

Seit den 70er Jahren wird der Welthandel entscheidend durch die Zunahme protektionistischer Tendenzen geprägt. So unterliegen nach Untersuchungen der Weltbank rund 53% des Welthandelsvolumens nicht-tarifären Handelshemmnissen. Die Gründung einer Welthandelsorganisation nach Abschluß des GATT-Vertrags von 1993 führte zu einer leicht verbesserten Situation. Daneben nimmt die Bedeutung von regionalen Wirtschaftsräumen zu, in denen der freie Handel weitgehend verwirklicht ist.

Ein weiterer hemmender Faktor ist die Forderung devisenschwacher und überschuldeter Staaten nach Kompensationsgeschäften bis hin zum reinen Tauschhandel.

Nach Prognosen wird die Weltwirtschaft im Jahr 1997 um 4,1% wachsen.

Situation 2007:

Welthandelsvolumen steigt bei strukturellen Änderungen, neue Märkte entstehen

Durch die zunehmende Globalisierung und aufgrund der positiven Entwicklung des Welthandels nach Abschluß der GATT-Verhandlungen ist es zu einer Belebung des internationalen Warenaustausches gekommen. Dabei machen sich strukturelle Änderungen jedoch immer stärker bemerkbar: In hochindustriellen Ländern wächst die Industrieproduktion langsamer als das Sozialprodukt. Dies ist mit der zunehmenden Verlagerung von Produktionsstätten in asiatische Schwellenländer verbunden.

Daneben entstehen neue große Märkte, insbesondere in China und Indien.

3
Konzentrationstendenzen

Ist-Situation:

Konzentration neuer Art; erste Gegentendenzen erkennbar

Über Jahrzehnte hinweg war in der deutschen Wirtschaft ein Trend zur Konzentration zu beobachten. Er schlug sich in zahlreichen Übernahmen und Fusionen nieder. In den Firmengeschichten der Konzerne und größeren Unternehmen ist dieser Trend belegt.

Die Konzentrationstendenzen bestehen nach wie vor; sie werden jedoch durch Entwicklungen, die sich erst in den 90er Jahren herausbildeten, überlagert:

- Die Großunternehmen streben an, ihre Marktposition und den Share Holder Value durch die Konzentration auf das Kerngeschäft zu verbessern. Wenig rentable oder kerngeschäftsfremde Unternehmensteile werden abgestoßen, um die wachsende Komplexität einer internationalen Unternehmensumwelt beherrschbar zu halten. Unternehmen weiten ihre Kerngeschäfte vielmehr auf den globalen Markt aus.
- Als Folge von Outsourcing-Maßnahmen sind viele neue Kleinunternehmen entstanden. Außerdem ist geradezu ein Boom von Unternehmensgründungen zu verzeichnen: Frustrierte qualifizierte Mitarbeiter tun sich zusammen und gründen ein eigenes Unternehmen oder Vorruheständler machen sich selbständig. Es entstehen vor allem kleine Dienstleistungsunternehmen wie Ingenieurbüros, Softwareentwickler, Berater, Trainer, usw.
- Im Zuge von Deregulierungsmaßnahmen der EU sind in den Bereichen Telekommunikation und im Transportwesen erste Tendenzen einer Dezentralisierung und Auflösung von monopolartigen Positionen zu erkennen.

Situation 2007:

Konzentration auf Kerngeschäfte in globaler Sicht; Geflechte kleiner Zulieferer und Dienstleister

Die Konzerne haben ihre Konzentration auf Kerngeschäfte fortgesetzt; ein Entflechtungsprozeß findet statt. Unter einer Holdingstruktur agieren weltweit ausgerichtete Unternehmen, die sich ganz auf ihr Marktsegment konzentrieren. In diesen Segmenten sind sie „global players" und haben eine starke Marktposition. Randbereiche und „Me-too"-Geschäfte werden abgestoßen; teilweise werden sie von anderen Konzernen übernommen, teilweise bestehen sie als eigenständige Unternehmen fort.

Starke Konzentrationstendenzen sind in den Dienstleistungssegmenten zu beobachten.

In den Bereichen Telekommunikation, Transport und Energieversorgung sind dagegen als Reaktion auf die Deregulierung viele kleine Unternehmen und ausländische Unternehmen tätig. Hier herrscht intensiver Preis- und Innovationswettbewerb. Nach der Welle der Auflösung von Marktmacht und Dezentralisierung zeichnen sich auch in diesen Bereichen neue Konzentrationserscheinungen ab.

Im Umfeld der Großunternehmen hat sich ein dichtes Netz kleiner Zulieferer, Dienstleister und Berater herausgefiltert. Sie arbeiten z.T. in den Gebäudekomplexen der Großunternehmen in eigenen „Zellen" (Co-Location).

4 Gesamtwirtschaftliche Lage

Ist-Situation:

Verhaltener Aufschwung bei 4,6 Mio. Arbeitslosen, leichtem Preisanstieg und steigendem Exportvolumen

Die angespannte Situation der öffentlichen Haushalte hält nun schon seit mehreren Jahren an; bei sinkendem Realeinkommen, hoher Arbeitslosigkeit und Abwanderung von Wirtschaftsaktivitäten ins Ausland zeichnet sich eine Besserung nicht ab.

Das BIP wird 1996 um 0,5% und in folgenden Jahren um etwa 2,5% wachsen. Dabei läßt sich ein Trend hin zum tertiären Sektor erkennen: 60% der Beschäftigten arbeiteten 1995 im Dienstleistungssektor und nur noch 27% in den Fertigungsberufen.

Der Arbeitsmarkt entwickelte sich bedingt durch die schlechte wirtschaftliche Lage und den strukturellen Wandel in den vergangenen Jahren ungünstig. Seit Ende 1992 sinkt die Beschäftigung; die Zahl der Arbeitslosen steigt 1997 auf über 4,6 Mio. (Arbeitslosenquote 12,2 %) an.

Dagegen haben sich die Exportaussichten auf den wichtigsten deutschen Absatzmärkten aufgrund der lebhafter werdenden Weltnachfrage und eines leicht gestiegenen Dollarkurses verbessert.

Die Inflationsrate liegt mit 1,7 % für 1996 auf dem niedrigsten Stand seit der Wiedervereinigung.

Das Thema Steuerreform dominiert die wirtschaftspolitische Diskussion. Ein neues Besteuerungskonzept, das eine erhebliche Absenkung des Spitzensteuersatzes einerseits und einen breiten Abbau von Subventionen andererseits vorsieht, soll der deutschen Wirtschaft wieder Wachstumsimpulse und internationale Wettbewerbsvorteile bringen. Bundeskanzler Kohl stellt eine Halbierung der Zahl der Arbeitslosen bis zum Jahr 2000 in Aussicht.

Situation 2007:

A: Belebte Konjunktur bei weniger als drei Millionen Arbeitslosen und gutem Exportgeschäft

Die deutsche Wirtschaft erfährt um die Jahrtausendwende einen kräftigen Wachstumsschub. Die Steuerreform hat gegriffen, die Währungsunion löste belebende Effekte in der Wirtschaft aus das Exportgeschäft profitiert vom gestiegenen Dollarkurs.

Die positive wirtschaftliche Entwicklung verläuft synchron mit der anderer wichtiger Industrienationen. Dazu hat auch eine Belebung der Weltkonjunktur beigetragen. Dieses Klima trägt maßgeblich zur Stabilisierung der Lage bei.

Durch die Ausweitung des Beschäftigungsangebotes sinkt die Arbeitlosenzahl unter 3 Mio.

B: Schwache Wirtschaftslage bei über fünf Millionen Arbeitlosen und gesunkenem Export

Die wirtschaftliche Lage in Gesamtdeutschland ist sehr gespannt. Die Steuerreform ist zerredet worden. Ein Belebungseffekt ist kaum eingetreten; die Lohnnebenkosten sind nach wie vor sehr hoch. Die internationale Nachfrage nach deutschen Produkten ist rückläufig; sie sind nicht attraktiv genug.

Aufgrund der ungünstigen gesamtwirtschaftlichen Lage bleiben dringend erforderliche Investitionen vor allem durch den anhaltenden Kostendruck weitgehend aus. Die Lücke zwischen Lohn- und Produktivitätsniveau in den neuen Bundesländern kann nicht in dem erforderlichen Maß geschlossen werden. Deutschland fällt im internationalen Wettbewerb zurück.

Verbunden mit dieser Entwicklung überschreitet die Arbeitslosigkeit die 5 Mio.-Grenze.

5
Innovationspolitik der Unternehmen

Ist-Situation:

Verbesserung und Erweiterung bestehender Technologien;
Tendenz zu einer Verkürzung der Innovationszeiten

Die Technologiedynamik und -komplexität nimmt weiter zu; gleichzeitig werden die Produktlebenszyklen immer noch kürzer. Die Entwicklungszeiten sind diesem Trend bisher noch nicht im gleichen Maß gefolgt.

Die Folgen dieser Technologiedynamik sind zweifacher Art: Einerseits die Erhöhung der Lebensqualität durch neue Technologien, andererseits die zunehmende Unüberschaubarkeit der damit verbundenen Auswirkungen.

Von 61 Technologiefeldern liegt Deutschland nur in sechs Feldern gleichauf mit den internationalen Wettbewerbern und nur in drei Feldern (Umwelttechnik, Automobilbau, Chemie) nimmt es eine Spitzenposition ein. Die Wachstumsperspektiven dieser Felder sind jedoch nicht sehr günstig.

Die Ursachen des Technologiedefizits liegen weniger in langwierigen Genehmigungsverfahren, einem Mangel an Risikokapital oder an einer zu geringen und bürokratischen Forschungsförderung; vielmehr fehlt es an der unternehmerischen Risikobereitschaft und an innovativen Unternehmensstrukturen. Hinzu kommt steigender Kapitalbedarf und zunehmender Time-lag zwischen Ausgaben und erwarteten Einnahmen bei Innovationsprojekten.

Auf die Verkürzung der Produktlebenszyklen müssen die Unternehmen daher mit einer höheren Innovationsrate oder einer Beschleunigung der internen Innovationsprozesse reagieren. Oder sie fallen im Wettbewerb zurück.

Situation 2007:

A: Hohe Innovationsrate in bestimmten Feldern

Durch die Einführung neuer Unternehmensstrukturen, insbesondere ein integriertes durchgängiges Innovationsmanagement mit Projektorganisation, wird die Innovationskraft vieler deutscher Unternehmen erheblich gesteigert. Auf dem Gebiet der Umwelttechnik und der Verkehrsleittechnik ist Deutschland im internationalen Vergleich führend.

Der Trend zu immer kürzeren Produktlebenszyklen hat sich abgeschwächt fortgesetzt. Dadurch verkürzt sich die Zeispanne, in denen die hohen F&E-Investionen über den Markt zurückgewonnen werden müssen.

Um sich am Markt zu behaupten, steigern die Unternehmen ihre Innovationsrate. Hierbei zeichnet sich ein Trend zur Kooperation mit Forschungsinstituten anderer international agierender Unternehmen ab. Außerdem werden zunehmend Forschungseinrichtungen in anderen Teilen der Welt etabliert.

B: Breitere Anwendung bestehender Technologien bei stagnierender Innovationsrate

Die deutschen Unternehmen konnten den Technologievorsprung der Amerikaner und Japaner nicht aufholen. Dazu trägt maßgeblich die fehlende Aufgeschlossenheit deutscher Manager gegenüber den Chancen neuer Technologien bei. Hochtechnologien werden im Ausland eingekauft. Internationaler Technologietransfer ist üblich geworden; vor allem aus den USA, dem führenden Technologieland der Welt, wird Technologie-Know-how importiert. Darauf aufbauend werden Produktanpassungen und -weiterentwicklungen vorgenommen.

Die Unternehmen versäumen es, die Akzeptanz der Verbraucher gegenüber neuen Technologien und Innovationen durch kundenorientiertes Verhalten zu erhöhen. Die Skepsis der Konsumenten gegenüber den Unternehmen und der steigende Druck der Öffentlichkeit auf das unternehmerische Handeln verstärkt diese Entwicklung.

Sowohl die Unternehmen als auch die privaten Konsumenten halten sich zurück, neue Produkte zu kaufen. Mehr und mehr wird die Notwendigkeit der Anschaffung eines neuen Produkts kritisch geprüft, insbesondere dann, wenn das alte Produkt nach wie vor seine Funktion erfüllt. Dies führt zu Absatzschwierigkeiten auf dem deutschen Markt.

IV Infrastruktur

1 Verkehrssysteme

Ist-Situation:

Zunehmendes Verkehrsaufkommen bei starker Überlastung von Straße, Schiene und Luftraum; Kraftfahrzeug bleibt wichtigstes Verkehrsmittel

Die derzeitige Situation ist durch eine Dominanz des Straßenverkehrs bei weiter zunehmendem Verkehrsaufkommen gekennzeichnet. Die Personenbeförderungsleistung stieg 1996 um 2,0%. Dabei entfallen 82% auf das Auto, 8% auf den öffentlichen Straßenverkehr und 6,7% auf die Eisenbahnen. Durch die Öffnung nach Osten ist Deutschland zum zentralen Durchgangsverkehrsland in Europa geworden. Zusätzliche Belastungen ergeben sich durch die Zunahme der zugelassenen Kraftfahrzeuge; 1997 sind über 500 Kraftfahrzeuge pro tausend Einwohner zu verzeichnen.

Öffentliche Verkehrsmittel rücken infolge häufiger Staus stärker in den Blickpunkt; da sie auch ökologisch günstiger zu beurteilen sind, besteht überwiegend eine positive Einstellung zu öffentlichen Verkehrsmitteln. Deren Nutzung steht jedoch die fehlende Flexibilität der bestehendern ÖPNV-Systeme entgegen. Auch alternative Konzepte zur Kanalisierung der Verkehrsströme, wie Park & Ride oder Car Sharing, werden nicht attraktiv genug gestaltet und daher noch wenig genutzt.

Im Flugverkehr waren in den letzten Jahren hohe Wachstumsraten zu verzeichnen. Die Überlastungen der Lufträume und Flughäfen führt immer häufiger zu Verspätungen und Wartezeiten.

Auf dem Schienennetz haben sich ICE, IC und Interregio gut etablieren können. Im April 1997 fiel die politische Entscheidung den Transrapid für die Strecke Hamburg-Berlin zu bauen. Er soll 2005 in Betrieb gehen.

Situation 2007:

A: Erhebliche Zunahme der öffentlichen Verkehrsmittel

Sowohl im Nah- als auch im Fernverkehr ist es gelungen, die Attraktivität öffentlicher Verkehrsmittel zu steigern und so deren Nutzung erheblich auszuweiten. Das hat zu einer relativen Entlastung der Straßen bei gleichzeitiger Verminderung der Schadstoffemissionen geführt. Obwohl sich die Zahl der Kraftfahrzeuge nicht verringert hat, steigt der Anteil des öffentlichen Verkehrs überproportional an. Diese Entwicklung ist die Folge der Überlastung der Autobahnen. Deshalb wird, wenn immer möglich, versucht, auf die Bahn auszuweichen. Im Transrapid zu reisen gilt als Erlebnis.

Ebenso ist es im Güterverkehr gelungen, durch den Einsatz von elektronischen Informations- und Dispositionssystemen einen reibungslosen Transport auf der Schiene zu gewährleisten. Allerdings kann dadurch das Straßenverkehrssystem nur zu einem geringen Teil entlastet werden.

B: Das Kraftfahrzeug weiterhin wichtigstes Verkehrsmittel

Das Kraftfahrzeug und damit der Individualverkehr bleibt gegenüber dem Schienen- und Luftverkehr das wichtigste und meistgenutzte Verkehrsmittel. Der ÖPNV wird außerhalb der Stoßzeiten von den meisten Menschen als zu wenig flexibel und unbequem empfunden. Zudem steigt die Gefahr von gewalttätigen Übergriffen auf Personen.

Zu dieser Entwicklung hat auch die Einführung des 3-Liter-Autos beigetragen, das individuelle Fortbewegung bei verminderter Umweltbelastung und niedrigeren Betriebskosten ermöglicht.

Dem Anstieg des Individualverkehrs wird durch den Ausbau von Straßenverkehrsnetzen mit elektronischen Verkehrsleitsystemen begegnet.

Im Schienen- und Luftverkehr wurde das Angebot vor allem außerhalb der Ballungsräume nur unwesentlich erweitert. Die Transrapid-Strecke ist weitgehend fertiggestellt; er wird mit einer Verzögerung von drei Jahren 2008 in Betrieb gehen.

2 Telekommunikation

Ist-Situation:

Rasche technologische Entwicklung; steigende Kundenakzeptanz der neuen Produkte und Dienstleistungen

Telekommunikationseinrichtungen stützen sich auf klassische, analoge Netze (z.B. das Fernmelde- oder C-Netz der Telekom) und neue, digitale Netze (z.B. ISDN, D1 oder D2privat). Zum 1. Januar 1998 wird die völlige Liberalisierung der Telekommunikationsnetze kommen, nachdem schon seit Januar 1992 das Monopol der Telekom aufgehoben wurde.

Die Infrastruktur in Deutschland ist im internationalen Vergleich auf sehr hohem Niveau. Die Anzahl der ISDN-Basisanschlüsse ist inzwischen auf 2,3 Mio. gestiegen. Im März 1997 lag die Zahl der Mobilfunkteilnehmer bei rd. 6 Mio. Die Netzbetreiber Telekom und Mannesmann hatten 1996 gegenüber dem Vorjahr Zuwachsraten von fast 200%. Im Bereich der Dienstleister sind Kundenzuwachsraten von 25% üblich. Bei anhaltend hohen Zuwachsraten liegt Deutschland fast gleichauf mit weltweit führenden Ländern wie USA, Kanada oder Australien.

Neue Dienstleistungen (Auskunftdienste, Mailbox, Direktruf, Videokonferenzen) sowie digitale Kommunikationsendgeräte machen die Entwicklung virtueller Unternehmen (Bündnisse zwischen zwei oder mehreren Unternehmen mit Funktionsteilungen) möglich. Das unorganisierte und unkontrollierte Internet hat sich als globales Informationsnetz etabliert. Viele Unternehmen haben aus Kosten- und Sicherheitsgründen ein Intranet aufgebaut, das durch eine „Feuerwand" (fire wall) vom Internet getrennt wird.

Situation 2007:

Nahezu lückenlos vernetzte und umfassende Telekommunikation

Die Kupferleitungen aus der Ära der Nachrichtentechnik wurden durchgängig durch Glasfasertechnologie und Satellitensysteme ersetzt. So konnte eine lückenlos vernetzte, digitale Infrastruktur aufgebaut werden, die umfassende Kommunikationsmöglichkeiten mit entsprechenden Endgeräten eröffnet. Die Kommunikation erfolgt über das konventionelle Telefon, Mobilfunk, PC, Bildtelefon und Telefax. Die Handys haben sich technologisch erheblich weiterentwickelt. Es gibt eine Business-Leistungsklasse mit Geräten die mit einem Display ausgestattet sind und Faxe, e-Mails und Daten aufnehmen und verschikken können. Videokonferenzen über den PC und das ISDN-Netz kommen immer häufiger zur Anwendung. Die Akzeptanz neuer Telekommunikationssysteme ist bei Unternehmen wie auch in der Bevölkerung hoch. Für den Kunden hat sich das Preis-Leistungsverhältnis sehr positiv entwickelt, so daß im Jahr 2007 rd. 20 Mio. Handys in Betrieb sind.

Das Internet ist eine Kommunikations- und Informationsplattform gigantischen Ausmaßes geworden; hier hat sich viel verändert. Internet-Agenten und Suchmaschinen unterstützen bzw. erledigen die permanente und gezielte Informationsbeschaffung. Das Internet selbst ist strukturierter geworden. Die Unternehmen haben auch Intranetze zwischen verschiedenen Standorten geschaffen sowie Domänen errichtet, die nur für bestimmte Lieferanten, Kunden und andere Kooperationspartner zugänglich sind.

3 Beratungswesen

Ist-Situation:

Breites, stetig wachsendes, aber schwer überschaubares Angebot an Beratungsleistungen

Der Beratungsmarkt weist ein jährliches Wachstum von über 10 % auf, so daß der Umsatz der Branche von rund drei Mrd. DM in 1991 auf ca. 14 Mrd. DM in 1996 gestiegen ist. Der Schwerpunkt der Beratungsleistungen hat sich von den Segmenten Finanzen und Rechnungswesen sowie EDV auf die Felder Strategie, Unternehmensführung, Organisation und Marketing verlagert. Neue Bereiche, die stark anwachsen, sind u.a.: Personal-, Outplacement-, Informationstechnologie- und Umweltberatung sowie Optimierung der betrieblichen Prozesse (Reengineering). Diese Beratungsleistungen werden von den großen Unternehmensberatungen (McKinsey, Boston Consulting, Roland Berger, ADL usw.) sowie von einer sehr großen Zahl mittlerer Beratungsunternehmen und Einzelberatern angeboten; auch Wirtschaftsprüfer, Rechtsanwälte sowie Werbe- und PR-Agenturen drängen in den Beratungsmarkt.

Etwa 90% aller Großunternehmen beanspruchen Beratungsleistungen, während in kleinen und mittelständischen Unternehmen noch Vorbehalte gegen externe Beratung überwiegen. Desweiteren schrecken viele das unübersichtliche Angebot, die fehlende Unterstützung bei der Implementierung der erarbeiteten Konzepte sowie die hohen Honorarsätze ab.

Situation 2007:

Umfassendes, nur noch langsam wachsendes Angebot an Beratungsleistungen; Beratung ist ein fester Bestandteil des Managements

Der Beratungsmarkt weist ein verlangsamtes Wachstum trotz steigenden Informations- und Problemlösungsbedarfs auf. Der Grund liegt in der höheren Qualifikation des Managements und der Mitarbeiter; sie sind in hohem Maße in der Lage, eigene Problemlösungskonzepte zu erarbeiten. Außerdem sind in den meisten Großunternehmen eigene Beratungseinheiten aufgebaut worden, die unter Wettbewerbsbedingungen operieren.

Der Beratungsmarkt kann nun in zwei Kategorien unterteilt werden: Zum einen in fach- oder branchenspezifische Spezialisten und zum anderen in ganzheitliche Berater für komplexe Problemlösungen. Die Schwerpunkte der Beratungsleistungen der 90er Jahre wurden ausgebaut; größere Bedeutung gewinnen die Felder Innovationsmanagement, Veränderungsmanagement, Reorganisation und Organisationsentwicklung. Der hohe Grad an Professionalisierung der Beraterleistungen sowie langfristige Kontakte zu den Beratern haben zu einer breiteren Akzeptanz geführt. Dadurch konnte auch das Segment der kleinen und mittelständischen Unternehmen erschlossen werden. Desweiteren sind die vielfältig gewordenen Managementaufgaben hoher Komplexität immer schwerer ohne Berater zu erfüllen. Beratung ist zu einem integrierten Bestandteil des Managements geworden.

4
Standortqualität

Ist-Situation:

Leichte Abnahme der Standortqualität, insgesamt noch immer gut

Die Standortqualität Deutschlands hat abgenommen. Als Schwächen dieses Standortes zählen hohe Lohnnebenkosten, hohe Lohnstückkosten, viele arbeitsrechtliche und soziale Bestimmungen und Auflagen, hohe Kapitalkosten, hohe Reglementierungsdichte sowie Mitbestimmungsrechte der Arbeitnehmer. Als Stärken gelten das hohe Qualifikationsniveau der Mitarbeiter, die hohe Leistungsbereitschaft, moderne Produktionsanlagen, der soziale Frieden, die politische Stabilität sowie die günstige geographische Lage im Zentrum Europas. Kritisch zu betrachten ist ferner die Ausbildung der Führungsnachwuchskräfte an deutschen Hochschulen, denn die Konkurrenzländer haben das Qualifikationsniveau angehoben. Weitere Mängel sind die schlechte Selbstdarstellung für den Standort Deutschland.

Situation 2007:

A: Wieder bessere Standortqualität

Der Standort Deutschland konnte seine Stellung behaupten. Der geographische Standortvorteil als Nahtstelle zwischen West- und Osteuropa wurde gestärkt und auch die anderen positiven Standortfaktoren, wie z.B. die politische Stabilität, blieben unverändert. Steuerreform und Rentenreform sind mit erheblichen Anstrengungen durchgeführt worden; sie wirken sich jetzt aber positiv aus. Die Lohnnebenkosten sind gefallen, die Investitionsbereitschaft ist enorm angestiegen. Aufgrund des verschärften Wettbewerbs der Standorte wurden die Nachteile, wie z.B. die hohe Reglementierungsdichte, abgebaut.

Im EU-Binnenmarkt konnte Deutschland seine Standortvorteile insbesondere durch eine umsetzungsorientierte Technologieförderung weiter ausbauen. Die Harmonisierung der Umweltgesetzgebung innerhalb der EU beschert Deutschland infolge der bereits vorhandenen Know-hows eine Schlüsselstellung in diesem Bereich.

B: Stetige Verschlechterung der Standortqualität, im internationalen Vergleich nur noch eine mittlere Position

Die Standortqualität Deutschland hat sich verschlechtert. Im Gegensatz zu anderen Ländern wird keine konsequente Standortpolitik betrieben, investitionswilligen Unternehmen kommt man nicht entgegen. Durch die permanent angespannte finanzielle Situation der öffentlichen Haushalte unterbleiben außerdem wichtige Reformmaßnahmen in der Wirtschafts-, Sozial-, Technologie- und Ausbildungspolitik, sodaß die Unternehmen das Vertrauen in den Standort Deutschland verloren haben. Dies veranlaßt sie, Teilbereiche ihrer Aktivitäten in andere Länder zu verlegen.

V Mitarbeiterqualifikation

1 Berufsqualifizierende Ausbildung

Ist-Situation:

Abiturientenquote von 26% bei hohem Akademisierungsgrad

Der Trend, die allgemeine Hochschulreife zu erlangen, hat sich verstärkt. In den letzten zehn Jahren ist die Abiturientenquote von 16% auf 26% angestiegen. Somit ist auch die Zahl der Studienanfänger gestiegen. Dies hat zur Folge, daß der AZUBI-Bedarf für qualifizierte Handwerks- und Facharbeiterberufe nicht gedeckt werden kann. Demgegenüber gewinnt die Berufsakademie an Bedeutung, vor allem wegen kürzerer Studienzeiten, einer begleitenden betrieblichen Ausbildung und einer Bezahlung während der Studienzeit. Das Studium an privaten „Business Schools" findet u.a. aufgrund fehlender Qualitätsstandards wenig Anklang.

Situation 2007:

A: Abiturientenquote deutlich über 30%; hoher Akademisierungsgrad; fehlende Arbeitskräfte in Handwerk und Gewerbe

Die Abiturientenquote steigt über 30% an und das Interesse an einer Hochschulausbildung nimmt ebenfalls weiter zu. Die Hochschulabsolventen wenden sich zunehmend Dienstleistungsberufen zu. Somit kann der Bedarf an Facharbeitern sowie an AZUBIS in handwerklichen und gewerblichen Berufen nicht mehr gedeckt werden. Verschärft wird die Situation auf dem Arbeitsmarkt auch durch die geburtenschwachen Jahrgänge. Dies begünstigt den Zulauf an ausländischen Arbeitskräften.

B: Abiturientenquote über 30%; verstärktes Interesse am dualen Berufsausbildungssystem; rückläufige Studentenzahlen

Die Abiturientenquote ist zwar über 30% angestiegen, aber die Abiturienten entschließen sich wieder mehr für eine Lehrausbildung, da die Hochschulen überfüllt und zu stark theorieorientiert sind. Die beruflichen Perspektiven der Hochschulabsolventen haben sich verschlechtert. Die Berufsakademien haben dagegen guten Zulauf; neue Formen einer Hochschulausbildung, die eng mit Praxistätigkeit verzahnt ist, entstehen. Die Anhebung des Niveaus der Berufsakademien gibt den Absolventen größere Chancen, auch häufig in mittlere Führungspositionen vorzudringen.

2
DV-Ausbildung

Ist-Situation:

In Schulen noch unterentwickelt; an Universitäten stärker ausgeprägt; hoher Fortbildungsbedarf

Die DV-Ausbildung ist an Schulen noch unterentwickelt, so daß 81% aller Schüler sich ihre DV-Kenntnisse mit ihrem eigenen PC beibringen. An deutschen Hochschulen ist die Ausbildung mit Computern auf niedrigerem Niveau als in Japan oder USA.

In der Berufswelt arbeitet die Hälfte aller Beschäftigten am Computer. Jedoch gibt es immer noch 18%, die überhaupt keine Kenntnisse in diesem Bereich besitzen. Bisher setzen nur große Unternehmen systematisch Computertrainings, Selbstlernprogramme usw. für die Ausbildung ihrer Mitarbeiter ein; in Klein- und Mittelunternehmen werden EDV-Kenntnisse überwiegend autodidaktisch erworben.

Situation 2007:

Niveau und Umfang der DV-Ausbildung stark gestiegen, Bedarf an Spezialisten geht zurück

Die Kenntnisse der Mitarbeiter im DV-Bereich sind für den Erhalt der Wettbewerbsfähigkeit der Unternehmen wesentlich, so daß diese die DV-Ausbildung an Schulen und an Hochschulen unterstützen. Schulungen werden überwiegend mittels Lernprogrammen durchgeführt. Der Ausbildungsstand der Mitarbeiter in EDV entspricht dem Stand in anderen hochentwickelten Ländern.

Die Anwendungssoftware wird immer benutzerfreundlicher gestaltet, damit jeder Mitarbeiter sie auch bedienen kann. Dadurch werden Barrieren für Anwender abgebaut und der Bedarf an EDV-Spezialisten nimmt ab.

3
Sozialfähigkeiten

Ist-Situation:

In großen Unternehmen zunehmend wichtig; in kleinen und mittelständischen Unternehmen wenig beachtet

Zu den Sozialfähigkeiten gehören Kooperations-, Team-, Kommunikationsfähigkeiten, Konfliktbehandlung, Verhandlungsführung, Umgehen mit fremden Kulturen sowie Mitarbeiterführung und -motivation. Die zunehmende Komplexität der zu bewältigenden Aufgaben kann nur durch die Sozialfähigkeiten der Führungskräfte und der Mitarbeiter bewältigt werden. Immer mehr größere Unternehmen fördern daher die Sozialfähigkeiten ihrer Mitarbeiter durch außerfachliche Qualifizierungen sowie einige Jahre Berufserfahrung im Ausland. Dagegen haben die Sozialfähigkeiten in vielen kleinen und mittelständischen Unternehmen noch keinen Stellenwert.

Situation 2007:

Wichtiges Qualifikationsmerkmal; gezielte Schulung

Mit den immer komplexer werdenden Aufgaben und der Einführung von Lean Management Konzepten sowohl in kleinen als auch in großen Unternehmen gewinnt die Kooperation in Form einer effektiven Zusammenarbeit von Fachleuten verschiedenster Richtungen an Bedeutung; außerdem wird viel stärker international zusammengearbeitet. Viele Aktivitäten werden als Projekte durchgeführt. Für Führungskräfte in der Linie, aber auch für Projektleiter und -mitarbeiter sind Sozialfähigkeiten zur unabdingbaren Notwendigkeit geworden. Da die Erwartungen gegenüber den Führungskräften sehr hoch sind und diese Fähigkeiten nicht an den Hochschulen oder während der Berufsausbildung vermittelt wurden, schulen die Unternehmen ihre Führungsnachwuchskräfte selbst in der Entwicklung von Sozialfähigkeiten.

4
Personalentwicklung in den Unternehmen

Ist-Situation:

Personalentwicklungskonzepte vereinzelt vorhanden, hauptsächlich in großen Unternehmen

Ausgearbeitete Konzepte zur Personalentwicklung sowie zur individuellen Karriereplanung werden fast nur in großen Unternehmen angewendet. Sie führen zur Auswahl von Nachwuchskräften Assessment Center oder Workshops durch. Im Rahmen der individuellen Karriereplanung werden in großen Firmen von Personalentwicklern turnusmäßig Mitarbeitergespräche geführt.

Für die Weiterbildung der Mitarbeiter fehlt in den meisten Unternehmen ein Konzept, das von den Entwicklungspotentialen der Mitarbeiter ausgeht und sie Schritt für Schritt höher qualifiziert. Nach wie vor werden viele Weiterbildungsveranstaltungen in Anspruch genommen, die den fachlichen Interessen der Mitarbeiter entsprechen oder von den Vorgesetzten als Belohnung vergeben werden.

In kleinen und mittleren Unternehmen ist eine systematische Personalentwicklung kaum zu finden.

Situation 2007:

A: Personalentwicklungskonzepte weit verbreitet

Die Notwendigkeit von Personalentwicklungskonzepten ist allgemein anerkannt. Auch kleine und mittlere Unternehmen erarbeiten eigene Konzepte. Bei der Auswahl von Bewerbern hat sich weitgehend das Assessment Center etabliert. Karriereberatungsgespräche sind in vielen Unternehmen zu einem festen Bestandteil der Personalpolitik geworden.

Die Präsenz der Unternehmen an den Hochschulen durch Vergabe von Praktika, Studien- und Diplomarbeiten sowie durch Teilnahme an Firmenkontaktmessen und Unternehmenspräsentationen im Inland sowie im europäischen Ausland hat stark zugenommen.

B: Gezielte Personalentwicklung wird nur vereinzelt betrieben

Die Verbreitung von Personalentwicklungskonzepten sowie einer individuellen Karriereplanung hat sich nicht nennenswert fortgesetzt. Unternehmen können sich aus einem großen Angebot von qualifizierten Mitarbeitern passende aussuchen. Daher ist die Bereitschaft der Manager zum Umdenken im Bereich der Personalentwicklung nicht sehr ausgeprägt. Außerdem wurden im Zuge der Verschlankung der Unternehmen auch im Personalmanagement Stellen abgebaut, sodaß für eine zeitgemäße Personalentwicklung die Kapazitäten fehlen.

Personalentwicklung wird nach wie vor hauptsächlich von großen Unternehmen betrieben, während kleine und mittlere Unternehmen weiterhin konventionell vorgehen. Das Personalmarketing an Hochschulen hat zwar zugenommen, ist aber größtenteils immer noch ohne Gesamtkonzept.

5 Fortbildungsangebote

Ist-Situation:

Großes, unübersichtliches Fortbildungsangebot

Der Markt von Tagungen, Seminaren und Trainings ist umfangreich und sehr unübersichtlich. Die vielfältige Palette von Fortbildungsthemen umfaßt verstärkt fachübergreifende Themen wie EDV, Managementtechniken, Strategisches Management, Mitarbeiterführung, effektives Zeitmanagement, Präsentations- und Kreativitätstechniken. Diese Fortbildungsthemen werden von unterschiedlichsten Institutionen, wie reinen Fortbildungsinstituten aber auch von spezialisierten Beratern, angeboten. Es gibt eine Reihe von Zeitschriften, die die Seminarangebote bündeln und mit den aktuellen Terminen veröffentlichen; außerdem existieren mehrere Nachschlagewerke über Seminarthemen und -anbieter, die meist im jährlichen Rhythmus herausgebracht werden. Durch die Gründung eines nationalen Verbandes, der einen gewissen Mindeststandard seiner Mitglieder gewährleistet, soll u.a. die Qualität der Seminarinhalte überschaubarer gemacht werden. Außerdem werden die Fortbildungsangebote in Datenbanken erfaßt.

Situation 2007:

A Angebot bleibt unübersichtlich

Das Angebot an Fortbildungsmaßnahmen sowie die Zahl der Anbieter ist unverändert groß. Nach wie vor existiert keine einheitliche Erfassung sämtlicher Anbieter und auch kein einheitlicher Qualitätsstandard. Es gibt einzelne Beratungsunternehmen, die sich darauf spezialisiert haben, Fortbildungsangebote zu prüfen und Konzepte zur Fortbildung zu erstellen. Jedoch setzt sich die Gründung von Verbänden, die Mindeststandards von Mitgliedern erwarten, nicht durch. Große Unternehmen bieten in eigenen Schulungszentren unternehmenseigene Konzepte an, die auch von externen Teilnehmern genutzt werden können.

B: Überschaubares Fortbildungsangebot mit hohen Qualitätsstandards

Die zunehmende Konkurrenz und die Internationalisierung auf dem Weiterbildungsmarkt haben zu einer Reduzierung der Zahl der Anbieter geführt. Es existieren bis auf wenige Ausnahmen nur noch große oder hochangesiedelte, spezialisierte Fortbildungsinstitute, die dem europäischen Fortbildungsverband angehören und einer strengen Qualitätskontrolle unterliegen. Dadurch wird die Erfassung sämtlicher Seminarangebote in Datenbanken erleichtert. Große Unternehmen mit ihren eigenen Schulungszentren gehören ebenfalls dem Dachverband an. Auf der Basis der Qualitätsstandards läßt sich leicht eine Erfolgskontrolle durchführen.

VI Bürotechnik und Büroausstattung

1 Informations- und Kommunikationssysteme

Ist-Situation:

EDV-Durchdringung partiell hoch; integrierte Systeme noch wenig angewendet

In den Bereichen Rechnungswesen, Fakturierung, Lagerverwaltung und Textverarbeitung ist eine vollständige EDV-Durchdringung festzustellen. In der deutschen Wirtschaft hat als übergreifende Geschäftssoftware SAP die größte Verbreitung erlangt. Im Bürobereich haben sich Einheitssoftware etabliert, wie z.B. das Office-Paket von Microsoft. Der Trend im EDV-Bereich geht hin zu vernetzten, dezentralen Systemen.

Computergestützte Informationssysteme werden vor allem vom mittleren Management genutzt. Es zeichnen sich Systeme ab, die die üblichen Informationsformen wie Text, Grafik, Bild, Ton, Sprache, Film und Video mit einem Computer als verbindendes Steuerelement kombinieren (Multimedia).

Situation 2007:

Vollständige EDV-Durchdringung in allen Unternehmensbereichen; integrierte Systeme

Der gezielte Einsatz von EDV-Systemen ist mitentscheidend für die Wettbewerbsfähigkeit eines Unternehmens. Dabei geht der Trend hin zu betriebsumfassend vernetzten Gesamtlösungen, wie sie z.B. SAP anbietet.

In den meisten Unternehmen haben sich Multimedia-Systeme im mittleren und oberen Management durchgesetzt. Die zunehmende Globalisierung der Wirtschaft, die immer schnelleren Informationsaustausch benötigt, läßt immer mehr integrierte Informations- und Kommunikationssysteme entstehen. Alles läuft nur noch in elektronischer Form ab: Briefe werden durch e-Mails abgelöst, Faxe werden von PCs gesteuert, usw. Auf Reisen kommuniziert man über zuverlässige Daten- und Organizer-Handys.

2 Technische Konferenz- und Schulungseinrichtungen

Ist-Situation:

Niedriges technisches Niveau

Führungskräfte sitzen ein Drittel ihrer Arbeitszeit in Konferenzen oder Workshops. Trotzdem dominieren immer noch traditionelle Präsentationsmittel, insbesondere Overhead-Projektoren, daneben Flip-Charts, Weißwandtafeln und Pinnwände. Visuelle elektronische Hilfsmittel sind Dia-Projektoren, Videoanlagen und PC-Bildschirm- und Daten-Projektionsgeräte. Das Anfertigen von Protokollen oder das Festhalten von Arbeitsergebnissen erfolgt größtenteils noch per Hand. Computer finden in diesen Bereichen noch kaum Anwendung. Spezialkameras zum Abfotografieren von Flipcharts oder Pinnwänden arbeiten noch nicht zufriedenstellend.

Situation 2007:

Hohes technisches Niveau

Das technische Niveau der Konferenz- und Schulungseinrichtungen ist vor allem durch neue computergesteuerte audiovisuelle Systeme deutlich verbessert worden. Neuartige Projektionssysteme und elektronische Schreibtafeln halten Einzug in diesen Bereich. Schulungen werden durch individuell zugeschnittene Computerprogramme unterstützt. Jedoch ist die Verbreitung dieser technischen Neuheiten nur bei großen Unternehmen zu beobachten

3 Sicherheitseinrichtungen

Ist-Situation:

Verbreitung je nach Branche sehr unterschiedlich

Bei Sicherheitseinrichtungen kann man zwischen mechanischer Sicherheitstechnik, elektronischer Sicherheitstechnik sowie Dienstleistungs- und Bewachungsunternehmen unterscheiden. Mechanische Sicherheitstechnik steht z.B. für einbruchsichere Türen oder Tresore. Die Technik ist in diesem Bereich sehr ausgereift und etabliert. Elektronische Sicherheitseinrichtungen umfassen automatische Brandmelder, Zutrittskontrollen und Überwachungsanlagen. Sie werden zunehmend eingesetzt. Dienstleistungs- und Bewachungsunternehmen übernehmen den laufenden Betrieb elektronischer Sicherheitseinrichtungen und stellen das Wachpersonal.

Situation 2007:

Hohe Verbreitung in allen Branchen; technische Verbesserungen; Sicherheitssoftware

Die international vernetzten Unternehmen tauschen große Mengen an Daten und Informationen aus. Die Wirtschaftskriminalität in Form von Zugriff und Manipulationen von Unternehmensdaten hat zugenommen. Immer wieder gelingt es intelligenten Hackern, in interne Netze und vertrauliche Informationsflüsse einzudringen. Außerdem besteht die Gefahr, daß Viren eingeschleust werden und die Funktionsfähigkeit der Software beeinträchtigen. Als Reaktion auf diese Entwicklungen entsteht ein Markt für Informatik-Sicherheitsberatung und für spezielle Sicherheitssoftware.

Die elektronischen Sicherheitsvorrichtungen sind intelligenter geworden; sie können z.B. zwischen den Berechtigten sowie Tieren und Eindringlingen unterscheiden. So sind mittlerweile intelligente Alarmsysteme, biometrische Erkennungsanlagen oder elektronische Schlösser Standard-Sicherheitssysteme geworden.

Dienstleistungs- und Bewachungsunternehmen konzentrieren sich verstärkt auf den Personenschutz. Sie führen auch Schulungen durch, um die betroffenen Führungskräfte und Mitarbeiter auf mögliche Gefahrsituationen vorzubereiten.

4
Nicht-technische Büroeinrichtungen

Ist-Situation:

Wichtige Aspekte sind Ergonomie, Flexibilität und Gesundheit

Bei der Büroeinrichtung müssen heute im wesentlichen die drei Aspekte Ergonomie, Flexibilität und Gesundheit berücksichtigt werden. Unter dem Gesichtspunkt Ergonomie werden Büromöbel den Arbeitshaltungen der Menschen entsprechend entworfen. Weitere Anforderungen an Büromöbel sind die flexible Raumgestaltung, da durchschnittlich jeder dritte Mitarbeiter eines Unternehmens einmal im Jahr umzieht. Desweiteren soll die Teamfähigkeit durch Anordnung funktionaler

Gruppen von Büromöbeln unterstützt werden. Es werden heute überwiegend recyclingfähige Produkte verwendet.

Ein Schwachpunkt ist die Atemluft in den Büros. Durch schlechte Klimaanlagen kann es zu Beschwerden bei den Mitarbeitern kommen. Man spricht vom Sick-Building-Syndrom, wenn mehr als 25% der Mitarbeiter über Müdigkeit, Kopfschmerzen oder Konzentrationsschwäche klagen.

Situation 2007:

Geprägt durch Design im Sinne der Corporate Identity; neue Raumgestaltungskonzepte

Die Büroausstattung wird nach den neuesten Erkenntnissen der Arbeitswissenschaft gestaltet und im Raum angeordnet. Neueste baubiologische Erkenntnisse werden berücksichtigt, um die Mitarbeiter vor schädlichen Materialien zu bewahren. Wichtig ist das Design der Büromöbel, das dem Corporate Design folgt. Die Mitarbeiter sollen sich am Arbeitsplatz und im Arbeitsumfeld wohlfühlen. Kombi-Büro-Bereiche werden geschaffen. Sie bestehen einerseits aus Bürozellen, die ein konzentriertes Arbeiten ermöglichen, andererseits bestehen Kommunikationsbereiche für Gruppenarbeit und Besprechungen.

Immer häufiger finden sich Einrichtungskonzepte, die nur den Schlüsselmitarbeitern einen festen Arbeitsplatz zuweisen. Ein Großteil der Mitarbeiter arbeitet nach flexiblen Arbeitsformen bzw. nach Telearbeitsmodellen; sie erhalten bei Anwesenheit im Unternehmensgebäude einen gleichartigen Arbeitsplatz zugewiesen. Sie „locken sich ein" und können dann alle erforderlichen Systeme der internen und externen Kommunikation sowie der EDV nutzen. Auch konventionelle Bürohilfsmittel stehen standardmäßig zur Verfügung.

Um diesen Anforderungen gerecht zu werden, wird zunehmend ein Facility Management nötig, welches die ganzheitliche Planung, Gestaltung und Verwaltung eines Bürogebäudes übernimmt.

VII Entwicklungen in der Unternehmensorganisation

1
Aufsichtsgremien

Ist-Situation:

Überwiegend passive Aufsichtsräte mit teilweise mangelnder Kompetenz; Beiräte meist aktiver und kompetenter

Der Aufsichtsrat ist ein obligatorisches Gremium der Aktiengesellschaften. Aufgrund gravierender Managementfehler bei einigen großen Konzernen wird zunehmend bezweifelt, ob die Institution Aufsichtsrat ihrer gesetzlichen Aufgabe hinreichend nachkommt. Die Anzahl der Mitglieder eines Aufsichtsrates ist zu groß; darunter leidet die Effizienz. Oft besteht auch eine große Distanz zur Realität des zu beaufsichtigenden Unternehmens. Desweiteren werden Informationen von Managementseite bewußt zurückgehalten, so daß die Aufsichtsräte zu passiven Organen werden.

Ein weiteres Aufsichtsgremium ist der Beirat, dessen Einrichtung insbesondere für GmbHs freiwillig ist, und dessen Gestaltung im Gesellschaftsvertrag geregelt wird. In der Praxis zeigt sich, daß Beiräte – sofern es sie gibt – meist aktiver als viele Aufsichtsräte sind und die Geschäftsführung vor allem bei strategischen Entscheidungen wirkungsvoll unterstützen.

Situation 2007:

A: Professionalisierung der Aufsichtsräte; Beiräte vor allem in kleinen und mittelständischen Unternehmen wichtig

Die Aufsichtsräte in Deutschland haben sich professionalisiert. Mandatsträger werden nach Fach- bzw. Branchenwissen ausgewählt, um die Qualität der Aufsichtsratsarbeit zu erhöhen. Desweiteren zeigt sich eine Tendenz zum gemeinsamen Handeln. Die starre Trennung zwischen Aufsichtsrat und Vorstand wird in manchen Unternehmen durch das „Board-Modell" ersetzt. Hierbei wird der Aufsichtsrat zum kompetenten Partner des Managements.

Die Bedeutung der Beiräte hat in mittleren und kleinen Unternehmen zugenommen.

B: Passive Aufsichtsräte

Ein großer Teil der Aufsichtsräte nimmt seine Pflichten eher passiv wahr. Zum einen lähmt eine restriktive Informationspolitik seitens der Manager die Kontrollfähigkeit des Aufsichtsrates, zum anderen verstärken die geringen Haftungsmöglichkeiten von Aufsichtsratsmitgliedern das Desinteresse an engagierterer Mitwirkung. So hat sich der Kompetenzunterschied zwischen Management und Aufsichtsrat vergrößert. Die Bedeutung des Aufsichtsrates ist tendenziell zurückgegangen. Eine echte verantwortliche Mitarbeit der Aufsichtsräte findet selten statt.

2 Unternehmensethik

Ist-Situation:

Bei konkretem Handeln wenig Bedeutung; eher deklaratorischer Charakter

Unternehmensethik wird seit Anfang der 90er Jahre in der BWL- und Managementliteratur diskutiert. Die Forderung geht dahin, ethische Grundsätze in die Unternehmensleitsätze aufzunehmen. Diese Diskussion hat in der Managementpraxis wenig Spuren hinterlassen. Im Gegenteil: Skandale durch Fehlverhalten oder kriminelle Aktivitäten von Managern und Führungskräften der Wirtschaft sind an der Tagesordnung. Das praktische Verständnis von Unternehmensethik geht vielfach dahin, daß man von Managern und Führungskräften nicht erwarten kann, daß sie gegen bestehende rechtliche Normen verstoßen. Unternehmensinterne Sanktionen bei Verstoß gegen ethische Grundsätze sind in deutschen Unternehmen praktisch unbekannt.

Situation 2007:

A: Große Bedeutung der Unternehmensethik

Die Unternehmensethik wird bei den Aktivitäten des Unternehmens beachtet. Es gibt sogar Beauftragte für Ethik in vielen Unternehmen. Die Führungskräfte werden zur Einhaltung ethischer Grundsätze verpflichtet; bei Verstoß gegen diese Grundsätze werden z.T. drastische Sanktionen verhängt (Entlassung, Aberkennung der betrieblichen Altersversorgung). Der Katalog der ethischen Grundsätze wird jährlich aktualisiert; an diesem Prozeß werden auch Externe beteiligt.

Natürlich werden Maßnahmen der Unternehmensethik imagebildend im Rahmen von PR-Maßnahmen herausgestellt.

B: Keine eigenständige Bedeutung der Unternehmensethik

Ethische Grundsätze haben keinen Niederschlag im Management der Unternehmen gefunden. Sie werden weder von den Konsumenten noch von der Öffentlichkeit honoriert oder gefordert. Bei der Formulierung von Unternehmenszielen stehen Umsatz- und Rentabilitätsgesichtspunkte im Vordergrund.

3 Organisationsstrukturen

Ist-Situation:

Anwendung neuer Organisationsformen und Managementtechniken

Veränderungen im Unternehmensumfeld machen in vielen Unternehmen eine Umstrukturierung der Organisation erforderlich. Als neue Konzepte wurden eingeführt: Qualitätsmanagement, prozeßorientierte Organisationsformen zur Kundenorientierung, Gruppenarbeit in der Produktion, Reengineering oder Formen virtueller Zusammenarbeit. Die Umstrukturierungen werden jeweils als gesondertes Projekt durchgeführt, die teilweise von Beratern geleitet werden. In der Praxis sind drei Viertel aller großen Umstrukturierungen gescheitert. Die Ursachen für das Scheitern gehen größtenteils auf fehlende Flexibilität der Führungskräfte und fehlende Einsicht in die Notwendigkeit von Veränderungen zurück. Es mangelt an Konsequenz in der Umsetzung und Durchsetzung der Konzepte.

Die großen Konzerne gliedern ihre Unternehmensbereiche und Sparten permanent um. Es werden Holding-Strukturen geschaffen, unter deren Dach weitgehend selbständige Einheiten, die häufig die Rechtsform einer GmbH annehmen, operieren. Im Hinblick auf die Unternehmensziele, die vorliegenden Kernkompetenzen und den Potentialen und Perspektiven der Marktsegmente wird immer wieder neu strukturiert. Einheiten werden abgegeben, andere Einheiten werden zugekauft. Dieses Arrangieren mit den Unternehmensteilen wird stark vom Shareholder-Value-Konzept beeinflußt; das Bestreben geht dahin, die Unternehmensteile so zu bündeln, daß der Shareholder-Value steigt.

Situation 2007:

A: Permanente Reorganisation

In fast allen Unternehmen ist die Notwendigkeit, Organisationsstrukturen entsprechend dem Wandel der Umweltfaktoren zu ändern, erkannt worden. Die Unternehmen sind dynamische und lernende Organisationen, die vom Management ständig kritisch und distanziert hinterfragt werden.

Somit finden permanent Umstrukturierungen statt. Ein übergeordnetes allseits praktiziertes Organisationskonzept gibt es nicht. Die Prinzipien Kundennähe, Anpassung an die Marktsituation, Subsidiarität und Flexibilität werden allerdings immer, zwar in unterschiedlicher Gewichtung, beachtet.

B: Kein gewollter kontinuierlicher Wandel der Organisationsstrukturen

Die Notwendigkeit, Veränderungen und Neuerungen einzuführen, wurde zwar erkannt. Jedoch blockieren Widerstände vor allem die Umsetzung von Konzepten. Dies geht überwiegend auf die fehlende Flexibilität (Besitzstandswahrung) oder Defizite in den Sozialkompetenzen der Führungskräfte zurück. Organisatorische Veränderungen werden nur auf massiven Druck von außen – bei Übernahmen oder durch Großkunden veranlaßt – vorgenommen.

4 Arbeitszeitmodelle

Ist-Situation:

Starre Arbeitszeitregelungen dominieren, teilweise Ansätze zur Flexibilisierung

Flexible Arbeitszeitmodelle könnten einen Ausgleich für schwankende Nachfrage darstellen. Dennoch arbeitet gegenwärtig noch der größte Teil aller Beschäftigten nach starren Arbeitszeitmodellen. Hier liegt ein Interessenkonflikt zwischen Arbeitgebern und Arbeitnehmern vor. Die Arbeitgeber wollen einen 24-Stunden-Service anbieten, während die Arbeitnehmer sich mehr Freizeit und damit Arbeitszeitregelungen wünschen, die sie fest einplanen oder selbst disponieren können.

Bei Einführung eines flexiblen Arbeitszeitmodelles müssen auch rechtliche und organisatorische Probleme gelöst werden. So sind bisher innovative Arbeitszeitregelungen nur bei Inbetriebnahme neuer Fabrikanlagen realisiert worden, wie z.B. beim VW-Werk Mosel II.

Situation 2007:

A: Längere Betriebszeiten bei relativ starren individuellen Arbeitszeiten

Die Bedeutung der Schichtarbeit im produzierenden Gewerbe und der kundenfreundlichen Bereitschaftszeiten im Dienstleistungssektor hat zugenommen. Deshalb werden Betriebszeitausweitungen und Mehrschichtenmodelle etabliert. Bisherige Arbeitszeitmodelle wurden abgeändert, so daß größere Freizeitblöcke oder geringere tägliche Arbeitszeit entstanden.

B: Längere Betriebszeiten bei gleichzeitiger Flexibilisierung der individuellen Arbeitszeiten

Die traditionellen Arbeitszeitregelungen werden zunehmend aufgegeben und durch flexible Modelle abgelöst. Die Mitarbeiter können weitgehend ihre Arbeitszeit selbst einteilen und untereinander abstimmen, wobei auf funktionsbedingte Anwesenheit Rücksicht zu nehmen ist. So lassen sich Familie und Berufstätigkeit gut vereinbaren. Um die kapitalintensiven Anlagen besser zu nutzen, teilen sich mehrere Mitarbeiter einen Arbeitsplatz. Denn: Ein 24-Stunden-Service wird in vielen Dienstleistungsbereichen vom Markt gefordert; eine Betriebszeitausweitung im Produktionsbereich ist unumgänglich, um weiterhin konkurrenzfähig zu bleiben.

5 Telearbeit

Ist-Situation:

Geringe Verbreitung

Umfrageergebnisse zur Zahl der Telearbeiter schwanken zwischen 3000 und 30 000. 1996 waren ca. 16% der Telearbeitsplätze als reine Telearbeitsplätze und etwa 26% in alternierender Form angelegt. Übliche alternierende Varianten sind z.B. 4+1- oder 3+2-Regelungen, bei denen die Arbeit nur an einem bzw. zwei Tagen zu Hause erledigt wird. Vier bzw. drei Tage befindet sich der Mitarbeiter in der Firma. 21% arbeiten in Satellitenbüros oder Telecentern (dezentrale Bürogebäude).

Besonders bei kreativen und stark repetitiven Tätigkeiten wie Softwareprogrammierung, Ausarbeitung von Berichten oder Dateneingabe ist die Telearbeit ohne große Einschränkungen möglich. Allerdings ist auf absehbare Zeit eine „breitflächige Einrichtung von Telearbeitsplätzen nicht zu erwarten". Obwohl die nötige Technologie prinzipiell vorhanden ist, sprechen Sicherheitsüberlegungen (Öffnung des Firmennetzes nach außen) und soziale Aspekte (z.B. zufällige soziale Kontakte in der Kaffeeküche) gegen Telearbeit als Heimarbeit. 1995 ist in den USA die Telearbeit im Vergleich zum Vorjahr sogar um 10% zurückgegangen. Für 2000 gehen optimistische Stimmen trotzdem von 800 000 bis 3 Mio. Telearbeitsplätzen in Deutschland aus.

Situation 2007:

A: Heim-Telearbeit wenig verbreitet

Der Anteil der Telearbeiter bleibt gering. Die meisten Telearbeiter arbeiten nicht ausschließlich in den eigenen vier Wänden. Hier haben auch Störfaktoren wie Kinder eine nachteilige Wirkung auf die Produktivität. Alternierende Modelle bieten auch nur geringes Einsparungspotential. Die Angst vor Isolation und Einsamkeit, aber auch die räumliche Entfernung zu Serviceabteilungen, wie z.B. EDV-Abteilung, Personalabteilung, usw., verstärken die Bedenken gegen die Telearbeit.

Dagegen findet Telearbeit in dem Sinne, daß von unterwegs oder von zuhause aus mit internen Programmen und Datenbanken kommuniziert wird, in breitem Umfang Anwendung.

B: Telearbeit gewinnt an Bedeutung

Der Anteil der Telearbeiter an der Gesamtzahl der Erwerbstätigen ist auf zwei bis fünf Prozent gestiegen. Der Schwerpunkt liegt bei kreativen und repetitiven Arbeiten wie auch bei Sachbearbeitertätigkeiten. Die Organisationsformen der Telearbeit sind sehr vielfältig; auch 0+5-Lösungen werden praktiziert. Aus Kostengründen werden in den Unternehmen die Büroflächen minimiert, indem Schreibtische durch Trollies ersetzt werden, die beliebig nach Bedarf arrangiert werden können.

Berufliche und familiäre Interessen lassen sich sehr viel besser verbinden, da auch die Arbeitszeitorganisation flexibler geworden sind. Dies macht Telearbeit produktiver.

Viele Mitarbeiter haben über Kanäle der Telekommunikation Zugang zu den internen EDV-Netzen. Sie können also unter Nutzung dieser Infrastruktur überall und jederzeit arbeiten. Zunehmend treten Ein-Mann-Unternehmen als Dienstleister in den Verbund virtueller Unternehmen ein. Oft sind sie wie Telearbeiter an das Unternehmen angebunden.

6
Cost und Profit Center

Ist-Situation:

Anwendung in großen Unternehmen

Ein Cost Center liegt vor, wenn eine Organisationseinheit keine oder nur unbedeutende eigene Einnahmen besitzt und daher ein Budget zur Kostendeckung zugewiesen bekommt. Von einem Profit Center spricht man, wenn eine Einheit einen zurechenbaren Umsatz erwirtschaftet, mit dem die anfallenden Kosten kompensiert werden müssen.

Von diversifizierten Großunternehmen wird die Divisional- oder Spartenorganisation bereits seit vielen Jahren praktiziert. Es werden recht große Einheiten als Sparten geführt; daneben gab es große Zentralbereiche, z.B. EDV, F&E, Personalwesen etc., die allen Sparten zur Verfügung standen. Eine konsequente Kostenumlage oder -verrechnung fand nicht statt. In den 90er Jahren ist eine neue Welle der Bildung von Geschäftseinheiten und Cost Centers zu beobachten. Jetzt werden sehr viel kleinere Einheiten gebildet; die Zentralbereiche wurden abgebaut und ihre Funktionen von Profit und Cost Centers übernommen. Vielfach werden sie als GmbHs geführt. So bestehen unter dem Dach der ABB-Deutschland rd. 85 selbständig operierende GmbHs. Zum Teil werden Dienstleistungseinheiten zu Profit Centers gemacht; sie müssen sich im konzerninternen Markt behaupten, können ihre Leistungen aber auch nach außen anbieten.

Dem Trend zur Bildung von Profit und Cost Centern haben sich inzwischen auch mittlere Unternehmen angeschlossen.

Situation 2007:

A: Profit Center voll etabliert

Erfolgreiche Einführungen der Profit Center-Konzepte sowie Weiterentwicklungen zeigen, daß diese Modelle auch in mittleren Unternehmen praktiziert werden können. Die Profit Center ermöglichen auch einen optimalen Einsatz der auf Partizipation und Eigenverantwortung gerichteten Führungsmodelle, deren Anwendung vor allem von den jüngeren Mitarbeitern am Herzen liegt. Die jungen Führungskräfte entwickeln Kreativität und Initiativen. Die flexibler gestalteten Unternehmensteile reagieren schneller und effizienter auf Marktanforderungen und technologische Veränderungen und verbessern damit den Unternehmenserfolg.

B: Nur in einzelnen Branchen und in größeren Unternehmen verbreitet

Das Profit Center ist nicht für alle Unternehmen anwendbar. Diese Modelle haben zu Unsicherheiten und Problemen im Rahmen der Kompetenzabtretung von der Unternehmensleitung auf nachgeordnete Gremien geführt. Das ausgeprägte Konkurrenzdenken zwischen den Einheiten sowie umfangreiche Koordinationsaufgaben sind weitere Nachteile, die die Verbreitung der Center-Modelle nach einer Euphoriephase hemmen. Cost und Profit Center setzen eine gewisse Mindestunternehmensgröße voraus; nur wenn deutlich abgrenzbare Produktlinien vorliegen, bietet sich das Konzept auch bei Klein- und Mittelunternehmen an. Die Center-Modelle werden daher fast nur in großen Unternehmen praktiziert.

7 Projektmanagement

Ist-Situation:

Projektmanagement nicht konsequent durchgeführt;
Probleme bei der Realisierung

Projektmanagement ist ein Konzept zur Durchführung zeitlich begrenzter Aufgaben und umfaßt die Planung, Steuerung und Kontrolle der im Zusammenhang mit der gestellten Aufgabe nötigen Aktivitäten. Es eignet sich auch für mittlere und kleinere Projekte in allen Unternehmensbereichen. Durch Projektmanagement wird die abteilungsübergreifende Zusammenarbeit unterstützt und der Informationsfluß beschleunigt sowie das interdisziplinäre Denken der Mitarbeiter gefördert. Probleme bei der Anwendung des Projektmanagements treten häufig bei der Auswahl der Projektteammitglieder, in der Projektplanungsphase sowie bei der Freistellung und Rückführung der Mitarbeiter in die Linie auf.

Projektmanagement bringt eine Aufweichung der hierarchischen Strukturen mit sich und entzieht dem etablierten Mittelmanagement Einflußmöglichkeiten. Daraus entstehen immer wieder Konflikte.

Situation 2007:

Projektmanagement hat sich durchgesetzt und wird professioneller durchgeführt

Aus den aufgetretenen Problemen des Projektmanagements hat man gelernt: Es werden jetzt praktikable Konzepte angewendet und die beteiligten Mitarbeiter werden gezielt geschult. Durch neue Planungs- und Steuerungssoftware werden die Vorgänge wirksam unterstützt; auch die Kommunikation im Projekt wird durch die vernetzten Informationssysteme sehr erleichtert. Insgesamt ist das Projektmanagement systematischer und zielorientierter sowie methodisch fundierter geworden.

8 Vergütungssysteme

Ist-Situation:

Zunehmende Verbreitung flexibler Vergütungssysteme

Die Bruttolohnkosten in Deutschland liegen mit 37,88 DM pro Stunde deutlich höher als die der Japaner (25,85 DM) und der Amerikaner (24,18 DM) und fünfmal so hoch wie die der Portugiesen (7,14 DM). Der Grund dafür ist die übertarifliche Leistungszulage, die den meisten Arbeitnehmern gewährt wird. Die Gehälter variieren je nach hierarchischer Stellung, Branche und Größe des Unternehmens. Dabei ist der Leistungsbezug der variablen Gehälter insbesondere in den oberen Hierarchieebenen, nur schlecht nachzuvollziehen. Die Kritik an dem fehlenden Leistungsbezug der Vergütungssysteme führte dazu, daß viele Unternehmen ihr Gehaltssystem im Hinblick auf mehr Flexibilität umgestalteten.

Situation 2007:

Tariflöhne sind weiterhin die Grundlage; vielfältige variable Vergütungssysteme in Anwendung

Der Tarifvertrag hat nach wie vor entscheidenden Einfluß auf die Ausgestaltung der Löhne und Gehälter. Die höhere Flexibilisierung der Löhne und Gehälter erlaubt es den Unternehmen, die Vergütungen vermehrt an Erfolge des Unternehmens aber auch an individuelle Leistungen zu koppeln. Bei der Beurteilung spielen zunehmend weiche Faktoren, wie Teamfähigkeit, Kreativität, Qualitätsbewußtsein, Kundenorientierung oder die Bereitschaft, sich kontinuierlich um Verbesserungsprozesse zu bemühen, eine große Rolle. Die festen Gehälter orientieren sich weiterhin an den tarifvertraglich festgesetzten Mindestlöhnen.

Druck: Mercedesdruck, Berlin
Verarbeitung: Buchbinderei Lüderitz & Bauer, Berlin